中央大学社会科学研究所研究叢書……18

エスニック・アイデンティティの研究

流転するスロヴァキアの民

川 崎 嘉 元 編著

中央大学出版部

はしがき

　本書は中央大学社会科学研究所「エスニック・アイデンティティの研究」をテーマとする研究チーム（2002-04年）の研究成果である。本書のもとになった資料や情報の大部分は，2000年4月から2003年3月までの3年間にわたり，文部科学省科学研究費（基盤研究B-2）による「複数エスニシティ地域における住民アイデンティティの構造と変容－東欧の事例－」を研究テーマにしたスロヴァキア共和国および離散・移民したスロヴァキア人マイノリティが住む地域におけるケーススタディおよび意識調査である。この調査に際しては，スロヴァキア共和国科学アカデミー「スロヴァキア社会学研究所」に協力を仰ぎ，事実上われわれ研究チームのメンバーと「スロヴァキア社会学研究所」との合同調査として実施された。

　エスニック・アイデンティティにかんする意識調査は，スロヴァキア共和国内の全国調査，首府ブラティスラヴァ市のサンプリング調査，東スロヴァキアの拠点調査のほか，離散したスロヴァキア人マイノリティが住む，ウクライナ，ユーゴスラヴィア，ハンガリー，ルーマニアの特定の地域でもおこなわれた。しかしすべての意識調査結果が本書で分析されているわけではない。残されたデータや資料の分析にはまたの機会を利用したい。意識調査の設問と回答結果については本書の末尾にスロヴァキア全国調査の結果のみ付表として掲載してある。

　なお，調査にあたってはそれぞれ各地のスロヴァキア人の方々に大変お世話になった。あらためて感謝の辞を捧げたい。

　また本書は編者の川崎にとっては中央大学特定課題研究「エスニック・アイデンティティの研究」の研究成果の一部でもある。

　本書の刊行に際しては，中央大学社会科学研究所をはじめ多くの方のご協力を頂いた。厚く御礼を申しあげたい。

2007年2月　　　　　　　　　　　　　　　　編著者　川崎　嘉元

目　次

はしがき

序　章　エスニシティ，アイデンティティ，グローバル化
　　　　――問題の所在――　　　　　　　　川崎　嘉元
1. エスニシティの登場 …………………………………… *1*
2. グローバル化 …………………………………………… *5*
3. グローバル化とアイデンティティ・クライシス …… *8*
4. グローバル化と社会主義の終焉 ……………………… *9*
5. アイデンティティ ……………………………………… *11*
6. スロヴァキアの民 ……………………………………… *12*
7. 調査の設計 ……………………………………………… *14*

第1章　多民族と交差，共生するスロヴァキア人
　　　　　　　　　　　リュボミール・ファルチャン
　　　　　　　　　　　マーリア・ストルーソヴァー
　　　　　　　　　　　　　　　　（川崎嘉元 訳）
1. はじめに ………………………………………………… *17*
2. 社会の変化と寛容な民族間関係 ……………………… *19*
3. 20世紀の多民族共生の特徴 …………………………… *22*
4. 政治的次元における多民族共生 ……………………… *25*
5. 1989年以降の多民族共生のあたらしい形態 ………… *28*
6. 他国に住むスロヴァキア人のエスニック・アイデンティティとローカル・アイデンティティ形成にかん

    する社会学的，歴史的考察 ………………………… 30
 7．ヴォイヴォジナに住むスロヴァキア人 ……………… 33
 8．ルーマニアにおけるスロヴァキア人 ………………… 34
 9．ハンガリーのスロヴァキア人 ………………………… 35
 10．ウクライナ，カルパチア地方のスロヴァキア人 …… 37
 11．離散するスロヴァキア人の居住地および
   民族アイデンティティ ………………………………… 38

第2章　スロヴァキア人の異民族・異国民にたいする
   受容態度　　　　　　　　　　　石川　晃弘
 1．本章の課題・対象・方法 ……………………………… 43
 2．一般的受容度と個人属性の相関分析 ………………… 50
 3．一般的受容度と価値態度の相関 ……………………… 57
 4．個別民族にたいする受容度の分析 …………………… 60
 5．総　　括 ………………………………………………… 64

第3章　社会変動とエスニック・アイデンティティ
   の変容
   ——東スロヴァキアの少数民族ルシンの事例
   をもとに——　　　　　　　　　近重　亜郎
 1．はじめに：本章の狙い ………………………………… 67
 2．「ルシン」史概観 ……………………………………… 69
 3．1990年代以降のルシン（「脱ウクライナ」の動き） … 73
 4．第三者からみた「ルシン・ウクライナ」について … 75
 5．ルシン・アイデンティティ問題の今日的意義 ……… 76
 6．ルシン・アイデンティティをめぐる諸事例 ………… 81
 7．「ヘリックスモデル」の有効性の検討 ……………… 92
 8．結びにかえて …………………………………………… 93

第4章　北ハンガリーのスロヴァキア人
ズデニェク・シチャストニー
(川崎嘉元　訳)

1. はじめに …………………………………… *105*
2. ハンガリーに住むスロヴァキア人 ………… *106*
3. アンケート調査結果の分析 ………………… *112*
4. 結びにかえて ………………………………… *121*

第5章　ヴォイヴォヂナのスロヴァキア人
佐藤　雪野

1. ヴォイヴォヂナの概容 ……………………… *123*
2. インタビュー記録 …………………………… *125*
3. 再び教育，ギムナージウム，マティツァについて ……… *137*
4. 結びにかえて ………………………………… *141*

第6章　ルーマニアのスロヴァキア人の歴史
ヴラスタ・ラズ
(香坂直樹　訳)

1. スロヴァキア人の移住と入殖 ……………… *145*
2. 入殖時の生活と教育 ………………………… *147*
3. 1944年9月11日 ……………………………… *150*
4. 入殖条件 ……………………………………… *152*
5. 移住の経済的・政治的・社会的背景 ……… *154*
6. ナドラクでの新移住者の請願 ……………… *155*
7. ルーマニア北西部のスロヴァキア人 ……… *157*
8. ボドノシュの1940年代（ある教師の記録） …… *159*
9. 北西部へのスロヴァキア人の入殖 ………… *167*
10. 結びにかえて ………………………………… *170*

第7章　ルーマニアにおけるスロヴァキア人の生活
　　　　　　　　　　　　リュビツァ・ファルチャノヴァー
　　　　　　　　　　　　　　　　　（近重亜郎　訳）
　1．ルーマニアのスロヴァキア人 ……………………*181*
　2．質問調査結果の概要 ………………………………*193*
　3．結　　論 ……………………………………………*204*

第8章　合衆国のスロヴァキア人
　　　　　　　　　　　　マイケル・J.コパニッチ Jr.
　　　　　　　　　　　　　　　　　（香坂直樹　訳）
　1．はじめに ……………………………………………*209*
　2．歴史的背景 …………………………………………*210*
　3．移民の動機 …………………………………………*211*
　4．アメリカへの移民 …………………………………*215*
　5．スロヴァキア人地区 ………………………………*220*
　6．女性の生活 …………………………………………*223*
　7．スロヴァキア人の教会 ……………………………*224*
　8．合衆国におけるスロヴァキア人の人口動態 ……*227*
　9．スロヴァキア語の利用 ……………………………*230*
　10．スロヴァキア人組織とビジネス …………………*233*
　11．スロヴァキア人の公的生活 ………………………*236*

第9章　フランスにおけるスロヴァキア人とスロヴァキア文化
　　　　　　　　　　　　パトリス・ブーダール
　　　　　　　　　　　　　　　　　（中村祐子　訳）
　1．小　　史 ……………………………………………*243*
　2．フランスへのスロヴァキア人の移住 ……………*244*
　3．スロヴァキア文化の架け橋 ………………………*247*

4．公 的 活 動 …………………………251
5．二国間交流活動 …………………255
6．スロヴァキア語とその学校 …………………255
7．文学講演会 …………………256
8．文 学 翻 訳 …………………258
9．フランス人のスロヴァキア知名度 …………………259

第10章　流転するザカルパチア地方と民族
――チェコスロヴァキア編入時代の政治史――

香坂　直樹

1．ザカルパチアの領域とハンガリー王国時代 …………………261
2．チェコスロヴァキア共和国への編入過程 …………………265
3．チェコスロヴァキア第一共和国内での
　　ポトカルパツカー・ルス …………………275
4．結びにかえて …………………282

付表：ローカル，エスニック・アイデンティティ調査　289

序　章
エスニシティ，アイデンティティ，グローバル化
──問題の所在──

川 崎 嘉 元

1. エスニシティの登場

　エスニック・アイデンティティ，エスニック・コンフリクト，エスニック・ナショナリズム，エスニック・マイノリティ，エスニック・バリアなどエスニシティにまつわる諸問題の登場，したがってエスニシティという用語が巷間を騒がせるようになったのはそう昔ではない。人類学者青柳まちこは，人類学者のなかではじめてエスニシティの理論的動向を指摘したのは1976年の鈴木二郎の論文であったという〔参考文献1, p.8〕。鈴木はその論文（『社会人類学年報』vol.2, 1976）のなかで，エスニシティというあたらしい概念が必要になってきた背景として，1960年代の状況，すなわちアジア・アフリカでの新国家の誕生，ヨーロッパにおける非ヨーロッパ系移民の増加およびアメリカ国内でのエスニック・マイノリティの権利回復要求があると指摘している〔参考文献1, pp.8, 9〕。この状況は人類学だけでなく，社会学や政治学でも同様であり，鈴木の指摘する三つの動向のなかでもとりわけ1960年代におけるアメリカのマイノリティの権利回復要求がエスニシティという用語の登場と深い関係をもつ。それは同時にアイデンティティ・ポリティックスという政治運動と政治理念の登場と結びついている。アメリカの英語辞典にエスニシティという言葉が「政治的運動」というニュアンスをもって登場するのは1972年であるといわれる。

「承認の政治」(Charles, T.) ともいわれるアイデンティティ・ポリティックスは，1960年代のアメリカにおける先住民，黒人さらには女性（ジェンダー）などの各マイノリティの格差や差別の是正を求めるだけではなく，自らの「存在証明」を勝ち取る運動と深くかかわっている。「家父長制」と闘うジェンダー・ポリティックスはアイデンティティ・ポリティックスの端的な事例である。さらに社会学や政治学の文脈で重要なのは，各国民国家のなかでの民族マイノリティの自治権拡充の運動である。代表的な運動はスペインのバスク，カナダのキュベック，中国のチベットやウイグル人，イギリスのスコットランドやウェールズなどである。もちろんそれだけに限らない。世界には7,000から8,000のエスニックグループが存在するといわれるし，中国に限っても民族マイノリティは55もあるといわれる。なお余談だが，中国では，1985年ごろまでは彼らはエスニック・マイノリティではなく「種族」（ナショナル・マイノリティ）と呼ばれていた。彼らの自治権回復要求は日々のマスメディアに見出しとして登場することはなくても，世界中のエスニック・マイノリティが陰に陽に自らの存在の承認を求めはじめた。それは20世紀の最後の四半世紀なのである。

ではエスニシティは日本語に訳すとどういう言葉になるのであろうか。「民族」という言葉とどう違うのだろうか。実はその違いを求めて交通整理を試みる文献は無数にある。しかし，的確な説明に出会うことはほとんどない。エスニック・マイノリティを日本語で少数民族と訳しても差し支えないし，ほとんど「民族」の同義語であり，概念上の違いを指摘するのはむずかしい。日本語訳や定義の違いに深入りすると迷路からでられなくなる。しかし，なぜエスニシティという言葉があたらしく必要になったかは重要な問題である。言い換えればその言葉が必要になる政治的・社会的文脈を認知することの方が定義をどうするかということより重要である。その文脈を知ることで，従来の「民族」や「ナショナリズム」のコンセプトでは把握できず，エスニシティという用語がなぜ必要になったかの背景を理解することができる。端的にいえば，近年のエスニック・マイノリティの運動は従来の「民族」やそれにまつわる「ナショ

ナリズム」の理論に対立する要素を内包し，それを超克する必要性を求めている。つまりエスニック・ナショナリズムの運動は，従来の「民族」や「ナショナリズム」の理論では捉えきれない理論的課題を社会科学に投げかけている。

いうまでもなく従来の「ナショナリズム」の思想はフランス革命の教導理論であったJ.J.ルソーを紐解くまでもなく，西ヨーロッパに政治の近代化，世俗化，民主化をもたらした政治理念である。したがってこのナショナリズムを，エスニック・ナショナリズムと区別するためにここでは「近代ナショナリズム」と呼んでおこう。たしかに「近代ナショナリズム」による政治の近代化の前段として，言語や文化や教育をつうじて民族意識の高揚をはかるさまざまな文化的ナショナリズムの運動があった〔参考文献8〕。しかし近代政治の原理としてのナショナリズムは，逆説的ではあるが個別の民族意識を捨象することによってのみ成立する。国民主権の前提となる「国民」という概念は，ルソーの「一般意志」を俟つまでもなく，個人の民族，階級，身分，社会的地位，宗教などの拘束から自由な「抽象的人格」の集合体でなければならない。それでこそはじめて国民の意志は個々の集団や個人に分割できない一つの絶対的な権力（国民主権）構成体となる。この意味で近代のナショナリズムは，民族を突き放した「国民主義」と訳されなければならない。しかし実際に社会に生きる個人は日々の生活のなかで抽象的な個人ではありえず，具象化された存在として行為している。したがって抽象的な人格を基礎にする「近代ナショナリズム」の「国民」や「国民国家」の概念はあくまで「ひとつの擬制」〔参考文献7〕である。しかし擬制を受け入れることによってのみ近代政治の「平等」や「自由」の観念は理論的根拠を得ることができる。

20世紀後半のアイデンティティ・ポリティックスとその代表選手であるエスニック・ナショナリズムの登場は，この「近代ナショナリズム」の理念にもとづく擬制としての「国民国家」への異議申し立て運動であった。「平等」と「自由」を擬制として構成する近代国民国家がその名のもとにたえずマイノリティを排出し，差別の構造を再生産するシステムに堕したことにたいする異議申し立て運動であった。「アイデンティティ・ポリティックス」にかんする近年の

文献は，「承認の政治」が「近代ナショナリズム」の普遍的原理（共和主義），あるいは「自由」と「平等」を軸にする近代民主主義の普遍的原理と共存できるのかどうかに焦点があてられている。さまざまな主張があり，ここでは細かく触れないが，筆者の見解は，両方が共存しえるというマイケル・ケニーの主張に近い。いずれにしても近年のエスニック・ナショナリズムの運動，広くは「アイデンティティ・ポリティックス」の主張は，以上のように近代の政治原理にたいする挑戦であった。この意味で，エスニシティはひとまず国民国家のような「包括的社会」〔参考文献1，p.13〕のなかの「民族マイノリティ」とイメージされてよいであろう。もちろん包括的社会のなかの民族マイノリティが自らのアイデンティティに目覚め，「承認の政治」を求めて立ちあがるしかたあるいは立ち上がらない文脈は，それぞれの包括的社会，あるいは国民国家のおかれている政治，社会，文化，経済の状況によることはいうまでもない。たとえばさしたる紛争もなく一見穏やかな状況にみえるスイスのような多民族国家もある。しかしエスニック・ナショナリズムの運動はしだいに飛び火し，いまや世界中のいたるところで燃え盛っている。そして時代の進行とともにエスニシティをめぐる諸問題はしだいに位相を異にしてくる。

　エスニック・ナショナリズムによる政治的紛争や政治的挑戦は少なくとも1980年代までは，一国民国家の国内問題と捉えられる傾向が強かった。たとえば，1979年に，イギリスでは，スコットランドとウエールズの分権化法案をめぐる国民投票（両地域とも結果は否決）がおこなわれた。その背景にはスコティッシュ・ナショナリズムの台頭があったが，マスメディアもアカデミズムでもその問題はドメスティック・ナショナリズムにかかわる問題と捉えており，分権化法案もドメスティック・デヴォリューション（domestic devolution）という言葉で表現されていた〔参考文献3〕。この問題に対峙する当局には泥沼化する北アイルランドの紛争と区別したいという意図はみえみえだったが，あくまで他国とは無関係な国内問題として処理したいという姿勢であった。イギリスだけでなく，カナダやスペインでも国内のエスニック・プロブレムとして扱われる傾向がみられた。総じて1980年代までは国内のエスニック・マイノリティの権

利をどこまで認めるかというのが各国に共通する課題であった。

しかし1980年代後半から1990年代になると、エスニック・ポリティックスは国内問題ではなく、広く国際社会を巻き込むより大きな社会問題、政治問題になる。そのきっかけが80年代末から90年代初頭にかけての中部および東部ヨーロッパの動乱である。ソヴィエト連邦の解体は15の新しい国家を生みだし、ユーゴスラヴィアの流血をともなう紛争も結局は旧ユーゴスラヴィアの解体といくつかのあたらしい国家をうみだすことにつながる。すなわち中・東欧のエスニック・ナショナリズムの熱狂は旧国家の解体と新国家の誕生を促し、それにともなう国際秩序の再編をもたらす。

ヨーロッパにおける旧社会主義圏の崩壊は、グローバル化の結果でもあったが、またその解体はグローバル化の進行に拍車をかけたともいわれる。そしてグローバル化の進行は、エスニック・アイデンティティにあらたな問題を投げかけることになる。すなわちアイデンティティ・クライシスの地球的規模での進展である。今日グローバル化によるアイデンティティ・クライシスの問題を抜きにしては、エスニック・アイデンティティは語れない。したがって以下ではグローバル化の現象にともないどのような問題が起こってきているかについてやや詳細にみていきたい。

2. グローバル化

グローバル化は1990年代に巷を席巻するようになった言葉であり、1990年以前にはほとんど使われていない。それを画したのは「中・東欧の社会主義ブロックの解体と冷戦の終結」であるといわれる。ここでは、まずグローバル化の定義を明らかにし、さらにグローバル化が投げかけるさまざまな問題群を一覧しておこう。

グローバル化には、さまざまな定義があるが、通例は経済活動の側面と情報技術の発達という二つの側面から定義される。経済面からみればグローバル化は「資本、商品、サービス、労働力の市場がグローバル化し、資本、商品、サー

ビス，労働力の移動もグローバルな規模に拡大する過程のことである」と定義される。また近年の情報技術の発達は「上記のような経済の流れを支え，地球に住む人々を結びつけるコミュニケーション機会を拡大し，そのスピードを加速する」。

　グローバル化のこのような過程がもたらすこの世界への影響は，以下のようなさまざまな象徴的なキーワードに集約される。①「時空の圧縮」〔参考文献12〕，②「ネットワーキング」〔参考文献10〕，③「相互依存の加速」〔参考文献15〕，④「地球的近接性」〔参考文献17〕，⑤「遠隔地域間への社会関係のひろがり」〔参考文献11〕，⑥「われわれの地球村」(国連)，⑦「コミュニケーションの同時性と即時性」，⑧「サイバースペース」(電脳空間)，⑨「文化的異種交配」(cultural hybrid)。

　グローバル化が，第一には経済学的に定義されるとしても，それが政治，経済，文化に与える影響は深甚であるだけに，グローバル化にまつわる論点は以下のように多岐にわたる。

① 　グローバル化を経済学的にだけ定義するならば，市場と移動の国際化は20世紀の始めから進んでおり，グローバル化という言葉を使って近年の傾向を特別に差別化する必要はないのではないか，あるいは，近年のグローバル化は，かつての「経済の国際化」と次元を異にするものであると考えた方がよいのか。

② 　グローバル化(市場の地球規模化)の経済的効果は，ゼロ・サム概念で理解されるものではなく，コストあたりの利益はますます増大し，その波及効果により，貧しい民も恩恵を受ける(ネオ・リベラリスト)ことになるのか，あるいは，特定の強大な経済大国を利するだけで，地球上の貧富の格差と不平等はますます拡大し，あらたな経済的格差のパターン(南のなかの南北問題)が表面化するのではないか(ネオ・マルキスト)。

③ 　経済のグローバル化は，地球的な規模の市場経済循環を既存の国民国家では統制できなくするのか(ワールド・ガバナンスの危機と超国家的な統治機構の必要性)，あるいは国際的調整による既存国家および国家間の統治能力

の再編によって十分統制できるのか。そのとき国連の役割はどうなるのか。

④ 既存国家を超える機構として，IMF, WTO, OECD, G8などがあるが，それらは地球的規模での経済活動を十分に調整する能力をもつのか，それとも加盟国の利益を代表するだけの，とりわけ経済大国のための「クラブ」や「おしゃべり機関」にすぎないのか。

⑤ グローバル化と並行して，EUや北米自由貿易協定など経済のブロック化も進んでいるが，グローバライザー（グローバリスト）はこのリージョナリズムを自らの理論とどのように接合させるのか。すなわち，リージョナリズムはグローバル化のあらわれの一側面なのかそれともグローバル化にともなう政治経済的危機への対応策なのか。

⑥ 文化は「マクドナリゼーション」あるいは「ハリウッディゼーション」という標語に代表されるように，アメリカのヘゲモニーのもとに地球規模で画一化，平準化されるのか，あるいは反グローバリズムにみられるように，各地の個性的文化を守り抜くためのリアクションを喚起し，情報技術のグローバル化によって，自らの身近でローカルな文化を地球社会に発信し，文化の多様化と異種混合に拍車をかけるのか。

⑦ 中東欧圏の社会主義ブロックと社会主義国の崩壊はグローバル化の結果なのか，それとも崩壊にともなう冷戦終結の結果としてグローバル化がはじまったのか。

⑧ カネ，モノ，ヒト，サービスの移動が加速し，長距離化するとしても，これら四つの移動の時差やパターンには地域的違いはあるのかないのか。もしあるとすれば，その結果起こるねじれ現象にどのような政策的対応が可能なのか。

以上のような問題群をめぐって，グローバル化の論者は，おおまかにいえば「グローバリスト」（プラスの価値を強調する論者）と「懐疑派」およびその「中間派」の三つに分かれる。この三者はそれぞれ強調する論点に違いがある。たとえば，地球上の環境問題に力点をおく論者には当然「懐疑派」が多くなり，

ネオリベラルで「市場経済」に信頼をおく経済学者には「グローバリスト」が多くなる。また。グローバル化と呼ばれるような事態などいまのところみられないという立場の論者もいるが，彼らはどちらかいう「懐疑派」に組み入れることができる。

3. グローバル化とアイデンティティ・クライシス

　エスニック・アイデンティティの問題は，グローバル化の進行とともにどのような位相におかれるのであろうか。前記の記述から想像されるようにグローバル化の進行は，いままで世界中の人々を安住させていた政治的・経済的・文化的・社会的生活基盤を揺り動かし，日々の生活様式に変容を迫る。
　生活基盤の変容が生む人々の不安の基礎には，アイデンティティ・クライシスが横たわっている。もちろん，各エスニック・グループがおかれている条件は歴史的にも経済的にもまた地政学的にも異なるが，アイデンティティ・クライシスの進展は世界各地に共通してみられる現象である。もう少し具体的にいえば，①政治的には国民国家の弱体化あるいは脱国民国家化による「国民」というアイデンティティの希薄化，②経済的には，経済活動の地球規模化と多国籍化による国内の経済的再編が，従来の企業や労働組合にたいするアイデンティティの根拠を奪い，また階級・階層の国際的再編は国内における従来の階級的アイデンティティを流動化させる。③文化的には，「多文化の共存」や「文化的異種配合」あるいは「アメリカニゼーション」によって，今まで自分たちを囲っていた固有の文化が見失われ，ときにアイデンティティ・クライシスは文化的アノミーの様相を示す。④社会的にアイデンティティ・クライシスと深く関連するのは人々の移動であろう。たとえば一例をあげれば，世界中の大都市で，あらたに流入する人々と在来の民が，ありうる共生の姿を模索しながら，どのようなエスニック・コミュニティをあらたにつくろうかという試みに，アイデンティティの再編過程をみることは容易である。
　ヨーロッパを中心に考えれば，一般には，人々があたらしく選択していくア

イデンティティとして，エスニシティ，ジェンダー，階級の三つがあげられるのがふつうである。最後の階級はヨーロッパ特有の文脈なのかも知れず，日本人には若干の違和感を禁じえないが，階級をめぐるあらたなアイデンティティの構築はヨーロッパでは重要なこととして議論されることが多い。すなわちその文脈は，グローバル化を引っ張る経済活動は「消費」である。同一の消費パターンの波及によって世界中の人々の生活様式はグローバル化のもとで斉一化していく。それは同時に生産の場を軸にした「階級」意識の風化を招き，階級的アイデンティティの再編を促す。世界中の人々のあいだのあらたな階層意識は，消費のパターンをめぐって構築される。

　しかし，グローバル化とアイデンティティの関連を考えるときのキーワードは，この三つ，すなわちエスニシティ，ジェンダー，階級で十分なのであろうか。少なくとも宗教を加えることは絶対に必要であろう。社会主義崩壊後の中・東欧諸国において，社会主義の公式イデオロギーが禁じてきた宗教意識の再生と宗教活動の興隆を思い起こせば，宗教が人々のアイデンティティ形成の重要な要素であることがわかる。宗教がボスニア・ヘルツェゴビナのエスニック紛争を泥沼化した原因の一つであることはいうまでもない。それだけでなくグローバル化とテロリズムの関連にかんして，ハンチントンが語る「文明の衝突である」という見方にたいして多くの論者が異議を申し立ててきたが，その一つに「その見解は誤りであり，それはイスラム原理主義とアメリカのキリスト教原理主義の対立である」（佐和隆光）という主張がある。その背後には「グローバリゼーションは，それによって排除された文明を原理主義へと走らせる」（佐和隆光）という認識がある。ギデンスの言葉を借りれば「グローバル化は，文明ないし伝統を包囲する」からである。宗教意識の覚醒，再生，変容を抜きにしてはグローバル化のもとでのアイデンティティは語れない。

4. グローバル化と社会主義の終焉

　ところで，グローバル化は「社会主義の終焉」とどうかかわるのであろう

か。多くの論者が指摘することであるが，一つはグローバル化の進展が「社会主義」を敗北に追いこんだという見解である。佐和隆光の表現を借りればつぎのようになる。「1980年代末の東欧激変，そしてソ連の崩壊をもたらしたのは情報化の進展」であり，「グローバル電子経済に社会主義体制が適応しきれなかったことがひとつ」，「もうひとつは，共産主義を維持するために必要な思想と文化の統制がメディアのグローバル化により維持することがむずかしくなった」という言説である。

他方，「社会主義の崩壊にともなう冷戦体制の終焉」がグローバル化の契機になったとする見方は根強い。たとえば，日高克平は「1980年代末における社会主義国に起こった一連の社会変革は，世界の構造をグローバル化の方向に一気に駆り立てる引き金」となったと語り，滝田賢治は，その象徴的事実として「冷戦体制崩壊」にともなう巨大で精密な軍需技術の民間への解放が，情報技術の一挙の開花につながった事実をあげる〔参考文献5〕。かくして，冷戦終結は，第一に，「情報の世界的同時化・即時化」を，第二に，「分断されていた世界市場の統合」をもたらしたとみなす。

社会主義終焉後の中欧諸国での改革が「市場経済の導入と政治的民主化・分権化およびEU加盟」を目標としてきたことはよく知られており，そのかぎりでは，西欧中心のグローバルなシステムに中・東欧諸国が包摂・統合されつつ，世界のグローバル化を加速させたことはいうまでもなく正しい。しかし，スロヴァキアを含む中・東欧の現状をみると，グローバル化と社会主義の終焉の関係をみるときには，もうひとつ重要な側面があるようにおもえる。それは社会主義終焉後「グローバル化の渦中に投げ出され，それに翻弄される」社会主義国の人間群像および人々の生活である。すなわち，グローバル化による失業，社会病理，社会移動といった社会主義時代にはあまり見かけなかった変化の波にさらわれ，アイデンティティ・クライシスに直面している人々の姿である。そこに目線を置かないかぎり，中・東欧諸国におけるエスニック・ムーブメントとグローバル化の具体的なかかわりもみえてこないだろう。

5. アイデンティティ

　グローバル化やエスニック・ナショナリズムとの関係で議論される「アイデンティティ」とは実際のところいかなるものか。論者がほぼ共通に指摘するのはつぎのような事実である。アイデンティティは人々が所与ものとして身につけているもの（本質主義的なアイデンティティ）ではけっしてなく，異なった状況下におかれた諸個人が他者と相互作用をする過程で形成・変容される。すなわちアイデンティティは社会的に構築されていく〔参考文献13〕という主張である。ベンハビブ〔参考文献9〕は語る。「アイデンティティにかんする現代の理論的著作を，ひとつの用語が支配している。その用語とは『構築』（主体の喪失）である。しかし，個人的であれ，集団的であれ，他者との関係は人々がおかれている歴史的，文化的，社会的条件によって彩られており，アイデンティティの形成・変容はその諸条件の拘束，すなわち状況の個別性，特殊性を逃れられない」。

　エスニック・アイデンティティを例にとれば，その形成と変容に不可欠な要素として，「出自と血縁の共有，固有の言語と文化と物語，同一民族・人種という言説，地縁・血縁の共有と結びつくノスタルジア，等々」といった要件が掲げられるが，それがどのようにエスニック・アイデンティティの形成・変容と具体的に結びつくかは，各エスニック・グループの状況の特殊性あるいは歴史的物語の個別性の叙述なしには理解できない。

　おそらくそのためであろう。エスニック・ナショナリズムやエスニック・アイデンティティの研究は無数にあるが，その研究の多くは，それぞれのエスニック・グループのエスノグラフィー研究が圧倒的であり，それはモノグラフのままにとどまり，グランドセオリーとまではいわなくても，説得力ある理論的彫琢にまで手を伸ばしている研究は少ない。理論化の努力がなされると，それはきわめて抽象的な言い古された言説に遡るだけのことが多い。エスニック・アイデンティティの形成，変容，維持と再生産のメカニズムを歴史的，立

体的かつ実証的に明らかにしようとするのが本研究の主意である。その対象に取り上げるのがスロヴァキア人である。

6. スロヴァキアの民

　スロヴァキア人がはじめて国家をつくったのはチェコ人と一緒ではあれ，第一次世界大戦の敗北により，オーストリー・ハンガリー帝国が解体した1918年のことである。それまでスロヴァキア人自らが国をもつことはなく，歴史の大半はハンガリー王国のなかの住民であった。ハンガリー人の大ドナウ盆地への侵入は896年に始まり，906年に大モラヴィア国が崩壊すると，スロヴァキア地域は11世紀末ごろにハンガリー王国の版図に組み込まれた。以後この状態は1918年のチェコスロヴァキア国の誕生まで約1000年間続く〔参考文献2〕。

　しかしこのあいだスロヴァキア人としての民族意識が風化することはなく，民族の言語と文化と伝統は存続し続けた。スロヴァキア人としての民族意識が芽生えたのは，大モラヴィア国を構成する民の重要な一翼を占めた頃であると推測される。9世紀はじめには西部スロヴァキア地域にニトラ公国ができていたが，この国は833年ごろに大モラヴィア国に併合されている。民族意識の自覚は9世紀に始まったとみてよい。旧スロヴァキア語の原型があらわれるのもその前後である。

　自分の国をもたなかった約1000年のあいだ，すべてのスロヴァキア人が現在のスロヴァキアの領地内に安住していたわけではなかった。オーストリー・ハンガリー帝国の殖民政策や宗教改革にともなう迫害のために18世紀以後現在のハンガリー領地や現在のセルビア国のヴォイヴォヂナ近辺やルーマニアの山地に移住することを余儀なくされた。また19世紀になるとアメリカへの移民が増加する。そして第二次世界大戦の終了後の国境変更により，かつてチェコスロヴァキアの地であったウジホロト市がウクライナ領になり，そこにも多くのスロヴァキア人が取り残される（現在のウクライナ，ザカルパチア地方とチェコスロヴァキアとの関連については本書香坂論文に詳しい）。移住を余儀なくされたスロ

ヴァキア人，ヨーロッパを離れて他国に移民するスロヴァキア人，突然他国の領土となりその地に取り残されたスロヴァキア人は当然のことながら見知らぬ地で他の民族集団と共生をはじめることになる。このような状況におかれたスロヴァキア人はどのようにしてエスニック・アイデンティを保持し続けてきたのか。本書の研究テーマの一つがそれである。現在のスロヴァキアの領地に住んできたスロヴァキア人よりも，見知らぬ地で多民族と共生するスロヴァキア人の方が民族意識に過敏であると想像することはむずかしくない。しかし離散したスロヴァキア人のエスニック・アイデンティティは一様ではなく，国や地域によって異なる。ハンガリーに住むスロヴァキア人はハンガリーへの同化が進んでいる。99.9％の住民がスロヴァキア人で構成されるパディナ（Padina）というヴォイヴォディナの離村では，生活は昔のスロヴァキア風に営まれ，アルカイックなスロヴァキア語が話され，チェコ語は変なスロヴァキア語の方言とみなされる。すべての光景はスロヴァキア人が住み続けてきた村のさまざまな条件によって左右される。ただし重要な点は離散したスロヴァキア人にとってエスニック・アイデンティティは，家族・親族が隣人として住む集落への居住地アイデンティティと強く結びついていることである。言葉の習得，伝統文化の維持などは世代間と隣人間の絆によってささえられている。

　いまのスロヴァキア領地に住む人はどうであろうか。スロヴァキアの地は東西にみても，南北にみてもヨーロッパの中心に位置し，歴史的に多民族が行き交う交差路であった。したがってチェコスロヴァキアが分離し，単独のスロヴァキア共和国の生誕後も国内にはさまざまな民族マイノリティを抱えている。多いのはハンガリー人とロマやルシン人である。ルシン人は，もともとウクライナ共和国西部カルパチア山脈南地方に住む人々を指し，その地は1918-38年まではチェコスロヴァキアの一州であった（ルシン人の民族意識については本書近重論文に詳しい）。英語読みではルテニア人であるが本書では一貫してスロヴァキアでの呼び名であるルシン人が使われる。当然ながらスロヴァキア人は独立後のスロヴァキア共和国では圧倒的なエスニック・マジョリティである。彼らの民族意識は離散したスロヴァキア人とは異なるであろう。本書石川

論文が明らかにしているように，チェコスロヴァキア時代にくらべるとスロヴァキア共和国として独立してからは，スロヴァキア人のチェコ人にたいする態度は寛容になったといわれる。マジョリティになると多民族との共生意識が変わる。これも研究テーマのひとつになろう。ちなみに2001年時点のスロヴァキア共和国全体の人口は約538万人である。

7．調査の設計

　われわれは2000年4月から2003年3月までの3年間にわたり，文部科学省科学研究費（基盤研究B-2）による「複数エスニシティ地域おける住民アイデンティティの構造と変容－東欧の事例－」を研究テーマに，スロヴァキアの社会学研究所の協力を得て，社会学的実証調査に取り組んだ。調査の対象はスロヴァキア人であり，研究の焦点は中部ヨーロッパのいろいろな地に住むスロヴァキア人のエスニック・アイデンティティとローカル（居住地）アイデンティティに置かれた。

　調査はインタビューを中心にしたケーススタディとアンケート調査であった。ケーススタディに選ばれた場所は以下のとおりである。

① 東スロヴァキア：Bardejov (Beloveža, Zborova), Klenovec, Rimavská-sobata, Hajnačka
② ウクライナ：Zakarpacia 地方（Užhorod, Antalovce, Seredne 等）
③ ヴォイヴォヂナ：(Novisad, Petrovec, Padina, Stara-pasova 等)
④ ルーマニア：(Timisoara, Arad, Oradec, Nadlak 等)
⑤ ハンガリー：(Mlynky, Kestuc, Čiv, Santov)

以上の調査地では，ケーススタディのほか現地スロヴァキア人の協力をえてアンケートもおこなった。さらにアンケート調査は上記地区だけでなく，スロヴァキア全土のサンプリングサーベイと首府ブラティスラヴァ市だけのサンプリングサーベイもおこなった。スロヴァキア全体のアンケート調査の単純集計とアンケートの設問はこの書の末尾に付表として掲げた。当然ながら他国に住

むスロヴァキア人マイノリティは，サンプリングのための基礎的名簿が存在しないためにランダムサンプリングはおこなわれていない。

参考文献

1. 青柳まちこ編・監訳（1996）『エスニックとは何か』新泉社。
2. 伊東孝之他監修（1993）『東欧を知る事典』平凡社。
3. 川崎嘉元（1981）『爛熟のなかの危機』青木書店。
4. 佐和隆光（2002）法政大学社会学部50年祭におけるA.ギデンズ講演会でのコメントペーパー。
5. 滝田賢治（2004）「グローバリゼーションと東アジア 国際関係の変容」，川崎嘉元他編著『グローバリゼーションと東アジア』中央大学出版部。
6. 日高克平（2001）「グローバリゼーションと多国籍企業」，『中央評論』No. 238，中央大学出版部。
7. 福田歓一（1977）『近代民主主義とその展望』岩波書店。
8. Anderson, B. (1997)，白石さや他訳『増補 想像の共同体 ナショナリズムの起源と流行』NTT出版。
9. Benhabib, S. (1986) *Critique, Norm and Utopia : A Study of the Foundations of Critical Theory*, Columbia University.
10. Castells, M. (1996–98) *The Information Age : Economy, Society and Culture*, 3 Vols. Blackwell Oxford.
11. Giddens, A. (1990) *The Consequences of Modernity*, Polity Press, Cambridge.
12. Harvey, D. (1989) *The Condition of Post-Modernity ; An Inquiry into Origin of Cultural Change*, Basil-Blackwell London.
13. Kenny, M. 藤原孝他訳（2005）『アイデンティティの政治学』日本経済評論社。
14. Martinelli, A. (2001) *Problems and Prospects of World Governance at the Beginning of the XXI Century.* 2001年開催の日本社会学会大会（一橋大学）講演ペーパー。
15. Ohmae, K. (1990) *The Borderless World,* Collins, London.
16. Taylor, C. (1996)「承認をめぐる政治」，佐々木毅他訳『マルチカルチュラリズム』岩波書店。
17. Tomlinson, J. (1999) *Globalization and Culture,* Blackwell, Oxford.

第 1 章
多民族と交差，共生するスロヴァキア人

リュボミール・ファルチャン
マーリア・ストルーソヴァー
川崎　嘉元 訳

1. はじめに

　居住地やより広域の社会－空間的アイデンティティを決定する要因の一つは，当該の地域における歴史過程であり，またその歴史が居住地や地域社会の機能に現在どのように影響を与えているかという点にある。所与の歴史が地理的な枠組みのなかで重要になるのは，地域行政の変化が昔ながらのコミュニティを異なる国に分断し，さらに大きな社会集団の移動をともなうような出来事が起こったときである。スロヴァキアの各地域の名称にかんして，マイタン（M. Majtán）はつぎのように指摘している。「スロヴァキアの町村の名称（公式の町村名）が過去200年のあいだにさまざまに変わってきた背景には，多民族ハンガリー国の複雑な事情，ナショナリストの圧迫，後の帝国の解体，チェコスロヴァキア共和国の複雑な状況，現在のスロヴァキアにおけるマイノリティの共存と言った歴史が横たわっている。もちろん町村の名称の変化には，いくつかの行政単位がさらに大きな行政区画に吸収・発展したという事情もあるが，忘れてならないのは，当該地域のハンガリー化やスロヴァキア化，使われる言葉やイデオロギーの変化という要因である」。〔参考文献3，p.9〕

　過去の大きな地域移動の背後には，軍事的要因，経済的要因，宗教的要因の

三つがある。

　軍事的要因は，戦争による国境の変化あるいは防御のために人々をある地域に移動させるという国の軍事政策と関係している。経済的要因はある地域での鉱業開発，商業貿易の発展および農地の開墾と関係している。宗教的要因とは宗教的迫害を受けた人々が宗教的により寛容な地域に移動していくことに関係している。そして中部ヨーロッパにおけるこのような移動のすべては，民族的あるいは民族文化的性格に彩られる。現在のスロヴァキア領土の地理的位置は，スロヴァキア民族の歴史のなかで，さまざまな民族集団（エスニック・グループ）と民族文化が出会い，相互に交わり影響しあう地点であるように定められていたようである。同時にスロヴァキア人は歴史の歩みのなかで，民族共存地域の一翼を占め，その居住地は，有力な他の民族文化の影響下におかれるように運命づけられていた。またいまのスロヴァキア共和国の国境外に居住しているスロヴァキア人の地域の社会・空間的特性をも決めてきた。

　以上のような「歴史的道筋」は現在多様なかたちで息づいている。たとえば，多くの民族がダイナミックに交接している地域ではそれぞれの民族集団は正当な市民権をもち，彼らの代表者は市町村や県レベルの自治体の議員として活躍している。スロヴァキアの地域や市町村ではマイノリティのための文化的・社会的制度があり，マイノリティの言語が自治体との接触の際に使われている。社会・空間的見地からすれば，市町村の名称や地誌学的名称に二つの言語がべつに使われているところもある。この「歴史的足跡」はまた民族的アイデンティティが存在しているにもかかわらず，過去から連綿と続く民族・文化的交流の歴史的遺産が継続されてきていることを示している。そのよい例は，いまはスロヴァキア国民でありながら，また本人がそう自覚していながらも，彼らの家族名から彼らの祖先の母国がハンガリー，ドイツ，チェコ，クロアチア，セルビア，ポーランドなどであったことがわかることにみられる。文字どおりスロヴァキアが多民族交流の結節点であり，相互に影響を織りなしてきた場所であることを示す。また地域によっては，すでにその民族の居住者はいないにもかかわらず場所の名前にその民族の言葉が使われていることもある。た

とえばドイツ語の地名として Sandberg がある。ここはいまは首府ブラティスラヴァの一部となったデヴィンスカー・ノヴァー・ヴェスのとなりにある場所である。さらに鉱山都市であった中部スロヴァキアのバンスカー・シュティアヴニッツァの周りにはいまなお使われているいくつものドイツ語の地名がある。Glanzengerg の丘，Paradajz, Ottergrund 湖，Rozgrund, Vindśacht などである。この近辺に多数のドイツ人が住んでいたからである。ドイツ名の例はスロヴァキアの各地にみられる。歴史的変化や村や町の地名の変遷および過去のそれぞれの時点における住民の民族構成などは残された文書からも跡をたどれる。所与の歴史・文化的ファクターがその場所の気風 (genius loci) を決め，民族の関係の形態を決めていく。

2. 社会の変化と寛容な民族間関係

中部ヨーロッパのかつての社会主義国で起こった1989年からの社会変化，社会・政治的変化あるいは社会・経済的変化は，政治システムを変えただけでなく，急激な経済変化ももたらした。これらの変化は，引き続くさらなる社会的，社会・政治的，社会・経済的，社会・文化的変化の呼び水になっていく。各国におけるこれら一連の変化はまた，現代のグローバリゼーションの一翼を担う。これらの変化はかつての東欧世界だけでなく西側の世界にも変化のシナリオを変える影響をもつ。その重要な側面が人々の社会的移動の活性化である。東欧であれ中欧であれかつての社会主義国は，国を超えたあるいは大陸間移動の通り道になってきた。中欧の文脈では，かかる移動の活性化は，従来存続してきた多民族社会の性格を再び浮き彫りにし，それは変容し続ける現在の社会を考える際に重要な要素になってきている。

そこで，まずは中部ヨーロッパにおける現在のスロヴァキアの地理的位置が，民族的，文化的に多層な累積をもたらす歴史をうみだしてきたことに注目しよう。個々の時代ごとにではあるが，スロヴァキアの地理的位置は政治的，経済的かつ人口地誌学的にみて，多様な民族と文化が織りなすコミュニティを

形成することに貢献してきた。

　考古学的研究は，紀元前6世紀末から現在のスロヴァキアの場所でいくつかの古文化が集積していたことを証明している。ケルト人（紀元前4世紀ごろ），ダキア人（紀元前50年ごろ），チュートン人（紀元0年ごろ），チュートン人と戦ったローマ人（紀元前1－4世紀ごろ），スロヴァキア人，アヴァール人（紀元6世紀ごろ），紀元623－658年のサモ帝国（Samoとはフランク商人のことであり，彼らがスラヴ人をアヴァール人と戦わせることになる）。その後スラヴ人とアヴァール人は共存することになり，紀元8世紀ごろには二つの民族が交わって，スラヴ人に収斂していく。9世紀にはニトラ（Nitra）県にスラヴォニアのプリビナ（Pribina）が入り，9世紀の終わりに大モラヴィア帝国がつくられる。古いスラヴォニア言語が当時使われた言葉である。

　大モラヴィア帝国解体後の10世紀のはじめに，現在までスロヴァキアに大きな影響を与える古ハンガリー人がハンガリー帝国を形成する〔参考文献4，pp.2－4〕。ハンガリー帝国は後の歴史も同様であったが，帝国形成の当初からさまざまな民族集団が混住する地域をカバーするかたちで巨大化してきた。もともとその地に住んでいた民族集団だけでなく，経済的発展とともに，また宗教的迫害にともない強制的，半強制的に殖民を余儀なくされた民族集団も帝国のなかには含まれた。

　いまのスロヴァキア共和国内でかつて起こった鉱山ブームは，12－14世紀にゲストエンジニアとしてドイツ人のスロヴァキアへの到来を招いた。彼らはブラティスラヴァ近郊，小カルパチア山脈のふもと，中部スロヴァキア（高地ニトラや中部鉱山地域），東スロヴァキア（とくにスピシュ近辺）に居住した。その後は宗教的迫害のためにスロヴァキアに住みはじめるドイツ人もでてくる。たとえば西スロヴァキアに住むようになるフッター派の人々がそうである。スロヴァキアを貫通して貿易・商業ルートが通っていたことも，さまざまな民族的，文化的諸集団がスロヴァキアに流入してくる理由となった。

　いくつかの町で，12－13世紀にユダヤ人コミュニティがつくられていたことも記録されている。しかしより大きなユダヤ人コミュニティがつくられるの

は，17世紀にウクライナでユダヤ人が迫害された時である〔参考文献 5, pp. 21, 22〕。ロマの人々は14世紀にスロヴァキアを占拠しはじめた。引き続くその後の世紀に徐々に増えはじめ，彼らは町の近郊に住みつくようになる〔参考文献 6, pp.21-22〕。

　スロヴァキアの領土をめぐる経済的関心や戦闘行為は，（現在の地名プラハ，オパヴァ，チェスケー・ブレゾヴォなどに表象される）チェコやモラヴィアやシレジアの人々に魅力的に映った。他方14-15世紀のワラキアの殖民地化は，ワラキアやトランシルヴァニアからの流入を刺激し，またルシンやウクライナやポーランドの人々の流入も招いた。16-17世紀はとくに人々の移動が顕著な時期であった。バルカンといまのスロヴァキアの南部を含むドナウ川沿いのパンノニア地方を長く占領していたトルコとの戦争は，移住の波を起こす原因となった。トルコを前にして，セルビアやクロアチアやハンガリーの人々は北方に逃げ去った。何十年も続くトルコの脅威に恐れをなし，彼らはより安全なかつてのハプスブルグ家の領地に移住する。そこはいまのスロヴァキアの南西部および南部にあたる。ひとたびトルコが立ち去るや，ハプスブルグ王朝内であらたな移動の波が起こる。トルコの撤退後に見捨てられ真空地帯となった領土へのあたらしい移住の波がそれである。中部および南部のハンガリーの地域として知られるいわゆる「低地」は，王朝内の各地から移住してくるさまざまな民族集団，たとえばスロヴァキア人，ハンガリー人，ルシン人，ルーマニア人，ドイツ人などの民族集団の殖民の場となる。これらの移動による多様な民族文化の混合はハプスブルグ王朝内でさまざまな程度に花開き，その後のオーストリー・ハンガリー帝国を多文化・他民族共存地域として彩ることになる。帝国の成熟のプロセスは，多民族文化の融合の過程でもあった。政治的，経済的理由によって，多民族と多文化の共存は寛容な雰囲気のなかで進んでいく。おもに都市部で，時には農村部でもみられた共生と多民族の共存は，異なる文化の価値や型の対立だけでなく，文化間の風通しをよくする知恵をもうみだしていく。

3. 20世紀の多民族共生の特徴

20世紀になってもハンガリーは，オーストリー・ハンガリー帝国のなかで，多民族社会の特徴をもっていた。

表 1-1 ：1900年のハンガリーにおける民族構成

	ハンガリー人	ロマ	クロアチア人	ドイツ人	スロヴァキア人	ルシン人	その他	合 計
絶対数(人)	8,679,014	2,785,265	2,712,927	2,114,423	2,008,744	427,825	394,142	19,122,340
割 合(%)	45.4	14.6	14.2	11.0	10.5	2.2	2.1	100.0

表 1-2 ：1910年のハンガリーにおける民族構成

	ハンガリー人	ロマ	クロアチア人	ドイツ人	スロヴァキア人	ルシン人	その他	合 計
絶対数(人)	10,050,575	2,949,032	2,939,633	2,037,435	1,967,970	472,587	469,255	20,886,487
割 合(%)	48.1	14.1	14.1	9.8	9.4	2.3	2.2	100.0

表 1-3 ：1910年のスロヴァキアにおける民族構成

	スロヴァキア人	ハンガリー人	ドイツ人	チェコ人	ルシン人とウクライナ人	その他	合 計
絶対数(人)	1,686,712	896,271	196,958	7,556	97,051	60,491	294,539
割 合(%)	57.3	30.4	6.7	0.3	3.3	2.0	100.0

表 1-1 から 1-3 までの出典は参考文献7，p.8

第一次世界大戦の結果，オーストリー・ハンガリー帝国が解体すると，チェコスロヴァキアを含む多くのあたらしい国がうまれる。多くの新国家は，民族的基盤の上に築かれたが，それでも過去の遺産として多民族性を特徴にしていた。政治変動に続き，あたらしい国の行政は民族的基盤を尊重する市民の移動を促した。チェコスロヴァキアの一部をなしたスロヴァキアの領地では，明らかにハンガリー人とドイツ人を減らし，チェコ人とスロヴァキア人を増やそうとする方策がとられた。20世紀の後半になると，スロヴァキアの領地では，ス

ロヴァキア社会全体の民族構成に占める個々の民族集団の数と割合が変化していく。その詳細は表 1-4-1 から 1-4-4 に示されるとおりである。

表 1-4-1 ：1921, 1930年のスロヴァキアにおける民族構成

民　族	1921[1] 絶対数（人）	比率（％）	1930[1] 絶対数（人）	比率（％）
スロヴァキア人	1,952,368	65.1	2,251,358	67.6
チェコ人	72,635	2.4	121,696	3.7
ハンガリー人	650,597	21.7	592,337	17.8
ロマ	−	−	−	−
ルシン人	88,970	2.9	95,359	2.9
ウクライナ人				
ドイツ人	145,844	4.9	154,821	4.6
ポーランド人	6,059	0.2	7,023	0.2
その他	84,397	2.8	107,199	3.2
合　計	3,000,870	100.0	3,329,793	100.0

表 1-4-2 ：1950, 1961年のスロヴァキアにおける民族構成

民　族	1950 絶対数（人）	比率（％）	1961 絶対数（人）	比率（％）
スロヴァキア人	2,982,524	86.6	3,560,216	85.3
チェコ人	40,365	1.2	45,721	1.1
ハンガリー人	354,532	10.3	518,782	12.4
ロマ	−	−	−	−
ルシン人	48,231	1.4	35,359	0.8
ウクライナ人				
ドイツ人	5,179	0.2	6,259	0.2
ポーランド人	1,808	0.0	1,012	0.0
その他	9,678	0.3	6,621	0.2
合　計	3,442,317	100.0	4,174,046	100.0

表 1-4-3 ：1970，1980年のスロヴァキアにおける民族構成

民　族	1970 絶対数（人）	比率（%）	1980 絶対数（人）	比率（%）
スロヴァキア人	3,878,904	85.5	4,317,008	86.5
チェコ人	47,402	1.1	57,197	1.1
ハンガリー人	552,006	12.2	559,490	11.2
ロマ	−	−	−	−
ルシン人	42,238	0.9	39,260	0.8
ウクライナ人				
ドイツ人	4,760	0.1	2,918	0.1
ポーランド人	1,058	0.0	2,053	0.0
その他	10,932	0.2	13,242	0.3
合　計	4,537,290	100.0	4,991,168	100.0

表 1-4-4 ：1991，2001年のスロヴァキアにおける民族構成

民　族	1991 絶対数（人）	比率（%）	2001 絶対数（人）	比率（%）
スロヴァキア人	4,511,679	85.6	4,614,854	85.8
チェコ人	53,422 [3]	1.0	44,620	0.8
ハンガリー人	566,741	10.8	520,528	9.7
ロマ	80,627	1.5	89,920	1.7
ルシン人	16,937	0.3	24,201	0.4
ウクライナ人 [2]	13,847	0.3	10,814	0.2
ドイツ人	5,629	0.1	5,405	0.1
ポーランド人	2,969	0.1	2,602	0.1
その他	17,084	0.3	66,511	1.2
合　計	5,268,935	100.0	5,379,455	100.0

1) 1993年のチェコとスロヴァキアの分離以前スロヴァキア領土内の構成
2) 1991と2001年は，ロシア人はウクライナ人に含まれる。
3) 1991年のチェコ人国籍には，モラヴィアとシレジア人と答えた者を含む。なお，2001年のデータでは，人口，家屋調査にシレジア人は登場しない。

以上表 1-4-1 から 1-4-4 までの出典：Historická statistická ročenka ČSSR, Federální statistický úřad, SNTL, ALFA, Praha 1985. Sčitanie ľudu, domov a bytov 1991. Slovenský štatistický úrad, Bratislava 1991. Sčítanie obyvateľov, domov a bytov 2001, www.statistics.sk.

20世紀における，スロヴァキアの全人口に占める民族マイノリティの割合の変化は，ヨーロッパの一部として経験した社会政治的変化とそれにかかわるさまざまな事件に影響されている。もっとも大きな影響を与えた事件は第二次世界大戦であり，とくにそれがユダヤ人に与えた影響である。スロヴァキアの地から約8万人のユダヤ人が強制キャンプに送られ，大多数がそこで死去した。第一次，第二次を問わず世界大戦の影響はヨーロッパの地政学的な行政地図を変えただけでなく，戦後における国家間の人々の移動を活発にする。スロヴァキアのばあい，スロヴァキアに住んできたドイツ人と部分的にはハンガリー人にその影響があらわれた。ユダヤ人のばあいも同様である。第二次世界大戦後の1940年代に多くのユダヤ人がイスラエルに渡った。

　1948年から89年までの社会主義の時代には民族マイノリティは矛盾した扱いを受けた。すでに述べたように，大戦の影響をモロに受けて，ドイツ人はチェコスロヴァキアを立ち去るように強制され，ハンガリー人の一部もハンガリーに立ち戻らなければならなかった。社会主義の時代には，民族政策はますますイデオロギーに影響されるようになり，ルシン人は独自の民族と認知されなくなり，ウクライナ人として括られた。またギリシャカトリック教会も解体されて，ロマの人々の問題解決も模索された。「ロマにたいしては当初は社会的同化政策がとられたが，その後は調和的な分散政策がとられ，その後は社会・文化的統合政策に移行する」〔参考文献6，p.22〕。

　社会主義時代の以上のような政策にもかかわらず，認知された民族マイノリティは自らの社会的，文化的組織をもつことができ，また学校教育や幼児教育施設では自分たちの言語を使用することが許された。

4. 政治的次元における多民族共生

　一つの国におけるさまざまな民族の共生は人間同士の関係はもとより，政治，文化，経済面でも微妙な問題をうみだす。民族のあいだには相互の尊敬，寛容，民主的連携が必要になる。多民族を抱える国では，優越的立場にたつ民

族と服従的立場におかれる他の民族という情景が時にみられる。スロヴァキアという国の歴史のなかにも，民族的出自が権力を求め，憎しみと葛藤の道具となるような例が多々みられた。いろいろな利益集団や統治機構はこの事実に気づいてはいた。ハンガリー王国がつくられたとき，ステファン一世は異なる言語をもつ人々のあいだの忍耐強い行動を強調している。その時代の文書は「ひとつの，それもたったひとつの道義しかもたない王国は脆弱で壊れやすい」と述べている〔参考文献4〕。

過去にも，そして最近から現在にいたるまで，民族にかかわる約束事は，「意志決定権と市民権の共有」というメッセージに深くかかわっている。14世紀にジリナ（Žilina）という町でスロヴァキアとドイツのブルジョワジーのあいだにいさかいごとが起こった。そのいさかいはスロヴァキアのブルジョワジーが代表する町の行政と経済団体の手で解決された。その時にはすでにいまのスロヴァキア語が使われていた〔参考文献9，p.630〕。その当時は個々の民族集団のあいだに同等の立場を確立しようとする試みは，おもに高い社会的地位にたつ市民に委ねられていた。したがって，ジリナの憲章もどちらかといえばローカルな色彩をもち，地球規模で普遍性をもつようなものではもちろんないかもしれない。だが，この1608年の「民族法」がすでに17世紀に，しかも自由な鉱山都市で，スロヴァキア人，ドイツ人，ハンガリー人の平等を守ることをうたっていることは忘れてはならない〔参考文献4，p.4〕。

このような民族が共生する小さなコミュニティでの，市民権の共有と行政への対等な参加の試みは，その後の世紀に引き継がれ，20世紀から21世紀の現時点にまで，市民的政治的努力を促すものとして生き延びている。現在スロヴァキアの政治システムは民族マイノリティが政治団体を形成することを認め，彼らは国会や地方の選挙に参与することができる（たとえばハンガリー人連合党＝SMKとロマ党の存在）。地域レベルにかんしては，スロヴァキア人と一緒に住む民族マイノリティは一般のスロヴァキア人と同様に投票権があり，また被選挙権もある。

18世紀にマリア・テレジアが統治していた時は，ロマの人々の移動生活は禁

じられていた。この時代には，鉱山地区には住めなかったユダヤ人にも同様な制約が課されていた。このような差別的措置は，ヨゼフ二世の時代にはやや緩和されたが，ユダヤ人に市民権が認められたのはようやく1848年のことであり，彼らの宗教が平等に扱われるようになるのは1895年のことである〔参考文献8，p.5〕。社会主義の時代にはイデオロギーによって，ルシン人に同様の制約が課されていた。

19世紀には公共生活の場面ではハンガリー語を使うことが強制された。そして1867年以降はハンガリー語が排他的にオフィシャルな言語になる〔参考文献8，p.5〕。これは民族マイノリティの同化を強制的に早めようとする措置であり，民族的アイデンティティの変化が自分たちの生活の向上につながると語られた。すでに述べた社会主義時代のロマにたいする統合政策もこの同化政策同様のコンセプトのもとになされている。現在では，国の政策的教義としての同化的措置は，民主的国々では認められていないし，国際的にも許容されない。

1918年チェコスロヴァキアの誕生のときと第二次世界大戦後の国の政治体制の転換のときに，あるばあいは自発的に，あるばあいは強制的に民族の集合的移動が起こった。チェコスロヴァキアがつくられた1918年には，同時につくられたあたらしい国ハンガリーとオーストリーに向かってハンガリー人とドイツ人の集団移動がみられた。第二次世界大戦後の中部および東部ヨーロッパに住むドイツ人の強制的集合移動は，強い政治的動機による民族シフト政策の結果であり，部分的であったにしろハンガリー人にも集合的な本国帰還の動きがみられた。これはチェコスロヴァキアで実際に起こった事実である。

二つの大戦さらに20世紀末の局地的に起こった戦争にもかかわらず，20世紀になって民族マイノリティやさまざまな民族集団へのアプローチが民主主義的になってきたことは確かである。チェコスロヴァキアや1993年分離後のスロヴァキア共和国にもこのことはあてはまる。1918年にチェコスロヴァキアが誕生した後，その地の大きな民族マイノリティグループは，自らの民族文化，学校教育，地域生活を発展させる権利を与えられ，また政治的権利をも享受してきた。大きな民族マイノリティとはここではハンガリー人〔参考文献7，p.8〕，

ドイツ人〔参考文献10, p.18〕，ルシン人，ウクライナ人である。ただ，ルシン人とウクライナ人のばあいは，両者のあいだの民族アイデンティティにかんする微妙な問題とそれにまつわる双方のエリートのあいだの内的緊張のために状況はそう簡単ではない。両者の緊張は，双方の言語の違いの曖昧さ，宗教的差異（ギリシャカトリック対正教），さらには両民族の住むコミュニティ内部と両者を取り巻く外的環境からうまれる政治的利害や圧力と絡んでいる。スロヴァキア領土に住むルシン人のアイデンティティの問題すなわちウクライナ人との違いをめぐる問題は19世紀以来の長い歴史をもつが，いまなお続いている〔参考文献11, pp.30-32, 12, pp.32-33〕。

　1989年以降，引き続く社会経済的変化の一環として民族的出自とアイデンティティをめぐる問題はあらたな重要性を得てきている。民族的要求（マイノリティ言語の使用と言語法，あたらしい行政地区の区分け，マイノリティの学校問題，マイノリティ間の話し合いなど）にかかわる問題の解決のむずかしさやそれにともなう政治的紛争の出現にもかかわらず，マイノリティ問題を解決しようとする政治的努力は国際的な枠組みのなかで続けられている。スロヴァキア共和国憲法33および34条は民族マイノリティや民族集団の権利にかんする条項であるが，その第4部でこれら権利の拡張がうたわれ，それぞれの法において詳しく言及されている。たとえば，その184項（1999年）は，各民族の言語の使用をうたっているが，同様に法的手続き，公共のテレビジョン，出版活動などにも考慮すべきことが言及されている。

5．1989年以降の多民族共生のあたらしい形態

　1989年の社会主義終焉後，あたらしい市民社会の形成と結びつくある特殊な現象が国際的視野のもとに登場する。それは国境越え社会移動であり，ある国に一時的であれ永久的であれ外国人が滞在し，活動する現象である。しかしこの現象は広く国際的な政治問題の原因となっていく。とくに国境越え移動が合法的でなく，他国への居住が正当な法的手続きを踏んでいないばあいに問題が

生ずる。それが国際的視野での幅広い議論を喚起する一方で，イデオロギー的理由や物理的隔離（参入の制限と退去）によってそのような状況に直面して来なかった国では，べつの問題が生じ，それへの対応に苦労する事態がうまれている。つまり，異なる民族のあいだの結婚の増加，隣人としての他民族の増加，さらには労働契約で他民族を受け入れるかどうかの問題である。そのような状況はどのように受けとめられているのであろうか。

　スロヴァキアでの調査では，民族間で寛容度に差がでている。もちろん結婚相手，隣人，仕事の同僚としてスロヴァキア人は問題なく，またチェコ人もほとんど問題なく受け入れられる。拒絶されるのはロマの人々である。受容の程度に影響するのはどのようなファクターなのか。おそらくさまざまなファクターが関係しているであろう。たとえば現実や予期される経験，他民族にたいする知識や情報の程度，文化的近接度，見知らぬ人間への信頼の度合い，あるいはつくり上げられたステレオタイプ。この調査の対象者はスロヴァキア人が圧倒的に多いので，スロヴァキア人が受け入れられるのはもとより当然である。多民族にどれだけ寛容であるかどうかはどうも文化的近接性と多民族にたいする知識の程度が大きく影響しているようである。チェコ人が受容されるのは，スロヴァキア人と文化的に近く，長いあいだ一つの国家をともにつくりあげてきたことによろう。もし文化的近接度が受容の度合いを左右するファクターであれば，当然隣国に住む民族あるいは中部，東部ヨーロッパの国に住む民族がより受け入れられると予想される。しかし婚姻によって家族の一員として受け入れられるかどうかはべつの問題である。隣人あるいは仕事の同僚としては受け入れられる民族でも，家族の一員として受け入れるのには抵抗があるようだ。家族や隣人としては問題があっても，仕事の同僚として受け入れることには抵抗は少ない。

　アジア人やアラブの人々にたいしては状況は極端に異なる。彼らにたいしては，文化的差異への畏怖，限られた経験からくるステレオタイプ（ベトナムや中国の商人とアジアからの難民），それに関連するかぎられた情報などが重要なファクターになる。スロヴァキアに住みついているロマの人々のばあいは，

まったく異なる文脈による問題である。彼らは一般的に受け入れがたい人々である。スロヴァキアに住むロマとスロヴァキア人や他の民族マイノリティの関係は、いまなお続いている長いあいだの社会的、社会文化的差異の物語である。文明の遅れ、文化的差異、強固な社会的・空間的分離、教育程度の低さなどは、ロマ人にたいする否定的なステレオタイプがつくられる原因であり、彼ら内部でさえ社会的分化をもたらすファクターなのである。推定される（統計的にロマと登録されていない人を含む）ロマ人口は40−50万人である。スロヴァキアでは、ロマにかかわる民族問題はいまも、また今後もずっと続くであろう社会問題である。

6. 他国に住むスロヴァキア人のエスニック・アイデンティティとローカル・アイデンティティ形成にかんする社会学的、歴史的考察

すでに述べたようにスロヴァキア人のエスニック・アイデンティティやローカル・アイデンティティの問題はスロヴァキア本国に住むスロヴァキア人だけの問題ではなく、他国に住むスロヴァキア人マイノリティの問題でもある。過去にさまざまな動機からいまのスロヴァキアの領土から立ち退き、他の地域に移住したスロヴァキア人がいた。彼らはあたらしい地理的、社会的・社会文化的環境に適応することを迫られつつも、なおスロヴァキア人としての出自とアイデンティティを守るために安易な適応や同化をよしとしない人々であった。彼ら移住者は移住の主たる流れとその行き先によって、あたらしい環境でのスロヴァキア人としての生き方は異なる。経済的、社会的、政治的、文化的環境の違いは当然彼らの生活様式、居住地の発展、スロヴァキア人居住地でのローカル・アイデンティティのあり方に影響する。また彼らのあたらしい居住地での同化とアイデンティティにも違いをもたらす。したがって海外のスロヴァキア人マイノリティについて一般論を書くことはむずかしい。ここでは民俗誌的資料を利用して、いくつかの特筆すべき事柄を記述しておきたい。

民俗誌のいくつかの論文は，居住地コミュニティへの民族マイノリティの統合過程に二つのそれぞれ相容れないような傾向を認める。一つは（出国した母国の文化的価値を維持することを含む）民族・文化の維持の傾向，もう一つは，異なるコミュニティへの文化的適応の傾向である〔参考文献17, p.203〕。その調査結果はつぎのような見解を呈示する。「民族マイノリティは，母国すなわち文化の中枢から遠く離れた地で，とりわけ民族の伝統的な諸要素を何世紀にも渡って維持しようとしてきた。文化的保守主義とゆったりとした変化がこのようなコミュニティを特徴づける」〔参考文献13, p.7〕。

　居住地との関係は長い時間をかけて形成される。その過程で個人同士，集団同士，コミュニティ同士の関係が形成され，人々のあいだの人間的絆もつくられていく。その絆や関係の性格は人々，居住地，近郊の風景，自治体，地域への社会空間的アイデンティティによって決まってくる。人々の社会空間的アイデンティティは彼ら彼女らの文化的，民族的，文明的，居住地へのアイデンティティと地域的その他もろもろのアイデンティティの基礎にある。

　居住地のローカル・アイデンティティは，多くのばあいそのコミュニティの家族や土地への強い紐帯，信仰のつながり，親密な社会的交際の積み重ねをとおして，安定した伝統社会のなかで育まれる。P.ガイドシュは，スロヴァキア・コミュニティの歴史のなかで空間的アイデンティティを決定する社会紐帯の類型を呈示する。たとえば，土地や家屋所有の基礎になる「土との結びつき」，特殊な空間的アイデンティとしての「根（rootedness）との結びつき」。これは現在だけでなく，未来にもまた過去にも根ざし，歴史の痕跡や伝統を大切にする。さらにこれは「根」を大切にする一方で，進化の継続性にも気遣う〔参考文献18, p.66〕。いまは，巨大な文明的変化と高度な空間的移動が起きている時代である。その変化がコミュニティの絆の中身とそのあり様を変えていく。空間的移動の増大は，居住地を変え，そのなかの人間関係を変えるだけでなく，人々の経験，記憶，価値，態度，感性と結びつく象徴的文化の諸要素をも変化させる。一般的には，アイデンティティは人間存在の実質的な構成要素であり，人間的事象はそれ抜きには語れないものである。それはある積極的差

異化の表現であり，主体の例外性，ユニークさ，独自性を弁別させるものである。

　しかしながら，アイデンティティに必要な要件はその認知である。アイデンティティを理解し，自覚し，それに適応する態度をとろうとするなら，アイデンティティを知ることが大事になる。アイデンティティはその知覚，社会的経験，社会的記憶と結びついているだけでなく，現在の生活条件や未来のヴィジョンともつながっている。この意味でアイデンティティの本質は，未来のために過去と現在をつなげることである。人間の心的構築物であるにもかかわらずアイデンティティは，主体の認知目標と共存し続けるし，居住地における絆が切断されても死ぬことはない。記憶，感覚，感情というかたちをとって，アイデンティティは，居住地との内的な絆を創造し続ける。われわれは，市町村や地域からアイデンティティ，ラテン語の表現を使えば"genius loci"（場所の気風）を引き出すことができる。それは環境的質のユニークさや単一性の表現であり，それはまたその場所に住む実存的価値のサインでもある。地域的主体のアイデンティティは，その地域共同体の建築的，地理的，歴史的，社会文化的，社会的諸特徴を統合する〔参考文献19〕。多民族共存地域に住むスロヴァキア人の居住地アイデンティティは，民族的アイデンティティを包み込む。その民族的アイデンティティは，歴史的，地理的，文化・政治的帰属あるいは民族のシンボルやその他もろもろの条件に左右される。社会的アイデンティティのひとつの構成要素である民族的アイデンティティは，自身の公的アイデンティティの構築に役立つ一方で，人々のあいだをむずかしくしたり，ときに否定的なアイデンティティの絆をつくり上げてしまうこともある。アイデンティティはかならずしも人間の自由な選択と首尾一環する関係にあるとはかぎらない。人間は自分の意志とは無関係にうまれ，ある国の国民となり，ある民族コミュニティの住民となる。したがって国外に住むスロヴァキア人の居住地アイデンティティは，民族アイデンティティの諸要素を含み，同時に他民族がマジョリティである国のさまざまな社会・経済的，政治的生活条件を反映する。

7. ヴォイヴォヂナに住むスロヴァキア人

　歴史を振り返ると，スロヴァキア人のヴォイヴォヂナへの移動は，時期的にはさまざまであり，またそのときの政治・行政的環境もそれなりに異なる。それはスロヴァキア人の殖民先が異なることからくる。スロヴァキア人が殖民した当時はこの地域はハンガリー人，ポーランド人，ルーマニア人などが住む他民族共存地域であった。この地域に住むスロヴァキア人は民族的まとまりをもって居住しているわけではないが，バーチカ（Báčka），スリエム（Sriem）とバナート（Banát）には集住している。移住者のなかでもユーゴスラヴィア低地に住むスロヴァキア人は文化的，民族的まとまりをよく維持している。18世紀末以来約260年のあいだ，彼らはヴォイヴォヂナの比較的コンパクトな地域にまとまって居住してきた。多民族共存地域へのスロヴァキア人の殖民生活は，さまざまな規模の社会集団の創出とその統合およびスロヴァキア人居住地と道路の建設によって特徴づけられる。それは他民族の影響から自分たちを守ることにもつながった。ヴォイヴォヂナのスロヴァキア人マイノリティの人口は1930年代に頂点を迎える。ちなみに1930年の人口は9万9,227人である。それ以後はスロヴァキア人の人口は徐々に減少に向かう。その傾向はとくに1960年代に強まり，その当時はまたマイノリティ民族の生活に大きな影響を与えた集中的な同化政策の時期でもあった。1991年のセンサスによれば，この地に住むスロヴァキア人の人口は約6万4,000人である。最近は出世率が低下しているが，それには1990年代の戦争とそれによる社会・経済的生活条件の悪化が影響している。若いスロヴァキア人の同化の傾向がみられるにもかかわらず，スロヴァキア人の民俗文化地図〔参考文献14〕は250年間共存してきた現在でもスロヴァキア人の同化傾向は弱く，豊かなスロヴァキアの伝統的文化が保存されていることを示唆している。それは言語，民族アイデンティティ，信仰，経済的繁栄にあらわれている。

8. ルーマニアにおけるスロヴァキア人

　現在のルーマニアの地へのスロヴァキア人の移動は，18世紀の後半に始まり，何度かの波を経験している。第一期の移民は現在のスロヴァキア共和国内の各地からの移動であったが，第二派の移民の大部分はハンガリーやヴォイヴォディナにすでに移動していたスロヴァキア人がさらにルーマニアに移動する動きであり，彼らはルーマニアの四つの地方の山村に殖民することになる。その四つは多民族共存地区であり，彼らの隣人はルーマニア人とハンガリー人が多数を占める。殖民のかたちは，また社会生活のパターンによる影響も受ける。たとえば，殖民地区同士の永続的なコミュニケーション，スロヴァキア人コミュニティの長期にわたる隔離と孤立，多民族の共生と頻繁な移動，スロヴァキア各地たとえばゲメル（Gemer），オラヴァ（Orava），ゼンプリン（Zenplin）地域からのさらなる流入などがそれである。これらの要素はスロヴァキア・コミュニティをしだいに結晶化し，そこでは異なる方言の混在や個性ある地域文化の共存につながる。いくつかの地域にばらばらに殖民されたことが，この地に住むスロヴァキア人の民族的分離を可能にしたともいえる。

　ルーマニアにおけるスロヴァキア人マイノリティの社会的，歴史的状況については，シュテファンコ（O. Štefanko）がつぎのように描写している。「あたらしく誕生したスロヴァキア人コミュニティでは，一連の社会関係が形成されるなかで文化的適応が進むが，とりわけ文化的適応が終了したあとで，社会生活のなかに規範や規制がうまれ，それが徐々に普遍的拘束になっていく。このことは，一方で各コミュニティが宗教的には斉一的であり，それぞれが他の民族から民族的には隔離され，孤立する傾向にあったことによる。だが町村の公共的事象にかんしてはスロヴァキア人は，多民族と共生するなかで民族間の協調に配慮してきた。こうしてルーマニアにおけるスロヴァキア・コミュニティの社会文化を顧みると，スロヴァキア人が移動のために離れたもとの地域の伝統的な社会的規範を殖民先に持ち込んでいることがわかる。他方スロヴァキア

人は，彼らの伝統的な規範や規制を危機に陥れる社会関係のむずかしさに直面すると，二カ国語あるいは三カ国語を操ってコミュニケーションをとり，行政上の公共的な問題に他民族と協調して解決にあたっていた〔参考文献15, p. 46〕」。

ルーマニアにおけるスロヴァキア人が共通の地域的，民族的自覚をもつことができた本質的要素としてつぎのようなことがあげられよう。共有される信仰，各コミュニティにおける民族内婚，共有される民族の敬称，融合された方言，特別の民俗文化，共通の経済的・社会的水準と民族が集住する居住区およびビホル（Bihor）に住むスロヴァキア人特有の性格である。ルーマニアにおけるスロヴァキア人コミュニティの生活は，頻繁な労働移動という特徴をもつ。召使，お手伝い，季節農作業などの労働移動は，コミュニティ生活につき物であり，またコミュニティ内部の家族的渋滞を維持するうえでも重要な機能を担う。スロヴァキア人が住む地区では，母国語の使用がふつうであり，民族的自覚も高い。しかしそのことと仲間意識が強いということはべつの問題である。仲間意識の強さがはっきりみられるのはスロヴァキア人の数が多いナドラク（Nadlak）地区であり，そこでは母国語を身につけることにとりわけ熱心である〔参考文献15, pp.30, 31〕。

9. ハンガリーのスロヴァキア人

ハンガリーに住むスロヴァキア人の居住地アイデンティティは，何世紀ものあいだともに暮らしてきたハンガリー民族とハンガリーという国に彼らが感情的にも文化的にも強い結びつきをもって生きてきたという歴史抜きには考えられない。現在のハンガリー共和国領に住むスロヴァキア人は，同じ場所に住み続けているにもかかわらず，いなそうであるからゆえに，スロヴァキア人の一員である意識が弱い。彼らの移動は同じハンガリーという国のなかのある地域からべつの地域への移動でしかなかった〔参考文献16, p.334〕。ハンガリーに住むスロヴァキア人は社会的にハンガリーに統合され，言語も民族も同化される

傾向が強い。ある研究者は，この点にかんして「スロヴァキア人の二重の民族アイデンティティ」と呼び，その二重性はバランスがとれていたり，とれていなかったりすると語る。多くのばあいハンガリーのスロヴァキア人はハンガリー語に支配され，スロヴァキア語を忘れがちであり，その意味ではバランスを欠いた二重アイデンティティの例である〔参考文献16, p.330〕。

　ハンガリーにおけるスロヴァキア人の居住形態は，民族的に集住する同質のコミュニティをつくることはなく，散在している。スロヴァキアからの移住者はスロヴァキアの三つの地域すなわち西，中部，東スロヴァキアから来ている。ハンガリーにおけるスロヴァキア人の人口は徐々に減少傾向にあり，その一因は民族同化（それによる政治的・経済的利益）にあったとおもわれるが〔参考文献16, p.330〕，最近のセンサスによれば，1990－2001年のあいだにスロヴァキア人は約70％増加している〔参考文献16, p.331〕。

　統計的事実と現実の生活はかならずしも整合するとはいえない。ハンガリーのスロヴァキア人は，表明された所属民族とふだん使用している言葉が異なっていたりすることがあり，民族的，言語的アイデンティティも両極化している。ハンガリーにおける個々のスロヴァキア人居住地の性格や民族・文化的変化は，その大部分が地理的・生態学的要因と経済的要因，さらには民族的な制度や施設があるかないか，民族同士の交流機会の有無および宗教によって決まってくる。

　いまのハンガリーにおけるスロヴァキア人は，ますます民族的，言語的に同化され，民族的混成化が進んでいる。もうひとつの特徴はスロヴァキア人の出身地域間の連携である。ディヴィチャノヴァー（Divičanová）によれば，たとえばオラヴァからきた人々とスピシュからきた人々では，メンタリティも文化的アイデンティティも服装も異なるが，その地域の違いを超えた連携がみられ，それがスロヴァキア人の民族的アイデンティティの維持に貢献している〔参考文献13, p.12〕。

10. ウクライナ，カルパチア地方のスロヴァキア人

　ウクライナのカルパチア地方は，1918年までスロヴァキアとともにハンガリー領であった。1918年のオーストリー・ハンガリー帝国の解体後はチェコスロヴァキアの一部となり，第二次世界大戦中にチェコスロヴァキアとはべつになる。1939-44年のあいだはウクライナのカルパチア地方はハンガリー軍の支配下に置かれ，1946年にウクライナの一部となる。カルパチア地方の民族構成をみると，ここはヨーロッパのなかでももっとも社会的，文化的，政治的に多彩な場所である。ここの住民は，ルシン人，ハンガリー人，ドイツ人，ルーマニア人，スロヴァキア人，チェコ人，ロマの人々を含む。さまざまな民族が住むということは多様な言葉が使われるということである。

　ここに住むスロヴァキア人は，一部はもともとここに住んでいた人たちの子孫であり，また一部は移住してきた人の子供たちである。ウクライナのカルパチア地方へのスロヴァキア人の移民の大波は，18世紀の終わりから19世紀のはじめにきた。スロヴァキア人の移住地は鉱物資源が産出される場所や交易ルートの近くであった。そしてルシン人の町村のなかに自分たちの居住区，道路，住宅をつくった（たとえば新クレノヴェッツ－Novy Klenovec）。

　スロヴァキア人のあらたな移住の波は，1918-39年にルシン人の住むルテニア地方がチェコスロヴァキアに併合されたときに起こった。このときにはスロヴァキアからカルパチアだけではなく，ルテニアからスロヴァキアへという双方向の移動がみられた。この第二の波は，チェコスロヴァキアの拡大にともなう公的機関や公務員のルテニアへの移住を意味し，それはそこに住むスロヴァキア人の社会生活や文化生活にただならぬ影響を与える。すなわち文化の発展や伝統の維持にとって好都合の時代であった。スロヴァキア人の学校，文化・教育施設や芸術クラブがつくられ，教会ではスロヴァキア語が話され，アマチュアの演劇グループも創設された。

　1947-89年の社会主義の時代には，スロヴァキア人を含むこの地の民族マイ

ノリティは社会的,政治的に困難な局面に遭遇する。すなわちこの地では,ロシア化やソヴィエト化が進み,宗教の抑圧,各民族の母国との接触の禁止と孤立化が進む。変化は1989年のあとにくる。ウクライナのカルパチア地方の政治的変化の歴史は多彩である。ハンガリー化,チェコ化,ロシア化,ウクライナ化と歴史は移っていく。1991年後のウクライナでは,スロヴァキア人を含むこの地の民族マイノリティにとって自らの民族的,文化的発展を促す十分な制度的枠組みが用意されている。

11. 離散するスロヴァキア人の居住地および民族アイデンティティ

　以上述べてきたハンガリー,ヴォイヴォディナ,ルーマニア,ウクライナへのスロヴァキア人の移住は,異なる時代に,マジョリティの人々が属するさまざまな国の社会・政治的状況に応じて多様な形態をとり,それは移住したスロヴァキア人の居住地へのアイデンティティや民族的アイデンティティの形成・変容あるいは同化の過程に大きな影響を与えてきた。

　移住先の国によって居住形態も変わる。たとえばルーマニアでは,スロヴァキア人は山岳地帯の小村に住む。そのためにスロヴァキア人は孤立するなかで民族意識を保持し続けるが,経済的には恵まれておらず,仕事の機会も少ない。移住先の国々でのスロヴァキア人の人口変動は一様ではなく,増加時期も国によって異なる。

　異なる国々に住むスロヴァキア人社会に共通するものは,家族的絆と宗教的信仰を基盤にした強力なコミュニティの形成である。それは離れた故国に残してきたものを償うに十分であり,他の民族からスロヴァキア人社会を守る上で確かな役割を果たしてきた。しかしコミュニティはひとつずつ違った特徴をもっていることも事実である。ハンガリーに住むスロヴァキア人が二重の民族的アイデンティティをもつのは際立った特徴である。ヴォイヴィディナのスロヴァキア人は言語,民族,宗教をつうじてスロヴァキアにアイデンティティを

もち，経済的にも豊かである。他方ウクライナの文字通り多民族共存地区に住むスロヴァキア人は否応なく国籍や市民権の変更をなんども迫られてきた。だがこれらすべての国をつうじて，スロヴァキア人はコンパクトに凝縮したユニットとして生活圏を保っているわけではなく，さまざまな離れたコミュニティのなかで生活し，その生活をとおして母国の文化や言語を生かし続けているのである。

　ヴォイヴォヂナ，ハンガリー，ルーマニア，カルパチアへのスロヴァキア人の最初の移住は18世紀に起こった。そのときは，やせ細った農地しかなかった高地ハンガリーから低地ハンガリーへの移住であった。すべてのスロヴァキア人家族がよりよき生活を求めた。調査された上記国々では，現在スロヴァキア人の人口減ととくに若い世代の同化の傾向がみられる。

　幾多のスロヴァキア人コミュニュティはそれぞれ同化とアイデンティティの保持の枠組みやさらなる移住の動向を異にし，それに応じて居住地の安定度も変わる。しかし一般的には，故国を離れたスロヴァキア人のコミュニティはそれほど大きな変化を経験することなく安定しており，スロヴァキア人としてのアイデンティティを保持する上で好都合な条件にあった。その安定度は母国スロヴァキアの町村とくらべても高いかもしれない。

　多民族共存地域におけるスロヴァキア人の居住地アイデンティティは，自らのうちなるコミュニティへの情緒面と公共的交流における理性面の両面からなる。あるばあいにはスロヴァキア人コミュニティの情緒的つながりよりも，公共的世界での他民族との連帯・交流の方に力点がおかれることもある。町村の公共世界の未来はスロヴァキア本国のコミュニティよりも外国のスロヴァキア人マイノリティが住むコミュニティのほうがより広く開けているかもしれない。

参考文献

1. この論文はスロヴァキア社会学研究所のシリーズ論文 VEGA にもとづく。
VEGA Nr. 2/7045/21 *"Socio-spatial identification of the local community as a*

social-cultural phenomenon"「社会・文化現象としての地域共同体への社会・空間的アイデンティティ」および VEGA Nr. 2/3146/23 *The Phenomenon of residential-spatial identity in a multi-ethnic environment*「多民族共生環境における居住空間アイデンティティ現象」。このプロジェクトはいずれも中央大学社会科学研究所とスロヴァキア社会学研究所の共同調査により実現された。

2. *"Sociálno-priestorová identifikácia lokálneho spoločenstva ako sociálno-kultúrny fenomén"*「社会・文化現象としての地域共同体への社会・空間的アイデンティティ」a VEGA č.2/3. *"Fenomén sídelno-priestorovej identity v multietnickom prostredí."*「多民族共生環境における居住空間アイデンティティ現象」。Projekty realizoval spoločný výskumný tím Sociologického ústavu SAV a CHUO-University Tokyo.

3. Majtán, Milan, (1972), *Názvy obcí na Slovensku za ostatných dvesto rokov*「ここ200年間のスロヴァキアの町村名」, Vydavatelstvo Slovenskej akadémie vied, Bratislava, 1972.

4. Segeš Vladimír (2002), *Od praveku po novodobé národy*「有史前から近代以降までの民族史」, In : História, Revue o dejinách spoločnosti, č.6, november/december.

5. Hradská Katarína (2002), *Židia*「ユダヤのひとびと」, In : História, Revue o dejinách spoločnosti, č.6, november/december.

6. Rácová, Anna (2002), *Rómovia*「ロマのひとびと」In : História, Revue o dejinách spoločnosti, č.6, november/december 2002.

7. Bunčák Ján (2002), *Nacionalita* v spleti zlomov「紛争下のナショナリティ」, In : História, Revue o dejinách spoločnosti, č.6, november/december.

8. Škvarna Dušan (2002), *Medzi multietnicitou a národným štátom* [複数エスニシティと民族国家のあいだで], In : História, Revue o dejinách spoločnosti, č.6, november/december 2002, s. 6.

9. *Encyklopédia Slovenska*「スロヴァキア百科辞典」(1982), Bratislava, VEDA, VI., Zväzok, T-Ž, heslo Žilina.

10. Pöss, Ondrej (2002), *Karpatskí Nemcí*「カルパチアのドイツ人」, In : História, Revue o dejinách spoločnosti, č.6, november/december.

11. Haraksim, L'udovít, (2002), Rutheni-Ruténi – Rusíni「ルシン人」, In : História, Revue o dejinách spoločnosti, č.6, november/december.

12. Konečný, Stanislav, (2002), Rusíni-Ukrajinci「ルシン人とウクライナ人」, In : História, Revue o dejinách spoločnosti, č.6, november/december.

13. *Atlas l'udovej kultúry Slovákov v Mad'arsku*「ハンガリーにおけるスロヴァキア人民俗文化地図」, (1996), Ústav etnológie SAV Bratislava-Békéšska Čaba.

14. *Atlas ľudovej kultúry Slovákov v Juhoslávii*「ユーゴスラヴィアにおけるスロヴァキア人民俗文化地図」(2002), Ústav etnológie SAV-MS v Juhoslávii, Báčsky Petrovec 2002.
15. *Atlas ľudovej kultúry Slovákov v Rumunsku*「ルーマニアにおけるスロヴァキア人民俗文化地図」(1998), Ústav etnológie SAV-Kultúrna a vedecká spoločnosť Ivana Krasku, Nadlak.
16. Homišinová, Mária, (2004), *Slovenská inteligencia v Maďarsku*「ハンガリーにおけるスロヴァキア人インテリゲンチャ」, v reflexii sociologického výskum. In : Sociológia 36, č.4.
17. Bolerácová, Zdenka, (2003), *Slováci na Zakarpatsku a ich kultúra*.「ザカルパチア地方のスロヴァキア人とその文化」Bratislava, Katedra kulturológie FFUK, Doktorandská dizertačná práca.
18. Gajdoš, P. : *Človek, spoločnosť, prostredie*「人間, 社会, 環境」, Veda, 2002.
19. Jaššo, M. : *Corporate identity of territorial subjects*. In : Information society and spatial development, FA STU, Bratislava 2001.

第 2 章
スロヴァキア人の異民族・異国民にたいする受容態度

石 川 晃 弘

1. 本章の課題・対象・方法

(1) 研究の背景と課題

　社会主義体制崩壊後，旧ソ連・東欧各地の複数民族国家で民族主義が台頭し民族紛争が噴出した。ロシアにおけるチェチェン紛争，旧ユーゴスラヴィアにおけるセルビア・クロアチア戦争，セルビア・クロアチア・ボスニア戦争，コソヴォ紛争など，諸民族が自らの独立を求めて血で血を洗う闘争を展開し，大惨事が引き起こされた。
　ところがこのような流血の惨事を経ることなく，二つの民族がきわめて平和裏に分離してそれぞれ独自の国家をもつにいたったケースもある。チェコとスロヴァキアがそれである。筆者自身の現地観察では〔参考文献2〕，社会主義体制崩壊前夜から数年間，チェコ人とスロヴァキア人，とりわけ後者のチェコ人にたいする民族感情は刺々しさを増していた。それでも当時のスロヴァキアでの世論調査によると，チェコとの分離を支持する声は過半数に達していなかった。しかしスロヴァキア側の民族主義的勢力の要求とチェコ側の妥協的受入れによって，1992年に分離が決定され，1993年1月1日をもってチェコスロヴァキアは解消され，チェコ共和国とスロヴァキア共和国とがそれぞれ主権国家として独立するにいたった。分離独立後のスロヴァキアは経済的に苦境に陥ったが，スロヴァキア人のチェコ人にたいする民族感情はかえって改善されたかに

みえる。かつてチェコ人について語られていた否定的な発言はスロヴァキア人の日常会話から消えていった。後にふれるが，われわれの調査によれば，いまでは圧倒的多数のスロヴァキア人がチェコ人にたいして友好的な態度を表明している。

スロヴァキアの国内にはいくつかの少数民族が共生している。国民全体に占めるその比率は合計で約15％である。この比率はヨーロッパ諸国の中で中間的な数字であり，けっして小さくはない〔参考文献3〕。また，少数民族でありながら民族籍をスロヴァキア人に登録している者もいるから，その比率は実際にはもっと大きいと推測される。少数民族とスロヴァキア人の関係は，概して平穏である。排他的なスキンヘッドや極右の行動が時にはマスメディアで報じられることがあるが，その勢力は近隣諸国にくらべてきわめて小さく，国内での影響力は無視していいほどに微々たるものである。スロヴァキア人の民族性は19世紀の昔から「溢れる善意」「ホスピタリテイ」「忍耐強さ」という言葉で特徴付けられており〔参考文献4, pp.65-66〕，異民族にたいする態度も一般に受容的である。宗教間・宗派間の緊張対立も今日のスロヴァキアでは発生していない。

今日の世界では各地で民族紛争が後を絶たず，それが構造化して「文明の衝突」が常態化しているかの観があるが，スロヴァキアをみるかぎり，それはあたかも嘘の世界のようにおもえてくる。そのようなスロヴァキアにおける民族関係を，スロヴァキア国民の異国民，異民族にたいする態度を通して追究してみること，それを本章の課題としたい。

(2) 民族構成と少数民族

スロヴァキアに住む少数民族は，それぞれ異なる歴史的背景をもって暮らしている〔参考文献2〕。その構成を公式統計でみると表2-1のようになる。このうちおもな少数民族について説明しておこう。

① ハンガリー人

少数民族のなかで人口がもっとも多いのはハンガリー人である。その割合は

表 2-1　スロヴァキア国民の民族構成

	1993年末	2003年末
スロヴァキア人	85.71%	85.73%
ハンガリー人	10.65	9.61
ロマ	1.55	1.76
チェコ人*	1.06	0.88
ルシン人・ウクライナ人	0.58	0.65
ドイツ人	0.10	0.10
ポーランド人	0.06	0.05
ロシア人	0.03	0.03
その他・不明	0.26	1.19

　＊　チェコ人には「モラヴィア人」と「シレジア人」を含む。
出所：スロヴァキア統計年鑑。

約10％である。彼らの多くは南部の平野地帯に住んでいる。そこにはハンガリー人村や，住民の多数派がハンガリー人である町があり，そのような地域にはハンガリー語で教える初等学校が設置されており，道路の標識や役場の掲示はスロヴァキア語とハンガリー語の両方で書かれている。

　ハンガリー人の祖先は10世紀にヨーロッパ中部に侵攻し，スロヴァキア人の祖先たちが築いていた大モラヴィア帝国を滅ぼしてハンガリー王国を興し，その後一千年もの長きにわたってこの地を支配した。この王国が第一次世界大戦での敗北で崩壊したあと，スロヴァキア人はチェコ人と組んでチェコスロヴァキア共和国を打ち立てたが，その20年後にこの共和国はナチス・ドイツの力で解体させられ，チェコの地はドイツに併合されてしまった。他方スロヴァキアにはドイツの肝煎りで「スロヴァキア国」が作られたが，その国土の南部平野地帯はかつての宗主国ハンガリーに割譲されてしまった。

　ハンガリーに割譲された土地は，第二次世界大戦で枢軸国側が敗北したあと，スロヴァキア（当時チェコスロヴァキア）に戻った。しかしそこには多数のハンガリー人が住んでいたから，スロヴァキアは国内に彼らを少数民族として

抱え込むことになった。

　スロヴァキア人のハンガリー人にたいする態度は概して平和的であるが，ハンガリーがかつて支配国だったという歴史的事情と，近年の政府間対立という政治的事情とが絡まりあって，その態度は複雑である。1990年前後，ドナウ川の水資源の利用をめぐってスロヴァキア政府とハンガリー政府は対立した。さらに2000年前後には，ハンガリー政府が外国居住ハンガリー人援助法を出し，スロヴァキア政府はそれにたいして拒否反応を示した。ここでいう外国居住ハンガリー人とは，オーストラリアや米国・カナダなどに定住するハンガリー人のことではなく，スロヴァキア，セルビア，クロアチア，ウクライナ，ルーマニアなど，旧ハンガリー王国の領域だった中東欧諸国に住むハンガリー人を指している。この法律はこれらの国に内政干渉の危惧を抱かせ，ハンガリー膨張主義にたいする警戒心を持たせたのである。

　②ロマ
　ハンガリー人についで多いのはロマである。彼らはかつてツィガン（ジプシー）と呼ばれていたが，いまではその呼称は使われず，ロマという呼び方が採られている。
　ロマがスロヴァキアの土地に来たのは14世紀だとされている。彼らは古くからの住民である。彼らは共産主義時代には独立した族籍をもたず，チェコ人またはスロヴァキア人として登録させられていたが，今日では一つの民族として扱われている。ロマの公式上の比率は2％弱である。しかし実際の比率はもっと大きいはずである。「ロマ」として登録していると就職などのさいに不利になるという不安から，「ハンガリー人」や「スロヴァキア人」の族籍にしている者がかなりいるからである。そのような者も含めて人口動態をみると，ロマの増加は顕著である。純粋に「ロマ」として公式登録している者の比率だけでも，ここ10年ほどの間，増勢をみせている。スロヴァキア人のあいだではいま少子化が進んでいるから，この勢いでいくと21世紀の半ばをすぎる頃にはスロヴァキア人とロマの比率が逆転し，スロヴァキア人は少数民族になってしまう

という，やや大袈裟な言い方の懸念さえ出ている。

　共産主義時代のロマは，政府の手厚い福祉政策のもとで，安定した生活を送れていた。ところが共産主義体制が崩壊し，自由競争が社会生活を覆うようになって，彼らの間で失業が増え，生活が困窮化し，犯罪も広がった。そのためロマにたいするネガティブなステレオタイプがスロヴァキア人のなかで広がっている。

③チェコ人

　つぎに多いのはチェコ人だが，その比率はわずか1％程度で，しかも減少している。チェコとスロヴァキアが分離したことの影響が，ここにあらわれているようだ。

④ルシン人・ウクライナ人

　ウクライナ西部からスロヴァキア東北部とポーランド西南部にかけて広がるカルパチア山脈の裾野の地域に，ルシン人が住んでいる。彼らはチェコスロヴァキア第一共和制（1918-38年）の時代に，独立した民族として公式承認されていたが，第二次世界大戦後チェコスロヴァキアがソ連ブロックに入ってからその独立性は否定され，彼らはウクライナ人に分類されてしまった。共産主義時代が終焉したあとになって，ふたたびその独立性が認められ，ウクライナ人の籍にとどまるかルシン人として自己申告するかは個人の意志に委ねられている。この表では両者を合わせた数字をのせてある。その比率は0.6％程度である。

⑤ドイツ人

　ドイツ人もいる。その比率は0.1％程度である。彼らの多くは中世に鉱山開発でこの地に招かれ定住したドイツ人たちの末裔か，近世・近代になってオーストリアから移住した人たちかである。

　ドイツ人たちはこの国で平和に暮らしていた。そこに悲劇を持ち込んだのは

ナチスの進出である。ヒトラーはドイツで政権を掌握したあと，領土の東方拡大をめざして，まずはドイツ人が多数住むチェコ西北部のズデーテン地方の併合に乗り出し，この地方にズデーテン・ナチス党を誕生させてドイツ人住民を扇動した。結果としてズデーテン地方はドイツに割譲され，そのあとまもなくチェコ全土がドイツの保護領にされてしまい，チェコスロヴァキアは崩壊した。

このときスロヴァキアでは親独国家が打ち立てられたが，ナチス・ドイツはこの国でも影響力を広げるため，ズデーテン・ナチス党の活動家をドイツ人が住む町や村に送りこみ，その地のドイツ人たちにカルパチア・ナチス党を結成させた。これに入党しないと反独的だとみなされ，ひどい目に遭わされるので，たいていのドイツ人はそのメンバーになった。ところがドイツが敗れて終戦になると，復活したチェコスロヴァキア共和国の政府は，これらのドイツ人を一括して「ナチス協力者」とみなし，その財産を没収し，彼らを収容所に送り込んだ。そのあとしばらくしてから一部の人たちはドイツへ移り，べつな人たちはもとの村や町に戻ったが，没収された財産は返されていない。

第二次世界大戦後に再生したチェコスロヴァキアは，まもなく社会主義体制を打ち立てて国際的にはソ連ブロックに属し，「反帝国主義」闘争の一環として「ドイツ報復主義」にたいする警戒キャンペーンが広く展開され，大戦末期におけるスロヴァキアでのドイツ軍と親衛隊による残虐な抑圧の記憶が再生産された。

しかし現在ではドイツの経済力と技術力，それを支える組織力と精神力に，スロヴァキア人は畏怖の感情を抱いている。

こうしてスロヴァキア人のドイツ人観には，昔からの隣人としてのドイツ人と，大戦中の悲劇をもたらしたドイツ人と，ヨーロッパで先進性と指導力を誇るドイツ人とが，複雑に交錯している。

以上にあげた民族のほかに，スロヴァキアではポーランド人，ロシア人，ブルガリア人などが公式登録されている。

(3) 対象と方法

本章ではこれらの諸民族のなかからチェコ人，ハンガリー人，ルシン人・ウクライナ人，ドイツ人・オーストリア人，ロマ，ユダヤ人を取り上げ，これらの国民・民族にたいするスロヴァキア人の受容度を測定する。データ源はわれわれが2001年に実施したスロヴァキア全国調査の結果である。受容度の測定の方法は，調査票にある質問「あなたは，以下のような国や民族の人が家族の一員になるとき，仲良くすることができますか」にたいして，①何ら問題ない，②まあ大丈夫，③難しいかもしれない，④絶対に無理，⑤わからない＋無回答，という五つの回答選択肢を設け，その回答の①に1点，②に2点，③に3点，④に4点を与え，⑤を除去し，上にあげた八つの国民・民族にかんして全回答の加重平均値を求め，それをもって受容度指数とした。したがってそれは1点（受容）から4点（拒否）の範囲で分布する。

ちなみにスロヴァキア全サンプルにおける異国民・異民族にたいする受容度を表示すると，表2-2のようになる。

ここに表示された受容度指数からみると，スロヴァキア人にもっとも高い水準で受容されているのはチェコ人であり，それにつぐのがオーストリア人，ド

表 2-2 異なる国民・民族に対するスロヴァキア人の受容度

	受容度指数	受容（①＋②）(%)	拒否（③＋④）(%)
チェコ人	1.17	97.7	1.8
ハンガリー人	2.06	64.1	33.3
ウクライナ人	2.31	53.1	41.5
ルシン人	2.30	54.0	39.6
ロマ	3.43	11.7	85.2
ドイツ人	2.00	72.7	22.4
オーストリア人	1.92	75.7	19.4
ユダヤ人	2.40	50.4	39.7

イツ人,ハンガリー人で,そのあとにルシン人,ウクライナ人,ユダヤ人が続き,受容度がもっとも低いのはロマである。なお,ちなみにポーランド人にたいする受容度は,ドイツ人・オーストリア人と同水準である。

以下の分析では,これら諸国民・諸民族の加重平均値を合計して全体の平均値を求め,それをもって異国民・異民族にかんする一般的受容度を示す指数とし,その指数が回答者のどのような個人属性と関連があるのかを追究していく。

2. 一般的受容度と個人属性の相関分析

まず手はじめに,一般的受容度と個人属性との相関をピアソンの相関分析によって探ってみた。その結果,男女別では相関なし,年齢別では有意水準5％,学歴別では有意水準1％,収入別では有意水準1％,居住地域人口規模別では有意水準5％で相関が認められた(いずれも両側検定)。つまり一般的受容度の水準には男女差がみられない。この結果をふまえて以下では性別を分析対象から省き,年齢,学歴,収入,居住地域人口規模を取り上げ,さらに付加的情報を得るために居住地方(県),生活水準,職業階層,所属民族,宗教・宗派について分析していく。

表 2-3 年齢階級別受容度 (範囲1－4)

	度　数	平　均　値	標準偏差
24歳以下	169	2.15	.6766
25歳－34歳	218	2.10	.6965
35歳－44歳	236	2.15	.6770
45歳－54歳	156	2.18	.6766
55歳－64歳	141	2.19	.6965
65歳以上	155	2.24	.6069

(1) 年齢階級別分析

年齢階級別に受容度をみると，20歳代後半から30歳代前半の層を中心に若年層と中堅層において受容度が高く，中高年層，とりわけ65歳以上の高齢者では低い（表2-3 参照）。

(2) 学歴別分析

学歴別にみると，高等教育卒業者（大卒）で受容度が高く，中等教育未資格卒業者（日本風にいえば高校卒業資格未得者）で低い。ついで低いのは初等教育卒業者である。つまり，日本風にいえば中卒と高校中退にあたる学歴水準の者の間で受容度が低いことになる（表2-4 参照）。

表 2-4　学歴別受容度（範囲 1 － 4 ）

	度　　数	平 均 値	標準偏差
初等教育未修了	21	2.08	.8686
初等教育卒業	201	2.18	.6685
中等教育卒業（未資格）	484	2.23	.6749
中等教育卒業（有資格）	282	2.13	.6582
高等教育卒業（大卒など）	87	1.91	.6844

(3) 人口規模地域別分析

居住地域の人口規模から受容度の違いをみると，大都市ほど受容度が高い。受容度は都市化と相関しているようにみえる（表2-5 参照）。

(4) 地方別分析

東スロヴァキアのコシツェ県とプレショウ県で受容度が高い。これにたいして受容度が低いのは中部スロヴァキアの内陸部にあるジリナ県である。ここでは回答の分散度が小さい。ちなみにジリナ県は保守的・民族主義的政治風土が

表 2-5 地域(人口規模)別受容度（範囲 1 - 4 ）

人口規模	度数	平均値	標準偏差
2,000人未満	325	2.19	.6381
2,000人 - 10,000人	215	2.24	.7198
10,000人 - 50,000人	264	2.14	.6455
50,000人以上	271	2.11	.7197

表 2-6 地方(県)別受容度

	度数	平均値	標準偏差
ブラチスラヴァ	136	2.19	.6909
トルナヴァ	107	2.10	.6497
トレンチーン	124	2.13	.7389
ニトラ	143	2.21	.6758
ジリナ	138	2.33	.5985
B・ビストリッツァ	133	2.19	.7036
プレショウ	147	2.08	.6786
コシツェ	147	2.07	.6685

強い地方として知られている（表 2-6 参照）。

(5) 収入階級別分析

収入階級別にみた傾向として，高収入者のほうが回答の分散度が大きいが受容度は概して高い。収入の水準が「中の下」あるいは「下」の層においては受容度は低い。収入階級と受容度のあいだには0.1水準（両側検定）で有意な相関（ピアソン）が認められる（表2-7 参照）。

(6) 生活水準別分析

生活水準を家財道具の所有状況から測り，それと受容度との関連をみると，両者の間には明瞭な相関が看取される。生活水準が高い層ほど受容度も高い。

表 2-7　収入階級別受容度

月間粗収入	度　数	平　均　値	標準偏差
4,000コルナ以下	165	2.22	.6904
4,001－6,000コルナ	300	2.27	.6457
6,001－10,000コルナ	359	2.15	.6709
10,001コルナ以上	213	2.01	.7028

表 2-8　生活水準別受容度

	度　数	平　均　値	標準偏差
高　い	37	1.87	.6222
ふつう	631	2.13	.6735
低　い	407	2.24	.6837

あなたの家にある家財道具：「ふつう」フリーザー付冷蔵庫，自動洗濯機，カラーテレビ，普通乗用車がある。
「低い」上記の物がないか，あっても劣悪。「高い」上記の物が良質。

逆に生活水準が低い層になると，受容度は低まる（表2-8 参照）。

(7) 職業階層別分析

職業階層別にみると，上級管理者，自営業・自由業者，つまり経営者，企業家，独立専門職者など，職業的地位において上層にいる人たちは受容度が高い。その反対の極にくるのは年金生活者，学生，無職など，職業社会の枠外にいる層で，ここでは受容度が低い（表2-9 参照）。

(8) 帰属民族別分析

回答者が帰属する民族の違いによって一般的受容度に差があるかどうかをみると，少数民族に属するもののほうが受容度は高い。サンプル数が少ないので一般化するには留意が必要だが，表にみるかぎり，少数民族のほうが受容度が高い。とくにそれはロマにおいて顕著である（表2-10 参照）。

表 2-9　職業階層別受容度

	度　数	平　均　値	標準偏差
上級管理者	20	1.82	.6612
中級管理者	75	2.03	.7324
技能労働者	177	2.02	.6945
一般労働者	351	2.21	.6785
自営業・自由業者	62	1.97	.6402
年金生活者	266	2.24	.6183
学　生	31	2.25	.4849
専業主婦（産休を含む）	30	2.15	.6975
無　職	126	2.21	.7415

度数の合計がサンプル全数と一致しないのは，たとえば年金生活をしながら同時に一般労働者を兼ねている人などがいるため。

表 2-10　回答者の帰属する民族別受容度

	度　数	平　均　値	標準偏差
スロヴァキア人	949	2.20	.6816
ハンガリー人	97	1.93	.5656
ウクライナ人	1	1.56	—
ルシン人	12	1.74	.4793
ロ　マ	7	1.37	.4431
その他	9	2.04	.9027

(9) 宗教宗派別分析

　宗教宗派別にみると，受容度が高いのはルシン・ウクライナ系少数民族に信者が多い東方正教とギリシャカトリックである。その逆がスロヴァキア全体で信者がもっとも多いローマカトリックと福音派プロテスタントである。無宗教の人たちにおける受容度は，あまり高くない（表2-11 参照）。

表 2-11 宗教宗派別受容度

	度　数	平　均　値	標準偏差
ローマカトリック	684	2.18	.6917
福音派プロテスタント	128	2.24	.6117
ギリシャカトリック	39	1.92	.6448
東方正教	12	1.84	.5091
その他	18	1.90	.6928
無宗教	193	2.15	.6767

(10) 小　括

　以上の分析結果を要約すると，一般的受容度が高いのは，若年・中堅層，高学歴層，都会居住者，収入・生活水準・職業階層が高い層に属する人たち，ギリシャカトリックや東方正教の信者，東スロヴァキアに住む人たち，少数民族に帰属する人たちである。逆に，高齢者，低学歴者，小さな村や町の住民，収入・生活水準が低い階層，職業社会の枠外に位置する人びと，地域ではとくに中部スロヴァキアのジリナ県で，受容度が低いという特徴がみられる。

　年齢，学歴，地域人口規模，地方（県），収入，生活水準，職業階層，民族，宗教の違いによる，異国民・異民族にたいする一般的受容度の差がここで認められたが，これらのうちのどれがとくにその差と関係しているのかを調べるために，重回帰分析を試みる。これらのなかには質的変数が含まれているため，以下のようにしてダミー変数を構成して分析にかける。

　年齢：1．45歳未満
　　　　2．45歳以上
　学歴：1．高等教育卒業＋中等教育卒業（有資格）
　　　　2．中等教育卒業（未資格）＋初等教育卒業＋初等教育未修了
　地域：1．人口1万人以上
　　　　2．人口1万人未満
　地方：1．トルナヴァ＋トレンチーン＋プレショウ＋コシッツェ

　　　　　2．ブラチスラヴァ＋ニトラ＋ジリナ＋バンスカー・ビストリッツァ
月収： 1．6,001コルナ以上
　　　　2．6,000コルナ以下
生活： 1．高い＋ふつう
　　　　2．低い
職業： 1．上級管理職＋中間管理職＋独立職種従事者
　　　　2．一般労働者＋非職業従事者

なお民族と宗教は回答者の大多数が一つに偏っているため（民族は「スロヴァキア人」，宗教は「ローマカトリック」），ここでの分析から外す。

分析結果は以下のように出た。

表 2-12　重回帰分析結果

	t 値	有 意 確 率
年　齢	1.133	.257
学　歴	0.750	.454
地域人口規模	1.255	.210
地　方（県）	3.070	.002
収　入	1.314	.189
生活水準	1.455	.146
職業階層	2.475	.013

　これによると，一般的受容度に差をもたらしている基本的な変数は，「地方」と「職業」であることがわかる。すなわち，地方でいうと，東スロヴァキアの2県とチェコに隣接する西スロヴァキアの2県が一方にあり，中部スロヴァキアの2県と首都ブラチスラヴァとハンガリーに隣接するニトラ県がもう一方にある。職業でみると，管理職や自立的な職種に従事する層と，一般労働者や職業社会の枠外にいる人たちとで，一般的受容度は分化している。年齢，学歴，人口規模，地方，収入，生活水準といった変数は，これら二つの変数の中に溶解しているとみてよい。

3. 一般的受容度と価値態度の相関

つぎに回答者の価値態度と受容度の関係を分析する。ここで取り上げる価値態度はアイデンティティの対象，生活価値群，地域生活上の価値である。

(1) アイデンティティの対象別分析

「民族」「国家」「ヨーロッパ」「世界市民」という四つの対象をあげて，それぞれについて5点法でどの程度アイデンティティを持っているかを問い，その回答分布と受容度との相関関係を，ピアソンの相関分析と重回帰分析の有意確率からみてみる。

表2-13にみるように，民族アイデンティティや国家アイデンティティは受容度と相関していない。世界市民アイデンティティと受容度の関係も不明瞭である。はっきりと相関が認められるのはヨーロッパ・アイデンティティについ

表 2-13 アイデンティティ対象と受容度の相関（有意確率）

	ピアソン相関係数	重回帰分析
民　族	.275	.108
国　家	.474	.235
ヨーロッパ	.000**	.000
世界市民	.060	.908

＊＊1％水準で有意（両側）。重回帰分析では，従属変数＝受容度。

表 2-14 ヨーロッパ・アイデンティティの高さ別にみた受容度の水準（範囲1－4）

	度　数	受容度	標準偏差
高　い	216	2.03	.6983
やや高い	343	2.16	.6585
やや低い	342	2.96	.6469
低　い	124	2.32	.7031

てである。ヨーロッパ・アイデンティティを強く持っている者ほど，受容度は高い。このことはとくに表2-14にはっきりとあらわれている。

(2) 生活価値群別分析

表2-13を求めたのと同じ方法で生活価値志向と受容度の関係を分析してみる。

ここで取り上げる生活価値群とは，2001年にスロヴァキア全国調査で用いた価値関連設問の結果を因子分析で纏め上げたものである〔参考文献1〕。その生活価値群の個々について受容度との相関をピアソン相関分析と重回帰分析から探ってみると，表2-15にみるように，受容度と明瞭な相関を示しているのは「平等志向」という価値群である。つまり，「平等志向」を強くもつものほど受容度が高い。他に関連がありそうな価値群をみると「道徳志向」があげられるが，その関係は「平等志向」ほど鮮明ではない。「道徳志向」は「平等志向」と重なる部分で受容度の高さと関係しているとみられる。なお「宗教志向」やその対極とみられる「物質志向」も，また「集団志向」やその対極とみられる「自立志向」も，受容度の高さと相関していない。

「平等志向」が受容度と相関していることは，「平等志向」の高さ別に受容度の平均値を示した表2-16からも，明瞭に把握される。

表 2-15 生活価値群と受容度の相関（有意確率）

	ピアソン相関係数	重回帰分析
道徳志向	.034*	.980
集団志向	.120	.362
平等志向	.000**	.001
自立志向	.059	.218
物質志向	.500	.269
宗教志向	.129	.859

* 5％水準で有意（両側）。
** 1％水準で有意（両側）。重回帰分析では，従属変数＝受容度。

表 2-16 平等志向の高さ別にみた受容度の水準 (範囲 1 - 4)

	度　数	受容度	標準偏差
高　い	210	2.01	.7171
中　位	204	2.22	.6489
低　い	250	2.26	.6832

(3) 地域生活の価値別分析

地域社会で満足感ある生活を送るうえでなにが重要か，という設問で，「家族の基盤」「社会集団」「民族集団」「寛容と忍耐」「かかわりをもたない」という項目をあげ，それぞれについて「ひじょうに重要」から「まったく重要でない」までの5段階の選択肢を置いて回答を求めた。その回答分布と受容度との相関をピアソン相関分析と重回帰分析の結果から示すと，表2-17のようになる。

ここで示されているのは，受容度の高さに相関しているのは「寛容と忍耐」という生活態度であって，集団は関係ない。ちなみに，「学校の公的イベント」「文化的イベント」「結社やクラブの共同イベント」「スポーツイベント」「共同の伝統や慣習」という項目をあげて，それぞれへの参加度を求め，それらと受容度との相関関係を探ってみたが，有意な関係は見出せなかった。

表 2-17 地域生活で重要なこと (満足感ある生活を送る上で)

	ピアソン相関係数	重回帰分析
家族の基盤	.582	.100
社会集団	.077	.108
民族集団	.579	.031
寛容と忍耐	.000**	.000
かかわりをもたない	.015* (-)	.010 (-)

＊　5％水準で有意 (両側)。
＊＊1％水準で有意 (両側)。重回帰分析では，従属変数＝受容度。

なお「寛容と忍耐」を重視している度合いに沿って受容度の水準をみると，表 2-18 に明らかなように，それを重視している層ほど重要度が高いことがわかる。

表 2-18 「寛容と忍耐」の重要度

	度　数	平　均　値	標準偏差
重　　要	465	2.06	.7099
やや重要	487	2.21	.6309
あまり重要でない	119	2.40	.6625

(4) 小　　括

　この節での分析からは，受容度が相関している価値はヨーロッパ・アイデンティティの高さ，「平等志向」の強さ，地域生活における「寛容と忍耐」の重視であることがわかった。民族や国家を超えたヨーロッパ・アイデンティティが広く共有されている層，しかし物質主義や個人主義に傾斜していない「平等志向」が強く見出される層，そして日常の地域生活では「寛容と忍耐」を旨としているような層において，異国民・異民族に対する受容度が高いといえる。

　なおこれら三つの変数の間の関係をピアソン相関分析で調べてみると，有意確率（両側）＝.000で相互に有意に相関している。

4. 個別民族にたいする受容度の分析

　スロヴァキア人のあいだで，今日，チェコ人にたいする受容度がきわめて高いことを，すでに述べた。ここでスロヴァキアに住む少数民族のなかからチェコ人を除き，残りの諸民族のなかからスロヴァキア在住人口が多い上位三つの民族，すなわちハンガリー人，ロマ，ルシン・ウクライナ人を取り上げて，これらにたいするスロヴァキア人の態度を，回答者の個人属性と価値態度の違いから分析してみる。

(1) 個別民族受容度と個人属性および価値態度の関係

表2-19は，これまでに扱ってきた個人属性および価値志向の諸変数と，各民族にたいする受容度との相関関係を，ピアソン相関分析と重回帰分析から得た有意確率で示している。

この表から看取される事実を列挙してみる。

年齢階級で受容度に差があらわれているのはロマにたいしてだけである。ロマにたいしては年齢が高い層ほど受容度が低い。ハンガリー人やルシン・ウクライナ人にたいする受容度には年齢階級差はみられない。

学歴による受容度の有意な差は見出せない。ハンガリー人にたいしては弱い相関がみられるが，重回帰分析ではそれが消えてしまうので，学歴は他の要因に解消されているとみてよい。

収入にかんしてはロマにたいする受容度とは無相関だが，ハンガリー人とルシン・ウクライナ人にたいしては一定の相関が認められる。つまり，収入が高い層ほどこれら二つの民族にたいして受容度が高い。

生活水準はハンガリー人にたいする受容度だけと相関している。ロマやルシ

表 2-19 民族別にみた個人属性・価値態度と受容度の相関関係（有意確率）

	対ハンガリー人 ピアソン	対ハンガリー人 重回帰	対ルシン・ウクライナ人 ピアソン	対ルシン・ウクライナ人 重回帰	対 ロ マ ピアソン	対 ロ マ 重回帰
年　　齢	.871	.897(-)	.556	.	.040**	.013
学　　歴	.035(-)*	.558	.415(-)		.410	.239
収　　入	.008(-)**	.141(-)	.020(-)**	.029(-)	.286(-)	.391(-)
生活水準	.000(-)**	.006(-)	.113(-)	.573(-)	.737(-)	.526
地域規模	.001(-)**	.059(-)	.177	.527	.292(-)	.031(-)
欧州帰属意識	.005**	.881(-)	.052	.535	.003**	.188
平等志向	.000**	.003	.000**	.026	.001**	.009
寛容重視	.000**	.010	.000**	.023	.001**	.170

＊5％水準，＊＊1％水準で有意（両側）。

ン・ウクライナ人にたいしては生活水準の高低は無関係である。

居住地の人口規模，つまり都会か田舎かの違いによる受容度の差は，ハンガリー人にたいしてだけ認められる。ハンガリー人にたいする受容度は都会のほうが高い。ロマやルシン・ウクライナ人にかんしてはそのような傾向はみられない。

ヨーロッパ・アイデンティティの強さはハンガリー人とロマにたいする受容度と相関している。この二つの民族にたいしては，ヨーロッパ・アイデンティティが強い層ほど受容している。ルシン・ウクライナ人にたいしては，これは関係しない。

「平等志向」の価値群と「寛容と忍耐」重視の態度はどの民族にたいする受容度とも相関している。このような価値と態度をもつ人たちは，これら三つのどの民族にたいしても受容の姿勢を強くもっている，という傾向が認められる。

(2) 個別民族にたいする受容度と地方差および職業階層差の関係

つぎに受容度の地方差を民族別にみるため，一般的受容度がもっとも高いコシッツェ県ともっとも低いジリナ県を比較してみる。表2-20から明らかなように，ロマに関しては地方差がない。いずれの県においても全国平均以下の受容度をみせている。ハンガリー人にたいしては，彼らが比較的多数住む平野部のコシッツェ県では受容度が高いが，中部山間のジリナ県では低く，この二つの地方の間には顕著な差がある。ルシン・ウクライナ人にかんしても地方差があるが，ハンガリー人にたいするほどではない。なお表には示さなかったが，

表 2-20 民族別にみた受容度の地方差

	対ハンガリー人	対ルシン・ウクライナ人	対 ロ マ
全国平均	2.06	2.30	3.43
(A)コシッツェ県	1.72	2.17	3.53
(B)ジリナ県	2.48	2.51	3.53
(A)−(B)	−0.76	−0.34	0

ロマにたいして比較的受容的なのはトレンチーン県 (3.24), トルナヴァ県 (3.25) という西スロヴァキアの地方であり, 首都ブラチスラヴァ (3.47) は平均的である。ルシン・ウクライナ人にたいする受容度が高いのは彼らが多数住む東スロヴァキアのプレショウ県 (2.01) で, その反対はそこから地理的にもっとも離れたブラチスラヴァ (2.53) である。

職業階層の違いによる差もある。表2-21 に示す数値によって, 一般的受容度がもっとも高い上級管理者ともっとも低い年金生活者をくらべてみると, 三つの民族のどれにたいしても受容度に差がある。個別民族にたいする受容度も, 相対的にみて上級管理者では高く, 年金生活者では低い。年金生活者はとくにロマにたいする受容度が低い。

表 2-21 民族別にみた受容度の職業階層差

	対ハンガリー人	対ルシン・ウクライナ人	対 ロ マ
全国平均	2.06	2.30	3.43
(A) 上級管理者	1.76	1.76	3.09
(B) 年金生活者	2.12	2.36	3.52
(A)−(B)	−0.36	−0.60	−0.43

(3) 小　　括

ハンガリー人にたいする受容度は, 学歴, 収入, 生活水準, 居住地域人口規模の違いで分化している。年齢差は関係ない。これにたいしてロマにたいする受容度は年齢によって分化しているが, 他の属性による差は認められない。ロマの場合は学歴, 収入, 生活水準, 地域に関係なく受容度が低く, 年齢では違いがあって若年者よりも高齢者の受容度が相対的に低い。ルシン・ウクライナ人にたいしては収入による分化が認められ, 収入の高い層で受容度が高い傾向がある。

ヨーロッパ・アイデンティティの強弱で受容度に差がみられるのは, 対ハンガリー人と対ロマであり, ルシン・ウクライナ人にかんしてはこれは認められ

ない。平等志向と寛容重視という価値態度は，これら三つの民族のどれにたいしても受容度の高低と相関がある。上にあげた客観的個人属性よりも，価値態度という主観的個人特性が，どの民族の受容度とも相関している。

地方別にみると，ハンガリー人にたいする受容度に地方差がかなりみられ，ジリナ県でとくに低い。それほどではないがルシン・ウクライナ人にかんしても同様な傾向がみられる。ロマにたいしては受容度の地方差がなく，どの地方にも共通して受容度は低い。

職業階層別の受容度の分化は，ロマを含めてどの民族にたいしても認められる。一般的に年金生活者は受容度が低い。

5. 総　　　括

以上の分析結果を要約し，若干の付加的データをそれに添えて総括としたい。

チェコスロヴァキア時代には，スロヴァキア人の間で「プラハ・セントラリズム」「チェコ・ショーヴィニズム」など，スロヴァキア・ナショナリズムに感情的基礎を置く反チェコ的な声が広く聞かれた。しかし，スロヴァキアがチェコと分かれて独立主権国家となって12年経った時点でわれわれが実施したスロヴァキア全国意識調査の結果をみると，スロヴァキア人のチェコ人にたいする態度はきわめて受容的になっている。これはこの調査結果からだけでなく，筆者自身のスロヴァキアでの日常体験でも把握しえた事実である。

チェコスロヴァキア時代に入る前のスロヴァキアは，1000年ものあいだ，ハンガリーの領土の一部だった。その影響がいまに残り，スロヴァキアのなかにハンガリー人が少数民族としてとどまっている。彼らは主としてハンガリーとの国境に近い南部の平野地帯に住んでいる。スロヴァキアとハンガリーとの間では時折，政治レベルでの緊張関係がうまれることがあるが，民衆の日常生活レベルでは平穏な共生関係が続いている。われわれの調査結果をみると，スロヴァキア人の約3分の2はハンガリー人を家族の一員に迎えることに問題なし

と答えている。とくに学歴が高く，職業的地位と収入と生活水準が高く，都会に居住するスロヴァキア人が，ハンガリー人にたいして受容的である。ハンガリー人にたいする態度は地方的に分化している。受容的態度はハンガリー人が多数住む南部，とくに東南部に多くみられ，逆に拒否的態度が多いのは中部山間地，とくにジリナ県である。

　ルシン・ウクライナ人は主としてスロヴァキア東北部に住んでいて，そこではスロヴァキア人社会に受け入れられているが，その生活や文化は西スロヴァキアの人たちにはあまり知られていない。つまり，全国的にみてハンガリー人ほど知名度はない。ルシン・ウクライナ人にたいする受容度がハンガリー人ほど高くないのは，この事実からきているものとおもわれる。また彼らは一般にスロヴァキア人から「東方の人たち」とみなされ，ヨーロッパ世界のメンバーとしてよりもロシア世界の一部として理解されていることも，その理由として考えられる。

　ロマにたいしては多くのスロヴァキア人が拒否的態度を示している。この態度は学歴や収入・生活水準や都市・農村の違いを越えて，広く一般に見出されるが，とくに高齢者において顕著である。回答者全体からみると，ロマを家族の一員として受け入れることに問題なしという者は約1割しかなく，85％は拒否的態度を表明している。しかし職場の同僚として受け入れることにたいしては3割強が肯定的である。また，ロマが就職のさいに差別されるのを個人的に体験したり目撃したというスロヴァキア人の割合は，われわれの調査では21％にのぼったが，職場の人間関係での差別にかんしては10％にとどまる。この数値を大きいとみるか小さいとみるかは人によって異なろうが，ロマは社会生活の場で完全に拒否されているわけではなく，「敬遠したい隣人」としてみられているとしても，皆が皆，一方的な排斥を受けているとはいえない。

　上にあげた三つの民族のほかにチェコ人，ドイツ人，オーストリア人，ユダヤ人を加えて，スロヴァキア人の異国民・異民族一般にたいする受容度をみてみると，それには男女差はないが，年齢，学歴，地域，地方，収入，生活水準，職業階層，宗教によって分化している。受容度が相対的に高いのは若年・中堅

層，高学歴層，都会居住者，経済的職業的上位階層，東方正教やギリシャカトリックの信徒であり，逆に低いのは高齢層，低学歴層，小都市・農村居住者，職業活動の枠外にいる層，収入・生活水準が低い層，宗教ではプロテスタントである。地方別にみると，受容度がもっとも低いのはジリナ県であり，他方，少数民族が多数住んでいる地方ではその少数民族にたいする受容度が概して高い。

しかしこのような客観的諸要因による分化を超えて，スロヴァキア人の異国民・異民族にたいする受容度と密接に関係しているのは，主観的な価値態度である。すなわちそれは，アイデンティティの対象を国家や民族よりもヨーロッパに置く「ヨーロッパ帰属意識」であり，地域生活における「寛容と忍耐」であり，価値志向としての「平等主義」である。受容度の高さは，ハンガリー人やルシン・ウクライナ人やロマにたいしても，また異国民・異民族一般にたいしても，このような価値態度によって支えられているとみられる。このうち「寛容と忍耐」はスロヴァキア人の間で伝統的に共有されてきた基本的価値であり，「平等主義」も共産主義のイデオロギーの影響というよりもむしろスロヴァキア人の日常生活感覚のなかに息づく価値志向とみることができるが〔参考文献2〕，これらの上に「ヨーロッパ帰属意識」がかぶさる形で，今日のスロヴァキア人の異国民・異民族に対する受容的態度が成り立ち広がっているとみることができる。

参 考 文 献

1. 石川晃弘，2003，「社会体制の転換と価値類型の分化－スロヴァキアの調査から－」『中央大学社会科学研究所年報』第8号，中央大学。
2. 石川晃弘，2006，『スロヴァキア熱』，海象社。
3. Benža, Mojmír, 1998, *Status of Persons Belonging to Ethnic Minorities in the States of Europe*, Bratislava：The Permanent Conference of the Slovak Intelligentsia Slovakia.
4. Čaplovič, Ján, 1997, *Etnografia Slovákov v Uhorsku*, Bratislava：Slovenské pedagogické nakladateľstvo.

第 3 章
社会変動とエスニック・アイデンティティの変容
――東スロヴァキアの少数民族ルシンの事例をもとに――

近 重 亜 郎

1. はじめに:本章の狙い

　2004年5月,スロヴァキア共和国は欧州連合(EU)に加盟した。これは資本主義の導入を選択した多くのスロヴァキア人にとって長年待ち望まれていたことのようにみえる。低い人件費と良質の労働力を生かして国外から投資を呼び込むことで経済発展が期待されるからである。1998年以来国政を担ってきたズリンダ政権は一貫して欧州連合加盟を唱え続け,その実現のために必要な連合側から課せられた国内の制度改革（税制,年金・医療・教育諸制度）を断行してきた。その結果,ズリンダ政権は西側の信用を得ることには成功した。しかしその反面,国民の生活基盤を直撃しかねない物価の急激な値上がりや犯罪の増加など,社会不安の増大を引き起こしている[1]。加えて,欧州市場の拡大がもたらす波及効果について,国内市場を支えている地場産業への影響や人材の国外流失を危惧する声もここ数年のうちに多く聞かれるようになった。この危惧を抱くのはとくに若い世代に多い。また,政治・経済の首都への一極集中と,その裏返しとして国内における貧富の差,就労の機会の有無などの地域格差がますます広がるのではないかと警戒する人も多い。
　一方国外へ目を転じると,1950年代以来続いた冷戦体制が終結して10余年が経ち,21世紀を迎えた現在,世界情勢は調和のバランスを欠いて不安定にな

り，さらにはいくつかの不可抗力な潮流に押し流されているようにみえる。その潮流とは，たとえば経済面におけるアメリカニゼーションともみなされるグローバリゼーションであり，民族紛争問題にみられるナショナリズム，あるいは宗教での原理主義の台頭であるようにおもわれる[2]。こうした世界情勢の影響を受けつつ欧州連合，北大西洋条約機構(NATO)は年々東方へ拡大し，その影響力の拡大をはかっている。それにともなって巷では，ヨーロッパの本義をめぐる議論が盛んである[3]。一方，90年代前半のユーゴ内戦や，アフガニスタン，イラクでの国家解体後の絶え間ない地域紛争にたいして起きた国際的な覇権争いにはアメリカの優位が目立ち，EUや諸外国の反発を招いてもいる。

このような状況のなか，あらたにNATOに加盟した中欧諸国はアメリカや西ヨーロッパ諸国との関係構築に多大なエネルギーを注いでいるが，各国の足並みは必ずしも揃ってはいない。たとえばヨーロッパの安全保障問題に大きな影響力を持つウクライナと関係諸国との関係をみてみると，ポーランドのばあいは歴史が古く，これまでにもさまざまな利害対立が生じてきたうえに，近年も1994年から96年のあいだにかけてウクライナとの関係が一時悪化している（当時左派政権が成立し，国内産業の建て直しのためにロシアとの関係改善を優先させていた）。一方，スロヴァキアのばあい，ウクライナと同様に国家が独立してから日が浅いこともあり，両国間の関係は比較的友好的である[4]。逆にハンガリーとはドナウの治水問題をめぐって係争が続いている。このように隣国間の関係が必ずしも安定しているわけではないのに，国境の交わるカルパチアにはルシン（Rusyn）と呼ばれる少数民族が，他のエスニック・グループ（ポーランド人，マジャール人，スロヴァキア人など）とのあいだに目立った反目もなく共存し，今日までいたっているのである[5]。こうした地域の安定が国家間との関係にも影響を与えているとすれば，トランス・カルパチアのルシン人と他の民族との関係について考察することは，民族問題だけではなく政治や経済の国際関係構築や相互の交流促進の意味においても意義深いものであるように筆者にはおもわれる。本章では，ナショナル・アイデンティティ形成にかんするこれまでの諸研究[6]を踏まえつつ，少数民族におけるアイデンティティについて考察

する。また，少数民族のアイデンティティを取り扱う今日的意義についてもふれると同時に，アイデンティティ形成の仮説モデルを提示したいと考えている。

2.「ルシン」史概観[7]

まず，スロヴァキア共和国内に居住するルシンの人々の先祖について歴史的概観を述べておこう。

一般にウクライナ史と同様，キエフ・ルーシ建国とキリスト教の国教化（988年）との密接なかかわりをもったガリツィア地方に住む東スラヴ民族のなかから，現在ルシンと呼ばれている人々の先祖があらわれたとするのが通説のようである[8]。一方，6－7世紀頃にカルパチアに定住した南スラヴ系である白クロアチア人（Bieli Chrováti）と呼ばれる人々が起源であるとする見方もある[9]。カルパチアという土地の経済的，政治的，文化的および諸民族の発展プロセスがきわめて複雑であるために，今日にいたるまで決定的な根拠にもとづいた定説を見出すことができていない[10]。しかし，ここではこれ以上立ち入らないことにする。

11世紀及び12世紀にかけてタタールの侵入にともない，カルパチア山地に人々が定住しはじめた。これは当時のハンガリー王国がドナウ平原を通じて領土を拡張させた時期でもある。マジャール人がカルパチア山地やパンノニア平原からあらたにスラヴ人を連れて来て，現在の東スロヴァキアと総称されるゼンプリン，シャリシュ，スピシュ地方（ハンガリー領主の治めるジュパがあった）とトランシルバニア地方に住まわせたといわれている（とくに1240年以降[11]）。彼らは山地で放牧を営み，14世紀から17世紀のあいだに急速にマジャール化する。彼らは上述のようにキエフ・ルーシと深い絆があるのでルス信仰（ruská viera）に根ざす正教の信者であり，ロシア語に近いスラヴ語方言（現在ルシン語と呼ばれる）を話していた。ここにルシン・エスニックの形成の起源が求められる。

最初にルシンの政治的要求がかたちとなってあらわれたのは，1848年から翌年にかけて，ハプスブルク帝国内各地で抑圧されていた諸民族の抵抗運動が高まるなかであった（1849年10月のルシン請願事件）。これは，ルシンというエスニック・グループの社会的認可やウジホロトを中心に学校や役場でのルシン語の導入，また帝国内の他の場所に暮らす少数民族と同様の生活保護を受ける権利，新聞発行など出版活動への政府の財政的支援の請求等があった。この運動は若干の成果をもたらしたものの，当時一般のルシンの人々は貧しい開拓農民として生活していた。そうした状況が半世紀近く続いた結果，90年代から西ヨーロッパ，新大陸への移民が相ついで起った。地元に残った者は，一層のマジャール化が進んだ。

　第一次世界大戦が終結し，ザカルパチアがチェコスロヴァキア第一共和国（1918-38年）と第二共和国（1938-9年）の領土の一部に編入された後も，ルシンの居住地域は経済的にも社会・文化的にも他の地域にくらべて発展が後れ，近代的な工業も興らず取り残された[12]。これは両大戦間期にスロヴァキア人一般の政治的・社会的・文化的地位が大きく向上したこととは対照的である。ルシンの一部は小規模な商い，木材加工業，炭焼き，水車による製粉業，蒸留所での造酒業などの仕事に従事したが，大半は農業従事者であった。また失業率も高かった。

　この時代には三つのエスニック・グループが形成されていった。すなわち，ロシア系，ルシン系，そしてウクライナ系である。このうちもっとも顕在化したのはルシンである。彼らはギリシアカトリック（ユニエイト）の精神に支えられた[13]。1930年，ウクライナ系住民がウジホロトに本拠地を置く Prosvita 協会の支部をプレショウに作った。この協会は Slovo naroda と名づけられたウクライナ語による新聞を発行したが，当時，チェコスロヴァキア政府は「ウクライナ人」（Ukrajinec）や「ウクライナの」（ukarajinský）というような呼称の使用を禁じていたために，彼らにとって呼称問題は重要な政治問題となった[14]。また，1933年にはやはりウジホロトに本部のあるドゥフノヴィチ協会（Obshchestvo Im. Aleksandra Dukhnovicha）の支部が自主運営というかたちで

当該地域全体をカヴァーすべくプレショウに設置された。そして Russkie dni として知られるルシンのマニフェストを発表した[15]。こうした文化団体の設置が相つぎ，ルシンやウクライナのアイデンティティ昂揚の試みがなされたにもかかわらず，とくに初期のウクライナ回帰への運動は一般には広まらず，活動の中核も少数のインテリゲンチャにかぎられるに留まった[16]。

軍需景気によって経済的繁栄がもたらされたといわれるスロヴァキア独立国時代（1939-45年）においても，ルシン（あるいはウクライナ）人が置かれた経済的・社会的状況に変化の兆しはみられなかった。しかし，1945年プレショウで東スロヴァキアに住むウクライナ系住民の第1回代表者会議が開催され，同年3月1日，プレショウ地方議会の共産主義者たちの働きかけによってプレショウ・ウクライナ民族評議会（Ukrajins'ka narodna rada Prjašivščyny）が発足する。これは政治組織で，東スロヴァキア在住のルシン・ウクライナ人の政治的・経済的・社会的および文化的地位の向上を目指すとされている。ウクライナの名を冠した組織はこれがはじめてである[17]。また，この時期にはロシア語による新聞や機関誌（Prjaševščina, Demokratičeskij golos, Kokol'čik〔ウクライナ語の付録 Dzvinoček が付く〕，Kost'or など）が発行されている。1946年にはウクライナ民族劇場の開設により，数多くの演目がロシア語で上演された。ルシン居住村落にあった学校のほぼすべての教室で，ロシア語による授業がおこなわれた。東スロヴァキアでは共産党が支持を集め，とりわけ1946年の選挙ではプレショウ地方でルシン人選挙民の46.1%の票を獲得している。もう一方，ルシン・ウクライナ党（Rusko-ukrajinská sekcia）を含む非共産党の民主系諸政党の連合体は50.5%の票を獲得した[18]。しかし，1948年にルシン・ウクライナ党は民主連合体を脱退して共産党へ合流した[19]。ウクライナ民族評議会は，全ルシンの代表たるべき政体として中央への影響力を強めようとするが，この要求は1947年になるとスロヴァキア国民評議会（Slovenská národná rada）によって拒否される。これはルシンの人々が新生チェコスロヴァキア共和国で集団の自治や政治的身分をもたないことを意味した。

この頃からしだいにルシンを取り巻く社会状況は厳しくなっていく。ま

ず，1950年にギリシアカトリック教会の活動が禁止された（帰一教会は正教会への帰順が政府によって強制された）。さらに上述のウクライナ民族評議会は1951年に分裂し，チェコスロヴァキア政府の肝いりで，チェコスロヴァキア・ウクライナ労働者文化協会 (Kul'turnyi soiuz ukrains' kykh trudiashchykh ČSSR) として再出発する。これは完全な非政治組織であり，さまざまな文化活動を支えた[20]。その主目的はマルクス・レーニン主義の考え方にもとづいて民族問題を解決するため，「ウクライナの労働者に国民意識と誇りを与え，偉大なるソビエト・ウクライナ人に属すること，そしてチェコスロヴァキアの社会主義者的愛国心とプロレタリア国際主義の理想を理解することについての認識を広める」ことであった[21]。その結果はルシン定位の人々をウクライナ人として統合することであった。そして，翌年よりルシンというエスニック・グループは公式には存在せず，すべて「ウクライナ人」とされるようになった。学校では正字法としてウクライナ語が導入され，また，「ウクライナ人」としての自覚を促すために，プレショウ地方の優秀な若者たちはソビエト・ウクライナに送り込まれ，キエフで教育を受けた[22]。こうしてルシンの《ウクライナ化》が促進された。60年代はルシン人とウクライナ人同士の関係に変化が生じた時期でもあった。これには都市化，諸民族間での結婚の増加，同化傾向など社会構造そのものの変化と共に顕在化したのであった[23]。1989年になるまで，ルシン意識の強い一部の人々によっていくたびか抗議運動が起きたり，ギリシアカトリック教会が地下活動をとおして抵抗を試みるなど，ルシン・アイデンティティそのものが潰えることはなかった。マゴッチによれば，1968年「プラハの春」までの社会改革気運のなかで，第二次世界大戦以来，チェコスロヴァキアでは他の少数民族にくらべて良好な暮らしをしていたにもかかわらず，ルシンの人々もチェコ人やスロヴァキア人と同等とみなすよう要求するなどの動きがあった[24]。ウクライナ労働者文化協会の週刊紙『新生 (Nove žyttja)』上は，ルシンの政治的，経済的，文化的自主性にかんするさまざまな要求で占められた。しかしプレショウ地域の自治という考えは，スロヴァキアのいかなる部分も特別な地位をもつべきではないという一般的なスロヴァキアの信念にたいしても，

また，中央集権支配という共産党の原則にも反していたため，ルシンの政治的領域での運動は具体的な成果をあげることはできなかった。一方，その代償として1968年6月には50年以降禁止されていたギリシアカトリック教会が再び合法化された。しかし，正教会とは礼拝に使用する教会の取り分けをめぐって，またスロヴァキア人聖職者とは言語使用の問題や司教の配属をめぐって混乱が生じ，さらには東方教会そのものの帰属問題（正教会側かギリシアカトリック教会側か）が生じた[25]。こうした混乱状況のなか，ギリシアカトリック教会はルシン・アイデンティティ統合にたいして自身の歴史的役割を果たすことができなかった。70年代，80年代はルシン・ウクライナ両エスニック・グループともに，一方では経済・文化・社会的諸条件の改善からは取り残されたが，また他方ではエスニック，言語，歴史的発展の共有という側面からスロヴァキア人との一層の統合プロセスの深化をみた[26]。

3. 1990年代以降のルシン（「脱ウクライナ」の動き）

以上，東スロヴァキアのルシンについてみてきた。とくに戦後の社会主義時代の40年間は，ひとことで言えば「ウクライナ化」の時代である。しかし体制が変って社会主義ブロックの軛から突然解放された90年代になると，ルシン・アイデンティティにもあたらしい動きがみえてくるようになる。すなわち，ルシンの「脱ウクライナ」化である[27]。

ここで具体的な統計資料にもとづいて人口動態（表3-1）に注目する。

この表[28]から明らかなことは人口増減が国家の成立，解体，あるいは政策の変化と連動して起きていることである（例えば「ウクライナ人」の増加がルシンのウクライナ化政策のあらわれであるし，その後1980年までにルシン，ウクライナ人口が減少しているのもスロヴァキア人との同化が進んだ結果とおもわれる）。

「ルシン」を固有のナショナリティ，あるいはエスニック・グループとしてみとめることができるか，という議論は，今のところ結論をみるまでにいたっていない[29]。ルシン研究者のなかにはルシン定位の立場にある学者のほかに，

表 3-1 「スロヴァキア領内のスロヴァキア人、ルシン人、ウクライナ人の各人口動態」

人口調査実施年月日	スロヴァキアの総人口（人）	ルシンの人口（人）	％	ウクライナ人の人口（人）	％	ルシン・ウクライナ総人口（人）	％
1910年12月31日	2,918,824					96,528	3.4
1921年2月15日	3,870,000					88,970	3.0
1930年12月1日	3,324,111					95,783	2.9
1950年3月1日	3,442,317					48,231	1.4
1961年3月1日	4,147,046			35,435	0.9	35,435	0.9
1970年12月1日	4,537,290			42,238	1.0	42,238	1.0
1980年11月1日	4,991,168			36,850	0.7	36,850	0.7
1991年3月3日	5,274,335	17,197	0.3	13,281	0.2	30,478	0.5
2001年5月26日	5,376,455	24,201	0.4	10,814	0.2	35,015	0.6

ウクライナ定位や両者とも異なる中間に定位する学者もいるので，三者がそれぞれの立場にたって異なる見解を述べ合い，本当のところは正確なルシン人口を把握することができないでいる。

ただ確かなことは，国内のマイノリティは人口規模が大きければ大きいほど，それだけ多く政府から財政援助を受けることができる[30]。国家の少数民族対策の変化も人口増減の大きな要因である。したがって，体制が変わり政府に向けて自由に政治的要求を発したり，社会・文化活動をおこなうことができるようになったときから，ルシンの人口が増えたのも当然であろう[31]。

しかし，この人口増加がかならずしも脱ウクライナ化の促進，ルシン定位集団の増大をすぐに意味するものでないことは，この後でより詳しく検討する。

4. 第三者からみた「ルシン・ウクライナ」について

前節で，東スロヴァキアのルシンのアイデンティティにかんして脱ウクライナの傾向に言及したが，それはルシン定位に強く依存している人々，すなわちルシン意識の高い人々（pro-Rusyn）の問題であることに注意しなければならない。彼らの多くは，文化団体やルシン国際会議等のルシン関係組織と積極的にかかわって活動している人々である。一方，東北スロヴァキアのルシン居住率の高い地域にいるスロヴァキア人やルシンの一般の人々は，自分と他のエスニック集団の相互関係をどのように考えているのであろうか。

スロヴァキア人との関係について，つぎのような指摘がある[32]。

スロヴァキア科学アカデミー社会科学研究所（コシツェ）によって2000年6月から9月にかけて実施された調査の分析によると，1991年の国勢調査結果にもとづいてサンプリングされた「（全国の）スロヴァキア人」，「ウクライナ人」，「ルシン人」，「北東部在住のスロヴァキア人」各200人の回答者に，《あなたは現在「ルシン人（ウクライナ人）」，「ルシン－ウクライナ人」，「ルシン人」／「ウクライナ人」と呼ばれている少数民族をどのようにお考えですか。①一つの少数民族，②それぞれ二つの独立した少数民族，③スロヴァキア人のことだと思う。》という質問をしたところ，回答者の全体のおよそ6割（59.4%）がルシンとウクライナ人をひとつの少数民族，また3分の1以上（35.8%）の回答者がふたつの独立した少数民族と考えており，スロヴァキア人とみなした回

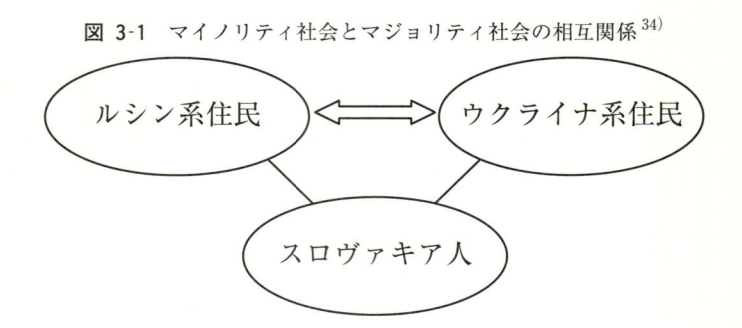

図 3-1 マイノリティ社会とマジョリティ社会の相互関係[34]

```
   ルシン系住民  ⟷  ウクライナ系住民
            スロヴァキア人
```

答者はわずか4.8%であった。回答者のうちウクライナ人は7割（72.7%）がルシンとウクライナ人を一つの民族とし，一方，ルシン人の回答者のうち，二つの民族説を支持するのは4割（43.2%）いるものの，過半数（54.8%）がウクライナと一つの民族とみなしている。「全国のスロヴァキア人」は，6割（60.4%）が一つの民族説を支持し，二つの民族説を採るのは36.6%であった。また，「北東部在住のスロヴァキア人」のばあい，5割（50.0%）が一つの民族説，4割弱（37.9%）が二つの民族説を支持しているが，さらに面白いことに，同じスロヴァキア人だとみなす人々が1割（12.1%）いて，この項目については他の回答者との違いが際立っている。

　この結果にかんして，スロヴァキア人，ルシン人，ウクライナ人の相互関係について，少数民族の権利主張をめぐってルシンとウクライナ人のあいだに問題があるとしている[33]。そして，マジョリティのスロヴァキア人とは双方ともに良好な関係を保っておこうとしていることが窺われる（図3-1）。

5. ルシン・アイデンティティ問題の今日的意義

　つぎに，1990年代に始まった「ウクライナ－ルシン」人から脱ウクライナ化の動きを実証的に検討することにしよう。その方法として，エスニック・アイデンティティの成立，すなわちエスニック・グループの形成に不可分のように考えられる要因をそろえて，それをルシンの事例に適用する。そして矛盾や反

証となるものがあるかどうか確認する。

　まず，エスニック・マイノリティについての一般の定義を確認しておきたい。国連は1985年にマイノリティを以下のように定義した。すなわち，「ある国家内で被支配者の立場にあって相当数の人口を擁し，エスニック，宗教，あるいは言語的性格によって他の大半の住民とは区別され，また，相互に明確なあるいは暗に示された連帯感をもち，現実的にも法的にもマジョリティの住民と等しい立場となることを目指す集団的な願望を有する集団」としている[35]。

　この定義に従ってルシン人をみるならば，つぎのように特徴づけることができる。ルシン人とは《スロヴァキア共和国内で全人口の0.4%を占めており，その宗派はギリシアカトリックで，ルシン語かウクライナ語を話す東スラヴ系の人々》である。ここでは2001年10月におこなわれた世論調査からルシンに関係するデータを検討する[36]。

　言語については，自らを「ルシン人」として回答した17人[37]のうち，5人（3人に1人の割合）がルシン語を話すとしている。これは，全回答者（1,265人）のうち，106人（約8.4%）がルシン語を話すと答えていることとあわせて考えれば，少ないといえるだろう。このなかにはルシン語を解するけれども，自らルシン・アイデンティティをもっておらず，ルシン以外の民族籍（たとえばスロヴァキア人として）を申告した回答者が含まれていることが考えられる。逆に非「ルシン人」のうち，ルシン語がわかると答えた人たちもこのなかに含まれていることも十分に予想される。

　さらにルシン人とウクライナ人の「母語」にかんする人口動態をめぐっては，つぎのような興味深い指摘がある。

　　「(引用者補注：2001年の国勢調査では) ルシン語を母語とする5万4,907人の住民のうち，実に2万8,885人がスロヴァキア人として申告している。そして2万2,751人がルシン人と申告している。そして2,996人がウクライナ人である。その一方，ウクライナ語を母語とする人々は，最大6,340人がウクライナ人と申告しているにたいし，スロヴァキア人は1,342人，ルシン人はわずか83人である」[38]

ここで問題になるのは，ルシン語を母国語にする人々の半分以上がスロヴァキア人と申告していることである。これは何を意味するのだろうか。人口動態からは推測できなかったことである。また，宗教について回答者の宗派をみてみると，ローマカトリック信者1名，ギリシアカトリック信者が8名，残り8名が正教徒である[39]。

このようにみると，ルシンというエスニック・アイデンティティは必ずしも，言語や宗教のみによって明らかにできるものではないことがわかる。

それでは一体何が人々を「ルシン」たらしめているのだろうか。人々をひとつに統合せしめる要因は何か。スミスの検討によると，《記憶・象徴・神話・伝統》[40]であるという[41]。しかしルシンのばあい，第2節でみたように，スミスの指摘する要素はどれも歴史的確証に欠け，確証に乏しいまま探索を続けてきた歴史そのものが彼ら彼女らのアイデンティティだともいうことができる[42]。スミス自身も《マケドニア人やルシン人といった，エスニック的にみて混合した地域やカテゴリーのばあいには，その記憶の大部分がほんの少し前のものにすぎず，そのためスロヴァキア人とともに，過去を深く掘りかえして，系譜上のつながりと，かすかにみえる過去の英雄を探しあてなければならなかった》[43]と述べている。したがって，スミスの提示するインディケーターを直接，ルシンにあてはめることはできない。

もう一つ重要な問題は，今後ルシン・アイデンティティが何を志向していくか，ということである。90年代以降は一般に脱ウクライナの傾向が読みとれる。しかしその傾向は即，ルシン・アイデンティティの結束と強化を意味するものなのだろうか。同時に脱ルシン化も起きているとすれば，どうだろうか。この傾向を少数民族のアイデンティティ・クライシスとしてではなく，あたらしい価値観にもとづくあらたなルシン・アイデンティティの誕生とみなすことはできないだろうか。あるいはアイデンティティの統合よりも，人々の関心を引寄せるものがほかにあるのだろうか。

筆者はルシン・アイデンティティの「脱ウクライナ」「脱ルシン」の動きを，つぎの二つの側面から捉えようと思う。一つは「グローバリゼーション」

図 3-2 ルシンを取り巻く〈グローバリゼーション〉状況と〈地域主義〉

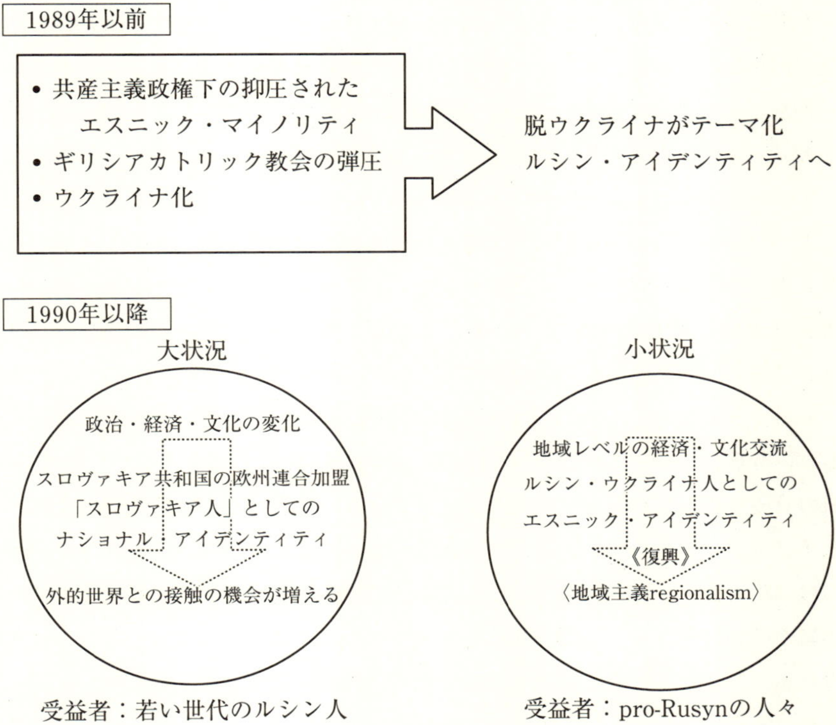

1989年以前

- 共産主義政権下の抑圧されたエスニック・マイノリティ
- ギリシアカトリック教会の弾圧
- ウクライナ化

⇒ 脱ウクライナがテーマ化
ルシン・アイデンティティへ

1990年以降

大状況
政治・経済・文化の変化
スロヴァキア共和国の欧州連合加盟
「スロヴァキア人」としてのナショナル・アイデンティティ
外的世界との接触の機会が増える

受益者：若い世代のルシン人

小状況
地域レベルの経済・文化交流
ルシン・ウクライナ人としてのエスニック・アイデンティティ
《復興》
〈地域主義 regionalism〉

受益者：pro-Rusynの人々

(globalization) であり、もう一つは「地域主義」(regionalism) である。図3-2は、ルシン・アイデンティティの探索が外的状況の変化に応じて方向性を変えた1990年前後をエポックとして描いたイメージである。

ルシンのばあい、ベクトルの異なる二つの潮流（大状況〈グローバリゼーション〉と小状況〈地域主義〉）の中で二極分化していることが考えられる。先に触れたスロヴァキア科学アカデミー社会科学研究所の調査によると、①1993年以降、ルシンやスロヴァキア人はナショナリティの発展に好転の兆しを感じる人々と、何も変らないと感じる人々とに意見がわかれるが、ウクライナ人だけはむしろ共産主義時代に優遇されていたことと比較して、現状を評価しない傾

向がある，②将来，ルシン（ウクライナ人ともに）がスロヴァキア人に同化していくだろうと予想する人たちと，現状を維持するだろうと予想する人たちに意見がわかれるものの，ルシンが固有の民族となると考える人はルシン人自身が一番少なかった[44]。一方，ルシン人意識は東スロヴァキアにいる pro-Rusyn の人々，とくに知識人のあいだでむしろ強まっていく（脱ウクライナ化の傾向が一層顕著な近年のフォークロア祭（Makovyts'ka Sturna）やルシン国際会議など）。

　この二極分化の間接要因として考えられるのは，グローバリゼーションである。ギデンズはグローバリゼーションがローカルな文化的アイデンティティの復興を促すと指摘している[45]。またさらなる要因として，「EU 接近のパラドックス」[46]が考えられるのではないだろうか。ナショナル・アイデンティティの一元化を図りながら成立した国民国家志向の中欧諸国が EU に加盟すると，今度は国内マイノリティの保護に乗り出さなければならない。『EU 加盟の意義を感じられないマジョリティ側民衆は，指導者層が加盟実現のため，マイノリティ保護を言い，後者へ「譲歩」することに不満を募らせ』[47]ているのは，スロヴァキアのばあい，ことにロマ保護政策[48]にたいする非ロマ系の反応にその典型をみることができる。スロヴァキア人と同じ「白人」のルシン人のばあい，ことさら事を荒立てて自分たちの権利主張をせず，むしろ大状況の変化に順応し，生き延びる方策をみつけるのではないだろうか[49]。ルシンの若者のなかにはマイノリティとして保護の対象として授かる利益よりも名実ともにスロヴァキア国民となって，より多くの利益を享受する方を選ぶものが多い。したがって，ロマやハンガリー系少数民族のばあいとは異なって，これまでのところ，ルシンが一部の民族主義的政治家の攻撃対象にされたことはない。

　これまでみてきたようにルシンの脱ウクライナ化の動きも，それが大きな政治問題にまで発展することはめったにない。スロヴァキアの国内では，ルシン問題は一般にあまりよく知られていないのが現状である。全人口の 9 割にあたるルシン・ウクライナ系住民がプレショウ地方に集中して居住しており，全国規模の話題になりにくいからである。

このことを考えるとルシン人のみならず，ウクライナ人，またスロヴァキア人やハンガリー人たちがカルパチア地域において，相互に重層的な共存社会を構築していることが，彼らのエスニック・アイデンティティ（個人のアイデンティティも含め）形成に影響を与えているといえるのではないだろうか。ルシンのばあい，かつて歴史上自分たちの国家をもったことが一度もない。しかし彼らは現実世界を受け入れ，その上カルパチアに独自の越境的世界，すなわち《ルシニア》という架空の共同体感覚を生み出している[50]。彼らがルシニアという名を口にするとき，それは誇りであり土地にたいする愛着の表現なのである[51]。

　スロヴァキア人の民族アイデンティティは対ハンガリー，チェコ人のそれは対ドイツであるなどというように「対抗意識」としてのアイデンティティであるのにたいして，ルシン・アイデンティティを育む要因は一体何か。ウクライナ人の立場からみたルシンの定義は「スロヴァキアやポーランドに住むウクライナ人の下位集団」となる。この定義はルシンから必ずしも全面的に支持されない。彼らは固有の言語をもち，ウクライナ人とは異なる生活文化をもっているからである。かといってウクライナに対抗して自らのエスニック・アイデンティティの高揚を叫ぶほどアグレッシヴでもない[52]。それは上にみたように，基盤とする生活世界が国境とは関係なく構成されているからである。つまり，国家アイデンティティ（制度化されたナショナル・アイデンティティ[53]）とは本来結びつき難い条件のなかで生活していることになる。

　（スロヴァキア国内の）ルシンやウクライナの人々が自己のアイデンティティを形成し，ナショナリティを選択する経緯は社会状況や政治状況に左右されやすく，また，それはきわめて「状況選択的」[54]であるといえる。

6. ルシン・アイデンティティをめぐる諸事例

　ここでは筆者の問題提起を明確化する意味で，スロヴァキア国内外に住み，ルシン文化と一定の関係をもつ一般市民のアイデンティティ形成に注目し，具

体的事例を示したい。

事例1・H氏のばあい（プレショウ市在住）

　1938年10月に当時のチェコスロヴァキア共和国（この直後の11月に「チェコ＝スロヴァキア共和国」，すなわち第二共和国（翌39年まで）に改変され，いわゆるルテニア〔チェコ語ではポトカルパツカー・ルス（Podkarpatská Rus）〕は翌3月まで自治を獲得する）のフメネー（Humenné）近郊の村で生まれた。いまも兄弟，親戚がフメネー市に住む。子どもの頃，H氏は現ウクライナ領内にあるヴェリキィ・ベレズニィ（Velykyj Bereznyj）など医者のいる町にしばしば出かけていたとのことである。ふだんはスロヴァキア語による生活だが，両親はその頃多かったハンガリー系住民とは彼らの言語であるマジャール語を話すことが多かったという。

　1945年1月，ソ連軍の前線が東スロヴァキアに到達して自由解放軍として迎えられた。この年の6月には当時の第三共和国はトランスカルパチア＝ウクライナ（Zakarpats' ka Ukraina）をソ連に譲った。H氏が12歳を迎えた1950年，ルテニア人（ルシン人）の多く住む地域の学校では，ロシア語による授業がおこなわれるようになり，H氏本人は加えてウクライナ語の正字法を学びはじめた。なお，この年には社会主義政府によってギリシアカトリック教会の活動が禁止されたことは注目に値する。授業ではウクライナの民謡を覚えたが，その際歌詞は「小ロシア語」だと教えられた。このことはウクライナがソ連傘下でロシア化が進んでいたことを示している。しかしH氏にとってはロシア語よりも「小ロシア語」は，自分たちがふだん話している言葉にずっと近いものだとおもったという。

　後にH氏はブラティスラヴァの大学で新聞学を学び，プレショウの街に移り住む。そして長らく文化会館「ルスの家」（Russkii dom）の責任者として広くウクライナ文化の保存に力を尽くした。3人の子息のうち2人までもキエフの大学で学ばせるほど，ウクライナとの関係を深く保っている。退職後は一線を退いたもののなお，プレショウを中心にウクライナ人ソサエティとかかわりを

もっている。本人はしばしば自分はルシン・ウクライナ人だということがある。正教の信者である。ゆえに第三者からは「ウクライナ人」とみなされている。

事例2・G氏のばあい（プレショウ市在住）
　1954年10月，プレショウに生まれる。両親はルシン人である〔父親は第二次世界大戦時にオシヴイエンチムに収容されていたのを脱出して助かった。ユダヤ系ではなかったが，パルチザン運動に関与したために捕らえられたのか，筆者はその点を確かめたかったのだが，ご本人をはじめ，ご家族はそれ以上話したがらなかった〕。通常の学校でスロヴァキア語による教育を受けるが，両親とはたえず「ルシン語」で話す。1970年代より上述のH氏のもとで「ルスの家」所属の民俗舞踊団でアコーディオン奏者を務めたほか，ルシンの民謡採集にも携わりはじめた。その後，プレショウ市立芸術初等学校に就職し，音楽理論と民俗舞踊団の音楽責任者を務める。仕事上，ルシン復興協会（Rusyn'ska obroda）やルシン国際会議（Svetový kongres Rusínov）との関係も深く，プレショウでのルシン関連の催しにはかならずといってよいほど頻繁に参加して，おもに楽器の演奏を依頼される。
　自他ともにルシン人であることを認めているが，親子そろって正教徒である。プレショウに一つある彼が洗礼を受けた正教の教会には母子そろって礼拝に参列する。それでいながら本人はしばしば「自分は正教徒のユダヤ人だ」と冗談をいう。これは，いわゆる Rusynophiles と呼ばれるルシン定位の立場から自分を意識的に遠ざけようとしているあらわれとみなすことができる。体制転換後に訪れた新世代感覚によって英語を習得しようと努力したり，我々のように外国人（それも飛びきり遠くの国の人間）と知己を得ることで，彼自身のエスニック・アイデンティティが偏狭さを免れて，次第にバランスのとれたものに生成しつつあることを示しているだろう。筆者がルシンについての知識を会得するにあたって彼の存在は大変大きい。

事例3・G嬢のばあい（日本在住）

プレショウでうまれ育ち，ウクライナ系の学校に通った（社会主義時代）。事例1のH氏のことも両親をつうじて知っている。また事例2のG氏が勤める芸術初等学校で民族音楽の演奏（ツィンバル）を学び，地域のさまざまなフォークフェスティヴァルにも参加した。後にアメリカへ渡り，日本人と結婚。来日。ルシンにかぎらず狭い地域のなかでの自己完結的で自己満足的なアイデンティティのあり方には批判的で，スタンスとしてはG氏に近いと筆者には感じられる。

宗派についても興味深い現象がみられる。母方の祖父は元パルチザン兵士で，第二次世界大戦ではナチスと戦った。母親はギリシアカトリックの信者である。一方，祖母は学歴や職歴を積み重ねるなかで「正教徒化」したということである。G嬢本人も正教徒であるが，ばあいによってはギリシア・カトリック信者だということもあるとの由。ルシン人である。

事例4・P氏のばあい（米国ピッツバーグ在住）

アメリカ移民II世。父親（1938年生）が1973年にペンシルヴァニアでルシン・アメリカ民俗舞踊団「スラヴィアネ」（Slavjane）を結成し，現在は2人で率いている。舞踊団はギリシアカトリック・ルシン兄弟連合（Greek Catholic Union of Rusyn Brotherhoods in the USA，1892年結成）の経済的支援を受けて活動を続けている。ピッツバーグで開催される国際民俗舞踊フェスティヴァルに参加している他，1992年には初めてヨーロッパのホームランドであるスロヴァキアのメヅィラボルツェ（Medzilaborce）市で開催された「文化とスポーツ祭」に出演を果たした。P氏は熱心なルシン・アイデンティティのもち主で，スロヴァキア滞在中はルシン語で通す。筆者とは年齢も近いこともあってかなり親しい間柄になったが，率直に言って，彼の態度のなかに海外の高いルシン意識 pro-rusyn の典型をみることができる。

事例5・P2氏のばあい（プレショウ市在住）

1945年8月プレショウ近郊のテルニャ（Terňa）村でうまれる。両親も本人もローマ・カトリック教徒であり，スロヴァキア人である。事例2のG氏の同僚で，後述の少年少女民俗舞踊団の創設者であり指導者である。生い立ちや仕事上のかかわりからルシン人やウクライナ人に多くの知人をもち，自らもルシン文化に精通しているという自負がある。実際にルシンのフォークロアにかんしての造詣の深さでは，筆者が知己を得た人々のなかでは五指に入ると思われる。第三者から見た「ルシン・ウクライナ」について，筆者はＰ２氏に教わることが多かった。

事例6・少年少女民俗舞踊団（本拠地プレショウ市）の小中学生たち

上述のＰ２氏が1995年に創設したプレショウ市立芸術初等学校の舞踊団には，市内の小中学校に通う子どもたちが40人ほど参加している。彼らの演目（歌と踊り）はいわゆる「東スロヴァキア」のものが主体であるが，ルシン民謡も多く含まれている。参加している子どもたちのなかにごくわずかにルシン人がいるが，大半はスロヴァキア人である。ウクライナ民謡はレパートリーに入っていないことからも，「東スロヴァキア」と「ルシン」が彼らにとってほぼ同義だということが窺われる。子どもたちは母国語のスロヴァキア語はもちろんのこと，東スロヴァキアの代表的なシャリシュ方言やルシン語に日常から接しているので，互いの会話に支障はないのである。ちなみに他の多くの民俗舞踊団と同様に，ロマの民謡や舞踊も彼らの基本的レパートリーとなっており，演じる際にはオリジナルのロマ語を使用する。

2006年5月には事例4のＰ氏父子が主宰するピッツバーグのフォークロア祭に招かれ，その50周年を記念する舞台でパフォーマンスをおこなったほか，ペンシルヴァニア州やオハイオ州在住のルシン人やスロヴァキア人のアメリカ移民たちと交歓をもった。

事例7・G女史のばあい（プレショウ市在住）

G女史のケースは上述の諸事例と少し異なる。彼女は旧ソビエト連邦ウクラ

イナ共和国の西部出身である。ウクライナで教育を受けた後，社会主義時代にスロヴァキアへ移住する。プレショウでは事例1のH氏のもとで秘書を務めた後，ウクライナ語学級で国語の教師として働いた。その後，スロヴァキアでは仕事のためにコンピュータ技術専門学校にあらたに通う。ウクライナ民謡のアマチュア歌手としても才能に恵まれ，東スロヴァキアでおこなわれるルシン・ウクライナ・フォークフェスティヴァルのいくつかに出演を重ねた。彼女はウクライナ人である。プレショウにはウクライナ共和国総領事館があり，スロヴァキア在住のウクライナ人ソサエティの中心地になっているおかげで，彼女は日常的にウクライナ人との交渉を頻繁にもっていることも注目に値する。

彼女の二人いる息子のうち，弟は事例6の少年少女民俗舞踊団に長いこと所属していた。彼はウクライナ，ルシン，スロヴァキアの文化をそれぞれバランスよく吸収して育ったいわばインターナショナルな新世代を代表するキャラクターをもっている。したがって彼はスロヴァキア人である。ギムナジウム修了後，アメリカ合衆国での就学を希望している。

(1) アイデンティティ形成のプロセスについて

これまで進めてきた議論を整理する。

ここで筆者はルシンの事例を参考にして，エスニック・アイデンティティと個人のアイデンティティの関連について，つぎのようなモデルを提示したい。筆者の仮説モデル（これをアイデンティティ形成のヘリックスモデル helix model と命名する）は三層構造になっている（図3-3）。

このモデルはイメージとして三角錐を思い浮かべるとわかりやすい。すなわち三角錐の底辺がc)「環境順応のアイデンティティ」であり，上部に向かってb)「文化保存のアイデンティティ」が，そして三角錐の頂点に近いところへa)「集団形成のアイデンティティ」がそれぞれ位置するものとする。結論から述べると，個人のアイデンティティは，この三角錐の各ステージ，すなわちc)，b)，a)の間を，周囲の環境の変化に応じて螺旋状に行き来するうちに，似たもの同士が集合しはじめ，さらにその集合的アイデンティティと個人

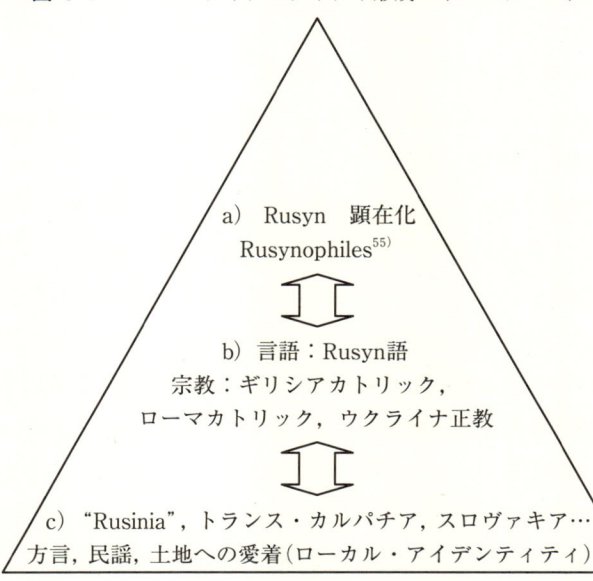

図 3-3　アイデンティティ形成のヘリックスモデル
《アイデンティティの三層構造》

a) 集団形成の
アイデンティティ
主体的レファレンス集団の選択

b) 文化保存のアイデンティティ
言語，宗教，教育

c) 環境順応のアイデンティティ
生活・経済活動，ローカル・アイデンティティ

図 3-4　ルシン・アイデンティティ形成のイメージ・モデル

a) Rusyn　顕在化
Rusynophiles[55]

b) 言語：Rusyn語
宗教：ギリシアカトリック，
ローマカトリック，ウクライナ正教

c) "Rusinia"，トランス・カルパチア，スロヴァキア…
方言，民謡，土地への愛着（ローカル・アイデンティティ）

図 3-5 《個人のアイデンティティ形成》への影響

```
c) → b) 『ルシン－ウクライナ』
b) → a) 「脱ウクライナ」化
```

のアイデンティティが相互補完的にかかわっていくうちに，一つのエスニック・アイデンティティが漸次的に確立されていく，ということである。

従来のアイデンティティ形成モデルと異なるのは，三層が単に垂直になっているのではく，頂点に向かうほど意識が先鋭化し，三角錐の底辺に向かうほど外的世界に目が開かれるということを，このモデルはあらわしている点である。

これをルシンのばあいにあてはめると，つぎのようになる（図3-4）。

ここでさらに各段階を分析すると，つぎのようになるだろう（図3-5）。

図3-3 と図3-5 を合わせてみると，c)→b)→a)→b) 抽出されたルシンのアイデンティティ強化，すなわち宗教と言語によるルシンの再定義（このばあいは「ギリシア・カトリック」と「Rusyn 語」）と再強化された「ルシン定位とルシン意識」(pro Rusyn) にいたるまでのプロセスを見出すことができる。

複数エスニシティの混住地域におけるアイデンティティの複雑な再編過程を考える上で，このモデルは有効ではないだろうか。

スミスは，近年のエスニック・アイデンティティや民族問題についての研究が進むなかで，人々の心理の深層に潜む社会意識そのものについて十全な検討と議論がなされていないと述べている[56]。筆者はスミスのいう社会意識を，人々の帰属意識の問題として注目したい。ある特定の人々におけるアイデンティティ形成の過程を分析し，それに照らし合わせて従来の民族問題にかんする言説を再検討することで，ゆくゆくは，多民族社会における共存の原理にまで言及することができるのではないか，と考えるからである。たとえば，90年代初めのユーゴ内戦は，エスニックや文化アイデンティティをめぐる争いではなかった。そうではなくて雇用機会や富の分配，政治的権力の行使にたいする

不平等をめぐっての権利主張が原因であったという[57]。我々はしばしば,《これまでに共存していた隣人同士が,互いの民族性の違いを理由に殺戮や追放をはじめる》[58]という言説にふれる。この言説が,紛争や民族浄化が起きた結果を説明していることは明らかであるし,事実であることには間違いない。しかし結果を引き起こした原因にまで言及しているかといえば,必ずしもそうではないことにも留意しておく必要があるだろう。つまり,不平等を引き起こした背景に,エスニックや文化アイデンティティの違いがあるということはできるが,物理的に衝突が起こる直接の契機は,それらの要因が制度および利害関係と結びつき,社会的公正が損なわれたと感じられた瞬間だということを見逃してはならないのである[59]。逆に,制度や利害関係と切り離した状態であるならば,本来,異なるエスニックや文化の共存 (symbiosis) は可能だということにもなるのである。東スロヴァキアのルシン,ウクライナ,スロヴァキア,ハンガリーの諸民族が長らく抗争もなく,今日まで暮らしてきたのはその好例とみなすことができるだろう[60]。しかしこれは結果論であって,ほかに予期せぬ社会要因によっていつでも均衡が破られる可能性を秘めていることは記憶に留めておく必要がある。また,社会意識あるいは集団帰属意識としてのアイデンティティ形成と共生原理との相関関係については依然,何も明らかにはなっていないということを見落としてはならない。

前述のスミスは以下のようにも述べている。

「歴史家はナショナリズムの出現を,初期のポーランド分割(アクトン卿),アメリカ独立戦争(ベネディクト・アンダーソン),英国革命(ハンス・コーン),フィヒテの1807年の『ドイツ国民に告ぐ』(ケドゥーリ)のうちのいずれに特定すべきか議論しているが,そうした論争からは,ナショナリズムについて異なった定義があることはよくわかっても,その出現の時期についてはたいして教えてくれるものはない。もっと重要なのは,そこでは言語──と──象徴性,意識──と──熱望としてのナショナリズムを,懐胎し熟成させるのに必要なもっと長い期間について,無視されていることである。」[61]

このスミスの見解は,《固有の「民族」を成立せしめる諸条件は一体何であるか》という古典的な疑問をも補足的に説明し得るものである。民族感情と,言語,宗教の連関性は明らかである。しかし問題は,ナショナル・アイデンティティや少数民族のエスニック・アイデンティティを言語と宗教,伝統,エスニック・グループの諸属性からだけで規定してしまってよいのかどうか,ということである。また,たえまない社会環境の時間的空間的変化も個人やエスニック・グループのアイデンティティ形成に影響を与える重要な要因として無視できない[62]。宗教や言語は必要ではあるが,絶対条件ではない。

　ある宗派の伝播には,共通の言語が必要であり,その結果,共通の言語空間を土台に「絆」としての民族感情がうまれ,そうした長い潜伏時間のうちしだいに明確なナショナル・アイデンティティへとその姿を変えていった,とみるほうが自然である。国家というものはそのようなナショナル・アイデンティティに正当性を与え,制度化してゆく装置にほかならない。ポミアンの指摘に従えば,ナショナル・アイデンティティはルター派が主流となったドイツ,スカンディナヴィア,あるいはカルヴァン派の牙城ジュネーヴまたはフランドル,英国国教会などが主流となったイングランド,スコットランド,つまりドイツ語,フランドル語,英語圏で先鋭化したという[63]。つまり当該地域では言語と宗教が互いに依存しあっていたのである。以上の説明から,それ以外の諸地域（たとえばハンガリー王国北部のスロヴァキアなど）では19世紀まで「民族の覚醒」を待たなければならなかった理由は明らかであろう。ルシンの場合も後者の例にあてはまると考えられる。

　言語と宗教の軛から離れたところでもアイデンティティを形成していることがある,というのがルシンのケースなのである。また,彼らを対象にすることで,スミスが問題にしている「ナショナリズムを,懐胎し熟成させるのに必要なもっと長い期間」の具体的な姿がみえてくるということなのである。

(2) 信条 (credo) としてのアイデンティティ

　国家という軛の中で,言語や宗教などをとおして制度化されたナショナル・

アイデンティティとは異なり，たとえるならば免疫系が成立する過程のように，エスニック・アイデンティティというものは，環境の変化に呼応する可塑性に富んだ性質を有している[64]。そして，そこには個人のアイデンティティ形成との深い相関性がみられるというのが，ルシン・アイデンティティの形成過程を追っている筆者の主張である。個人のアイデンティティは，ルシンの場合，信条（credo）である。

ルシン・アイデンティティの代弁者であるアレクサンデル・ドゥフノヴィチはつぎのようなアンソロジーを残している[65]。

Ia Rusyn bŷl, esm' y budu。
わたしはかつて，いまも，そして今後もルシンである[66]。

ルシンの人々はいつも歴史の潮流には逆らわずに柔軟に対応して生き抜いてきた。今後も目まぐるしく変化する世界情勢の中でも，同じスタンスを基本的に崩すことはないであろう。スタンスを変えてもそれは一時的なものであり，彼ら彼女らの意識の深層にはたえずルシン・アイデンティティが存在している。「純ルシン」たることを明確に意識している人たちよりも，「日常文化的ルシン人」たろうとする一般の人々の方が多いとみられるのも，彼らのアイデンティティが社会環境の変化にたいして非常に寛容で，柔軟だからだということができるだろう。そして対応の柔軟さによって，ルシンの人々は長らく他の民族と共存しながら，自分たちのアイデンティティを維持し続けてきたのである。ここに一種のパラドックスがあり，マイノリティが生き残る方法のひとつではないかと筆者にはおもわれる。そのような柔軟さを培ってきたのが，もし彼ら彼女らのアイデンティティ形成のあり方にあるとすれば，我々も彼ら彼女らの生き方から学ぶことがあるとおもう[67]。

しかし，ルシンの住民が暮らす社会状況に彼ら彼女ら自身が満足しているわけではないことを忘れてはならない。本章では触れることのなかったルシンのディアスポラ（離散）について無視することは許されないであろう[68]。スロヴァ

キアは先にも述べたように，政治・経済・社会一般がすべて動態期にあり，東スロヴァキアにも欧州連合加盟後になんらかの変化が訪れるであろう。その具体例として，カルパチア・ウクライナとポーランド，スロヴァキア，ハンガリーとを分断する「シェンゲンの壁」[69]が現実のものになれば，東スロヴァキアにいるルシンの人々の《ルシニア》像も大きく変わるかもしれない。

7.「ヘリックスモデル」の有効性の検討

　さて，このようなモデル構築が具体的にどのような場面で意味を持ち得るのか，最後に言及しておきたい。筆者は教育のもつ影響力と作用とに注目している。

　ヨーロッパ連合の東方拡大の動きにともなう経済市場の拡大や政治的価値観の変化は，スロヴァキアの地域社会にも多大な影響とリアクションをおよぼしている。その一つがグローバリズムにたいする警戒心のあらわれとでもいえる世論の反発である。しかしそのあらわれ方は，九州ほどの面積のスロヴァキアにして地域によって一様ではない。一つ，具体例をあげよう。

　スロヴァキア教育省は，教育大臣を出し，連立与党を支えるキリスト教民主運動（KDH）[70]の強い主張により，2004年度から宗教教育の一環として義務教育課程での「倫理」の時間を選択科目と定めて学校法を改正した。ところが，筆者が2005年9月に東スロヴァキアの公立の学校関係者と会って話を聞いたところでは，こうした画一的な教育政策にたいして民族構成や宗派の複雑なこの地域において，学校の現場は混乱している様子が窺われた。あたらしい倫理の教科書をどのように用いて授業をすればよいのかわからない，子どもたちに教えた経験のまったく無い聖職者が授業を受けもっていて不安だ，などといった声を聞く。しかし，これらは皆ひとつの共通した要因にもとづいた不安なのである。それは，人々の敬虔さの度合いや宗派の違いにもみられるように，世界的に価値観の多様化が進む状況下で，地域によって文化的特色や背景が異なるにもかかわらず，学校制度という画一化したひとつのシステムのなかで一つの

価値を教え込むことに，子どもたちや親からどうやったら反発なく理解を得られるか，教師たちが皆悩んでいるということである。

これは，現状に見合わない杓子定規的な画一化が，かえって以前にも増して現場に混乱をもたらすことの好例である。筆者は同じことを，ロマや華僑の人々に代表されるエスニック・マイノリティや移民・難民といった社会的マイノリティとの共存をはかっていかなければならない各国政府の政策立案過程をみていて不安を覚える。

そこで筆者は，言語や宗教といったかぎられた因子を取り上げて一次元的あるいは二次元的な単純図式で説明するのではなく，想定し得る多様な価値基準を見出し，多次元的な因子の枠組みを捉えるために，上述のヘリックスモデルが有効ではないかと考える。

地域のグローバル化の進展と人口動態が大きくなっている現代において，アイデンティティと価値の多様化という問題は，多次元的な因子を発見するためにも今後ますます注視していかなければならないであろう。

8. 結びにかえて

筆者は，スロヴァキア共和国が欧州連合に加盟する前の5年間を実際に当地で観察してきたが，加盟後に予想される変化については，長期的視野でもって継続的に注視しなければわからないであろう。2006年6月17日，事実上ズリンダ政権の8年間の実績を問う国政選挙が実施された[71]。年々拡大する失業率の東西地域格差や年金制度改革に反対する有権者の票の多くが，税制一本化の撤廃や手厚い社会保障を訴えた中道左派野党に流れたとみられ，ルシン人が多く住むプレショウ郡では八つある選挙区分のうちもっとも多く票を獲得している(35.4%)。同党の選挙名簿の順位が議席確保数よりも下回ったために今期当選しなかったスヴィドニーク（Svidník）県議会議長はルシン人である。その一方で，連立政権の中軸だった中道右派政党から出馬し，当選を果たしたルシン人もいる。彼もまたスヴィドニーク市で学校長を務めている[72]。選挙結果をみる

かぎり，ルシンというアイデンティティが争点になっていないことが窺われる。けれどもスロヴァキア人というアイデンティティはつねに選挙の際の重要な争点の一つであり，今回は「スロヴァキア国民党」(SNS) が全国各地で隈なく票を伸ばした。ただし，この政党の綱領はつねにハンガリー人やロマにたいする扇動的なスロヴァキア民族主義に彩られている。

東スロヴァキアでは投票率はおおむね低く，50%をようやく超えた程度であった。こうしてみると，今回の選挙の争点は地味とはいえ実生活と直接かかわりのあるところで，やはりズリンダ政権の内政における改革路線にたいする評価であったと結論づけることができるだろう。

ちなみに学術レベルでは，今日なおルシン人アイデンティティをめぐる議論が盛んだということを最後に付言しておこう[73]。

共存の基本原理は，社会的公正の実現とグローバル化した世界からの疎外感の排除をもってはじめて成立するものである。そのどちらを欠いても偏狭な排他的ナショナリズムの温床となって，鬱積した人々の不満と結びついたとき，地域に紛争を引き起こす可能性があることを我々は経験的に知っている。またこうした紛争の時代にあっては，これまでの「国家の安全保障」(national security) から「人間の安全保障」(human security) へと視点がシフトしてきているという[74]。冷戦終結後，国民国家という公理が幅を利かせなくなった21世紀の世界潮流のなかでは，人々はグローバル化した社会をさまざまな価値が交錯した無秩序な世界とみなしがちである[75]。しかし単に無秩序というだけでは，人々の最大の関心事である「安全の保障」について何らかの政策的な提言を発し得るか疑問である。筆者が地域社会における共存の可能性について関心をもっているのには，以上のような疑問に少しでも応えたいとおもうからである。本章で検討したアイデンティティ形成については，ルシン人やスロヴァキア人だけではなく，スロヴァキアに来ている多様な人々から成る社会集団，つまり難民や移民などの社会的マイノリティにもどの程度あてはまることなのかどうか，引き続き綿密な精査を必要とする。筆者は今後，ルシン以外の社会的なマイノリティにも関心の領域を広げる予定であるが，ルシン研究をとおして

第 3 章　社会変動とエスニック・アイデンティティの変容　95

養った，国民国家の公理からは一定の距離を保ち，コミュニティと人間の集団を基盤とする社会を分析するというスタンスはおそらく変わらないであろう。

　ルシンのようなアイデンティティの確立の仕方が，はたして本当に他者との共存共立につねに有効であるかどうか，他の事例にもとづく実証的検証にまでたち入るだけの準備が，筆者にはまだ十分できていない。本章では東スロヴァキアに多く住んでいるロマの人々と他のエスニック・グループとの関係については一言もふれられてはいない。その意味で本章は試論の域を出るものでなく，したがって人間のアイデンティティの根源を探る長い道程の，ほんの出発点に立っているだけにすぎない。いずれも今後の考察に譲りたい。

　追記　本文中のウクライナ語による固有名詞や単語はすべてアルファベットで書き改めてある。表記は Magocsi, P. R., Pop, I. *Encyclopedia of Rusyn history and culture* を参照した。また，本章は拙稿『少数民族ルシン Rusyn のアイデンティティ形成についての社会学的研究 – スロヴァキアの事例 – 』中央大学大学院研究年報第34号　文学研究科篇，2005年に修正・加筆を施したものである。

1)　詳細は，Kollár, M., Mesežnikov, G., *SLOVENSKO 2003*, Bratislava, Inštitút pre veréjne otázky, 2003. 参照。
2)　たとえば，Giddens, A., *RUNAWAY WORLD : How Globalization is reshaping our lives*, New York, Routledge, 2000.（佐和隆光訳『暴走する世界 – グローバリゼーションは何をどう変えるのか』ダイヤモンド社，2001年）をみよ。
3)　たとえば，クシストフ・ポミアン，松村剛訳『ヨーロッパとは何か』平凡社，1993年。包括的なヨーロッパ拡大の議論については2000年4月に立教大学で開催された公開ワークショップ「ヨーロッパ統合のゆくえ – その深化と拡大において問われているもの」での報告，議論とその報告書，宮島喬・羽場久子編『ヨーロッパ統合のゆくえ　民族・地域・国家』人文書院，2001年を参照した。
4)　Duleba, A., *UKRAJINA A SLOVENSKO*, Bratislava, VEDA, 2000. とくに第6章。
5)　カルパチアとここで呼ぶ地域は，正式には Carpatian Rus といい，およそ18,000km²の南，および東カルパチア山脈一帯の地域を指す。現在はこのうちポーランドの Lemko 地方，スロヴァキアの Presov 地方，ウクライナの Podkarpats' ka Rus' 地方，ルーマニアの Maramures 地方の四つの地域から成るとされている。本章ではプレショウ地方（総人口78万9,968人，2001年国勢調査実施時）の

ルシン人を対象としている。郡（okres）べつにみると，ルシンの居住率がもっとも高いのは Medzilaborce 郡で40.4%，以下，Svidník 郡（10.5%），Snina 郡（8.8%），Stropkov 郡（5.3%），Humenné 郡（3.6%），Stará Lubovňa 郡（3.3%），Bardejov 郡（2.9%）となっている。ウクライナ系住民が1％以上の郡は，Medzilaburce 郡（5.0%），Snina 郡（2.8%），Svidník 郡（2.5%）の三つだけである（Dostál, O. "Národnostné menšiny" in *SLOVENSKO 2002*, Bratislava, Inštitút pre verejné otázky, 2002, s.198.）。

2003年1月30日からスロヴァキアでは少数民族保護政策によって，コミュニティの全人口の20%以上がマイノリティで占められているばあいには，通りの名前などをスロヴァキア語とマイノリティの言語で二重表記するよう規定した通達が内務省より発せられた（Dostál, O. "Národnostné menšiny" in *SLOVENSKO 2003*, Bratislava, Inštitút pre verejné otázky, 2003, s. 159.および Dostál, O. "Národnostné menšiny" in *SLOVENSKO 2005*, Bratislava, Inštitút pre verejné otázky, 2006, s.159.に詳しい）。

また，現在八つある行政地区（kraj 時に región と表記されることがある）のうち，ニトラ Nitra，バンスカー・ビストリッツァ Banská Bystrica，コシツェ Košice 地方と共にプレショウ地方は失業率が高く（約18%），長期にわたってスロヴァキアの失業率の全国平均（2004年1月時点で16.6%）を上回っている。

6) ナショナリズム理論の代表的な基本文献として，Anderson, B., *Imagined Communities : Reflections on the Origin and Spread of Nationalism*, 2nd ed., London, Verso, 1991 (1983), Gellner, A., *Nations and Nationalism*, New York, Cornell University Press, 1983, Smith, A. D., *The Ethnic Origins of Nations*(twice), Oxford, Blackwell Publishers Ltd., 1999, および Smith, A. D., *National Identity*, Reno, University of Nevada Press, 1991. 吉野耕作『文化ナショナリズムの社会学　現代日本のアイデンティティの行方』名古屋大学出版会，2002年を参照している。本章ではナショナリズムを『「我々」は他者とは異なる独自な歴史的，文化的特徴を持つ独自の共同体であるという集合的な信仰，さらにはそうした独自感と信仰を自治的な国家の枠組みのなかで実現，推進するという意志，感情，活動の総称』（吉野，前掲書，10-11頁）という定義にもとづいて議論している。

7) スロヴァキアのルシンについてつぎの文献を参照した。Botík, J., Slavkovský, P., *Encyklopédia ludovej kurtúly Slovenska*, Bratislava, VEDA, 1995.とくに Rusíni na Slovensku の項。

8) ウクライナ史一般については Subtelny, O. *UKRAINE : A History*, 3rd ed., Toronto, University of Toronto Press, 2000.を参照した。

9) 詳細は Magocsi, P. R., *The Rusyns of Slovakia : An Historical Survey*, East Europian Monographs, New York, Columbia University Press, 1993.また同書の

第3章 社会変動とエスニック・アイデンティティの変容 97

スロヴァキア語版は *Rusíni na Slovensku : Historický prehl'ad*, Prešov, Rusínska obroda, 1994.
10) Gajdoš, M., Konečný, S., Mušinka, M., *Rusini / Ukrajinci v zrkadle polostoročia : Niektoré aspekty ich vývoja na Slovensku po roku 1945*, Prešov–Užhorod, Universum, 1999, s. 7.
11) Magocsi, P. R., "An Histographical Guide to Subcarpathian Rus", *Austrian History Yearbook*, Vol. IX-X, 1973-74.
12) ザカルパチア（あるいはルテニア）は1919年のサン・ジェルマン条約によりチェコスロヴァキア領（ポトカルパッカー・ルス Podkarpatská Rus）となる。しかし1938年9月29日に開かれたミュンヒェン会談の後、ハンガリーが南スロヴァキアとルテニアの一部を併合している（1938年11月）。また、1945年6月にはソ連に割譲される（トランスカルパート・ウクライナ）。その間、ポトカルパッカー・ルス自治政府の設置が1938年11月から翌年3月まで、チェコスロヴァキア領内に合法的に認められた。ちなみに中欧諸国のなかで公式に少数民族自治が認められているのは、ハンガリーである。1993年にエスニック・マイノリティ居住地区（通常、コミュニティ人口の20-25%）に自治の権限を与える法律を採択した。その結果、1994年に最初のルシン自治区が北東ハンガリーの Mucsony という村に誕生した。その後、1998年に九つのルシン・コミュニティから選出されたメンバーによってルシン自治統治機構 Derzhavnoe samouriadovania menshynŷ rusynuv が国家行政機関として構成された（本部ブダペスト）。
13) 東方帰一教会、あるいはウクライナカトリックとも呼ばれる。1569年、ヤギェウォ朝断絶の危機回避の妥協策としてポーランド王国とリトアニア大公国の合同を約したルブリン Lublin 合同が成立した結果、ポーランド貴族の関心は東方に移った。そして彼らと共にイエズス会を中心にして勢力拡大をはかるカトリック教会は、東方の正教徒をとり込もうという宥和策を講じた。1596年、ブレスト＝リトフスクの公会議で、東方教会の典礼、サクラメント、司祭の妻帯やユリウス暦の使用などを認めた教会規律を維持しつつ、ローマ教皇の首位権を認める合同教会が成立した。
14) Štec, M. *Rusíni či Ukrajinci*, Prešov, Zväz Rusínov–Ukrajincov ČSFR Prešov, 1992, s. 26.
15) ガリツィアのルシン（ウクライナ）系住民の文化的・経済的地位向上のための啓蒙団体としては1868年にリュヴィフ L'viv に設置されたプロスヴィタ協会 Tovarystvo "Prosvita" があり、1920年代にはドゥフノヴィチ協会に先立って、チェコスロヴァキア共和国の学校制度改革運動（ウクライナ語によるギムナジウムの設立など）やウクライナ語による出版活動を活発に展開していた。彼らの活動はけっしてウクライナ定位のものではなかったにもかかわらず、「ウクラナイ

化」と映ったルシンのインテリゲンチャたちの警戒を引き起こした。こうした反応の結果，ドゥフノヴィチ協会が採用したマニュフェストは，明確なロシア定位のものとなっている。これは明らかな反ウクライナを意味していた。スロヴァキアには1925年に最初の支部がプレショウに作られたが，30年には独立した組織となる。プレショウの街の一角にいまも立っているアレクサンデル・ドゥフノヴィチの銅像はこの協会がつくったもので，もとは中央広場にあった。1939年スロヴァキア国時代に活動を禁止され，戦後再開するも今度は1948年に共産党政権下で「ブルジョワ・ナショナリスト」の名のもとに再び活動を禁じられた。共産主義政権の崩壊後，1991年にプレショウで協会の活動が再開された。ちなみに現在のドゥフノヴィチ協会は，ルシンやウクライナ，スロヴァキア人の会員を抱えているものの，基本的にはウクライナ定位であり，ウクライナ語による出版活動を行なっている。Magocsi, P. R., Pop, I. *Encyclopedia of Rusyn history and culture*, Toronto, University of Toronto, 2002. 参照。

16) Magocsi, *The Rusyns*..., p. 83.
17) Štec, op. cit., s. 26-7.および Magocsi, *The Rusyns*..., p. 94.
18) Demokratičeskij golos はこの民主連合の機関誌（プレショウ，1945-48）。
19) Magocsi, *The Rusyns*..., p. 95.
20) 1963年以降，242の民俗舞踊団，毎年おこなわれる演劇，スポーツ大会，フォークロアの祭典などを財政的に支援した。これらは1955年以来毎年スヴィドニーク Svidník 市でおこなわれた。また同時にチェコスロヴァキア政府は1956年に最初のウクライナ文化博物館をメヅィラボルツェ Medzilaborce 市に作った。その後，プレショウ（1957）やクラースニ・ブロド Krásny Brod（1960）に移転したが，最終的に Svidník（1964）に落ち着き，現在にいたっている。ただし，現在の博物館は「ルシンはウクライナ民族の一部」とするウクライナ定位にもとづいた見解を維持して展示，刊行活動をおこなっている。現在でも毎年，バルデヨウ Bardejov 市で開催されるルシン・ウクライナのフォークロア祭典 Makovyts'ka Sturna は1973年に創設された。共産主義体制が崩壊した後になると，とくに1990年代前半に協会内のルシン意識の高い集団 pro-Rusyn group が脱会し，ルシン復興協会 Rusyn'ska obroda を設立した。この団体は現在，スロヴァキア政府からルシンの代表組織として認可されている（1991年3月に第1回ルシン国際会議 Svitovýi kongres Rusyniv がメヅィラボルツェ Medzilaborce で開催された。以降ポーランド，ユーゴスラヴィア，ハンガリー，ウクライナ，チェコの各地で隔年開催され，2003年はプレショウで開かれた。隔月発刊の定期雑誌 Rusyn はその公式刊行物である）。一方，ウクライナ定位の会員は組織名をチェコスロヴァキア・ルシン・ウクライナ連合，後にスロヴァキア・ルシン・ウクライナ連合 Soiuz Rusyniv-Ukraïntsiv Slovachchyny（SRUS）に改名し現在にいたってい

る。会員本人がルシンを名乗ろうとウクライナ人を名乗ろうと，SRUS の立場は「ルシンはウクライナ民族の一部」としている。

21) Magocsi, *The Rusyns*..., p. 103.
22) Magocsi, *The Rusyns*..., p. 105.
23) Gajdoš, Konečný, Mušinka, op. cit., s. 50.
24) Magocsi, *The Rusyns*..., pp. 107 – 8.
25) Magocsi, *The Rusyns*..., p. 108.をみよ。大方は平和裏に正教会からギリシアカトリック教会側へ教会が返還されたが，なかには正教会の聖職者たちによる破壊活動や礼拝の妨害行動など物理的抵抗もおこなわれた。
26) Gajdoš, Konečný, Mušinka, ibid., s. 52.
27) 既存の文化団体の解体，再編，ルシン国際会議などについては注20を参照のこと。
28) 出典：Sčitanie obyvatelov, domov a bytov 2001 及び Inštitút pre verejné otázky 刊行の Slovensko 各年鑑，Revue o dejinách spoločnosti 編 *HISTÓRIA*，November / December 2002号，Podolák, P. *Národnostné menšiny v Slovenskej Republike, z hl'adiska demografického vývoja*, Martin, Matica Slovenska, 1998. から作成。ただし，「ルシン・ウクライナ総人口」については社会主義時代より前の時代の数値が資料によって異なる。大本のデータはハンガリーとチェコスロヴァキアの国勢調査である。
29) Magocsi, P. R., *The Birth of a new nation, or the return of an old problem? The Rusyns of east central europe*, Budapest, Akadémiai Kiadó, 1997.
30) スロヴァキア共和国のばあい，各マイノリティの代表によって構成される文化省専門委員会（MKSR）によって，文化活動や出版活動にたいする財政支援の割り当てがなされ，地方にある国の出先機関や地方自治体をとおして資金が配布される。Dostál, *SLOVENSKO 2003*, s.167.
31) 2002年にはルシンとウクライナ人マイノリティの関係が緊張した。2001年に国勢調査がおこなわれたとき，ウクライナ側住民の代表がルシンとウクライナ系住民が一つのエスニック集団としてみなすよう「民族の統合の継続」を謳った請願運動を起こした。これにたいしてルシン側は2002年1月に，ルシンとウクライナ系住民は不当に同化圧力を掛けられているとした声明を発表し，政府の少数民族政策を批判した。また再三，ウクライナ人側が自分たちの権利主張を多くしすぎている，ルシンを独立したエスニック集団として存在することを拒否しているとして批判を繰り返した（Dostál, *SLOVENSKO 2002*, s. 202.）。また2002年1月30日付日刊 SME 紙中の記事 Rusíni nechcú, aby za nich hovorili Ukrajinci. 参照。
32) Homišinová, M., "Názory na etnickú identifikáciu a etnonym rusínskej /

ukrajinskej minority na Slovensku." in Gajdoš, J. (id.) *Rusíni / Ukrajinci na Slovensku na konci 20. storočia, K vybraným výsledkom hostoricko-sociologického výskumu v roku 2000*., Prešov, Universum, 2001, とくに s. 91 – 92.

33) Baumgartner, F., "Príslušnos't k majoritnému, vs. minoritnému spoločenstvu a vnímanie etnickej identity." in Gajdoš (Ed.), op. cit., s. 101 – 108.

34) Frankovský, M., "Posdzovanie identity k makrosociálnym útvarom príslušníkmi majoritnej a minoritných spoločností." in Gajdoš (ed.), ibid., s. 113.

35) Šatava, L., "Národnostné menšiny" in *SLOVENSKO NA CESTE DO NEZNÁMA*, Bratislava, Inštitút pre verejné otázky, 2003, s. 122.

36) スロヴァキア科学アカデミー社会学研究所と中央大学社会科学研究所の共同調査（スロヴァキア民間調査会社 MVK の協力による）で用いた質問票の集計データ。

37) 彼らの8割にあたる14名がプレショウ地方（ここでは kraj）在住である。また全体の回答者の1.3%である。男女比は男性8名，女性が9名，最年少は33歳，最年長回答者は72歳であった。

38) Dostál, *SLOVENSKO 2002*, s. 197.

39) 2001年に実施された国勢調査によれば，プレショウ地方全体のギリシアカトリック信者12万1,188人（15.3%），正教徒3万1,458人（4.0%），ローマカトリック信者52万9,099人（67.0%）であった。郡別の内訳をみてみると，ギリシアカトリック信者が多いのは Medzilaborce 郡（55.5%），Stropkov 郡（40.8%），Svidník 郡（36.5%），Stará L'ubovňa 郡（31.0%），Vranov nad Toplov 郡（24.1%），Snina 郡（22.2%），Bardejov 郡（19.1%），Humenné 郡（17.5%），Sabinov 郡（10.4%），Prešov 郡（7.7%）の順となっている。プレショウ市にはギリシアカトリック教会の司教座がある（Katedrálny chrám sv. Jána Kristitel'a）。また，正教徒が多いのは Medzilaborce 郡（29.0%），Snina 郡（21.1%），Svidník 郡（19.8%），Stropkov 郡（7.5%），Bardejov 郡（5.4%），Humenné 郡（3.7%），Prešov 郡（1.1%）の順となっている。

40) Smith, *The Ethnic Origins of Nations*..., p. 15.

41) Smith, *National Identity*..., p. 21. ネイションの歴史的原型（エスニック共同体 ethnie）の構成要素は「1.集団に固有の名前，2.共通の祖先に関する神話，3.歴史的記憶の共有，4.単独あるいは複数の集団に際立った特徴の文化の共有，5.特定のホームランドとの共通の思い入れ，6.集団を構成する人口の主な部分に存在する連帯感」である。

42) Trier, T., *Inter-ethnic relations in Transcarpathian Ukraine*, Užhhorod, European Centre for Minority Issues Report # 4., 1999, とくに p. 22。

43) Smith, *National Identity*..., pp. 163 – 164 （訳は，高柳先男訳『ナショナリズ

44) Konečný, S., Homišinová, M., "Názory na postavenie a vývoj Rusínov / Ukrajincov na Slovensku." in Gajdoš (ed.), ibid., 調査の内容と分析についてはとくに s.41-47.を参照のこと.
45) Giddens, op. cit., p. 31.
46) 宮島・羽場, 前掲書, 98頁。
47) 宮島・羽場, 上掲書, 99頁。
48) すでに政府の緊縮財政政策の影響は, ロマの人々の社会生活保護の切り詰めにまでおよび, 2004年2月下旬には東スロヴァキアを中心にロマによる抗議運動が連鎖反応的に発生した.
49) ギデンズは, グローバリゼーションの進展が, さまざまな変化の複合の結果もたらされる無目的かつ無原則的にできあがる秩序, すなわち, グローバル・コスモポリタン社会の到来を否応なしに招くと主張している (Giddens, ibid., p. 37.) が, 筆者はルシンの一部若者のなかにそういった生活環境の変化に反応し, 適応してゆく姿を見出すのである.
50) ルシン人の生活世界を考えたときに, プレショウ―ミハロウツェ―ウジホロトを結んでいるラインがみえてくる. 本章の最初でもみたように, 歴史的経緯の影響から, 日頃の小規模な経済活動 (国境を毎日のように行き来するウクライナ, ハンガリー, スロヴァキアの各行商人), 文化活動 (ウジホロトやプレショウでのルシン国際会議 Svetový kongres Rusinov の開催, 大学間交流) その他, 日常の行動範囲 (ウクライナ人やルシン人とスロヴァキア人の結婚) や文化的思考範囲が政治・行政区分としての国境を依然, 超えていることを意味する.
51) 《ルシニア》という言葉を筆者はプレショウで Redakcia Rusín a Ludové Noviny 編集部の M.マルツォウスカー Mariia Maltsovs' ka さんから聞いた.
52) ただし, 社会学兼マーケティング監視センター SOCIUM が2006年2月におこなったウクライナのザカルパチア地方の世論調査では, ウクライナ側の住民の27％が自治を要求し, 37％がルシン人を名乗っているとしている. 2006年3月2日付けインターネット新聞「レギウム」参照 (http://www.regium.ru/news/599618.html).
53) ナショナル・アイデンティティの制度化の過程については, 筆者はシートン・ワトソンやアンダーソンの「公定ナショナリズム」official nationalism—国民と王朝帝国の意図的同意—に影響を受けている. とくにアンダーソン (Anderson, op.cit.).
54) 吉野, 前掲書, 26頁. ルシンにかんする事例としては, ルシン復興協会 Rusyn'ska obroda スポークスマンであり, ルシン国際会議議長 (2001年-) の A. ゾズリィャク Aleksander Zozuliak 氏のケースがあげられる. なお氏の父親はヴァシ

ル・ゾズリィャク氏で，ウクライナ定位でプレショウ出身の有名な作家である。上述のスヴィドニークのウクライナ文化博物館やスヴィドニーク・フォークロア祭の創設に尽した（以上，Magocsi, Pop, *Encyclopedia*...）。

55) Rusynophiles とは，言語人類学的に独立した民族であると信じるルシン，あるいはカルパート・ルシンの人々を指す。通常，ロシア人やウクライナ人双方の一分枝種族であるとみなす Russophilies や Ukrainophiles と並列した立場をいう（Magocsi, Pop, *Encyclopedia*...）。また，筆者のモデルに照らすと，この段階(a)でひとつのまとまったエスニック・グループとして政治的活動や権利主張をおこなうことができるとおもわれる。

56) Smith, A. D., "National Identity and Myths of Ethnic Descent" in *Myths and Memories of the Nations*, Oxford, Oxford University Press, 1999, pp. 57-95.

57) Eriksen, T. H., "Ethnic Identity, National Identity, and Intergroup Conflict" in Rutgers Series on Self and Social Identity, volume 3, *Social Identity, Intergroup Conflict, and Conflict Reduction*, ed., R. D. Ashmore, L. Jussim, D. Wilder, Oxford, Oxford University Press, 2001, p. 49. 旧ユーゴスラヴィア内戦が勃発した直後の1990年夏，クロアチア共和国内のセルビア人多数居住地区「クライナ自治区」が非公式のうちに発足する。翌5月になると自警団「クライナ警察特殊部隊」が組織されたが，当初は元クロアチア共和国警察官や元ユーゴ連邦兵士などの寄せ集めだったという。もともとクロアチアの警察官の過半数はセルビア系で占められていたのを，トゥジマン Franjo Tuđman (1922-99) 政権下，同政府への忠誠を誓う宣誓書への署名が義務付けられたのを機に，署名を拒否した数千人が解雇され，クライナ警察特殊部隊へと流れた。ここでは，最初から民族籍によって「踏み絵」を踏まされたというよりも，いずれの民族であっても雇用条件にたいする不満が高じて，結果的に対クロアチア，対セルビアという棲み分けにつながっていったようである。こうした個別具体的な事例については，紛争発生直後から現地で聞き取りをおこなっていたフリー・ジャーナリスト，千田善『ユーゴ紛争 多民族・モザイク国家の悲劇』講談社現代新書，1993年に複数紹介されている。

58) たとえば，東野真『緒方貞子－難民支援の現場から』集英社新書，2003年，50頁。

59) 東野真，上掲書，119-120頁。

60) 東スロヴァキアの多民族共存社会と似た好例として，トランシルヴァニア地方をあげることができる。戸谷浩『サクランボの里の"日常"－1989年「革命」以後のブラニシュテア村（トランシルヴァニア）の場合－』明治学院論叢第691号（総合科学研究第68号），2003年。また，戸谷『「チャーンゴー」研究のアポリア』アジア文化研究別冊，魚住昌良・斯波義信両教授記念号，国際基督教大学アジア

第 3 章　社会変動とエスニック・アイデンティティの変容　103

文化研究所，2002年参照。後者はモルドヴァに居住するチャーンゴー人のアイデンティティ形成についての論文。同じカルパチア山脈に住むルシン・アイデンティティとよく似たアイデンティティ形成をしており，興味深い。
61)　Smith, *National Identity*..., p. 85.
62)　スミスはエスニシティをめぐるパラドクスとして「はっきりした社会的文化的母集団のうちで，個人と文化のあらわれ方がたえ間なく変化しているという流動性と永久性の共存」(Smith, *National Identity*..., p. 38.) をあげている。
63)　ポミアン，前掲書，114頁。
64)　「環境の変化に呼応する可塑性」という，筆者の提示したヘリックス・モデルの基盤を成す着想は，つぎの文章からヒントを得たものである。《免疫系における「自己」と「非自己」の識別能力は，環境に応じた可塑性を示すのである。免疫系というのはこうして，単一の細胞が分化する際，場に応じて多様化し，まずひとつの流動的なシステムを構成するところからはじまる。それからさらに起こる多様化と機能獲得の際の決定因子は，まさしく「自己」という場への適応である。「自己」に適応し，「自己」に言及（リファー）しながら，あらたな「自己」というシステムを作り出す。この「自己」は，成立の過程でつぎつぎに変容する。…… こうした「自己」の変容にしながら，このシステムは終生自己組織化を続ける（多田富雄『免疫の意味論』青土社，2003年，第 5 章「超システムとしての免疫」104頁)。
65)　アレクサンデル・ドゥフノヂチ Aleksander Dukhnovych（1803-1865)。ギリシアカトリックの聖職者，文学者，歴史家。カルパート・ルスの民族覚醒者として知られる。
66)　このアンソロジー（詩 Vruchanie 中の一文，1851年）はいまもルシンの統合の象徴とされている。
67)　上述のトランシルヴァニア地方と同様に多民族共生社会の好例として，ユーゴスラヴィアのヴォイヴォヂナがあり，ここにもルシン・ウクライナ系住民が18,000人ほど暮らしている。本書所収佐藤雪野論文参照。また，カルパチアやパンノニア，バルカンの地域史一般については Magocsi, P. R., *HISTORICAL ATLAS OF CENTRAL EUROPE, From the Early Century to The Present*, revised and expanded edition, London, Thames & Hudson, 2002. を参照した。
68)　「ディアスポラ・ナショナリズム」についてはゲルナー（Gellner, op. cit.）参照。
69)　宮島・羽場，前掲書，65-68頁。
70)　教育改革に取り組んでいた KDH は学生や世論の強い反発を受け，教育大臣を辞するとともに2006年 2 月には連立を離脱した。
71)　選挙結果は150の全議席のうち，野党で中道左派「道標」SMER が29.14％で第一党になり，続いて与党の主軸だった中道右派の「民主キリスト教同盟」SDKÚ が18.35％，民族主義政党の「スロヴァキア国民党」SNS が11.73％，「ハンガリー

人連合党」SMKが11.68％，左派「民主スロヴァキア運動」HZDSが8.79％，右派「キリスト教民主運動」KDHが8.31％の議席を獲得した。投票率は4年前の選挙より20％少なく，社会主義体制崩壊後もっとも低い54.67％であった。

72) 2006年6月22日付けのルシンの電子新聞 Podduklianske novinky による。

73) 2006年6月29, 30両日にプレショウ市で「ルシン人　過去の歴史・現在・今後の展望」と題したシンポジウムが，スロヴァキア文化省の「2006年少数民族の文化プログラム」の援助を得て開催されている。ここにはルシン，ウクライナ双方の代表的な研究者が報告している。http://www.rusin.sk/upload/docs/200606161741300.seminarpresov.pdf.

74) 東野，前掲書，154－161頁。

75) 「グローバル化」という概念を，「国民国家にとらわれた秩序－社会学（Ordnungs－Soziologie）とは相容れないさまざまな傾向の集まり，ゆるやかでそれ自体矛盾をはらんだ」（54頁）ことを出発点とし，あたらしい方法論の立場から検討した研究として，ウルリッヒ・ベック，木前利秋・中村健吾監訳『グローバル化の社会学　グローバリズムの誤謬―グローバル化への応答』国文社，2005年を参照のこと。

第 4 章
北ハンガリーのスロヴァキア人

ズデニェク・シチャストニー
川崎　嘉元 訳

1. はじめに

　本章の課題は，2002年9月と10月におこなわれた現地調査をもとに，北ハンガリーに住むスロヴァキア人マイノリティの民族と居住地にかんするアイデンティティの構造を明らかにすることにある。調査の対象になったスロヴァキア人マイノリティが住んでいるのは，ハンガリーのエステルゴム近郊のピリス高地地帯に散在する，ムリンキ（Mlinky, ハンガリー名 Pilisszentkereszt），チーウ（Čiv, ハンガリー名 Piliscsēv），サントウ（Santov, ハンガリー名 Pilisszántó），ケスツッツ（Kestúc, ハンガリー名 Kesztölc）という四つの村である。これらの村は，ハンガリーピリス高地地帯のペスト（Pest）地区およびコマロム・エステルゴム（Komarom-Estergom）地区内にある。四つの村の総人口は6,267人であり，それはハンガリー全体に住むスロヴァキア人の35.4%にあたる。
　調査はまず9月に住民にたいするインタビューをおこない，10月に上記の村に住むエステルゴム大学のスロヴァキア人学生の協力を得てアンケート調査をおこなった。サンプル数は合計200で，各村それぞれ50名であった。ただし技術上の問題から他の国のスロヴァキア人マイノリティにたいするアンケート調査同様，ランダムサンプリングはおこなわれていない。

2. ハンガリーに住むスロヴァキア人

(1) 歴史的背景

　いまのハンガリーの領地へのスロヴァキア人の移住は，1690年頃に始まる。それは，反抗的プロテスタントがスロヴァキアの北部地域からズヴォレン (Zvolen)，ホント (Hont)，ノヴォフラット (Novohrad) に移住していくという歴史的に早い時期の移動の波と重なっている。プロテスタントのこのスロヴァキア南への移動は，さらに南部ハンガリー地域にまで進む。そしてハンガリーに住むスロヴァキア人の半分以上が「低地」と呼ばれる南部地域に定住した。スロヴァキア村の住人のうち3分の2がルター派の信者である。この時期の移住はスロヴァキア人だけでなく，ドイツ人にもまた南西モラヴィアの人々にも起こっている。彼らは，移住した先の地で聖職者や世俗的な領主から搾取された。とくにトルコ人が撃退されたあとの北部ハンガリーに開拓民として再移住させられてから搾取がひどくなった〔参考文献4〕。

　その後の約2世紀のあいだ，スロヴァキア人移住者のあいだでは経済的分化が進み，18世紀と19世紀に，とくに南部地域 (Sarvas, Bekeszcsaba, Komlos) において相対的に豊かな農民階層が形成されるようになる。

　ハンガリーの各地に住むスロヴァキア人には民族的，地域的なアイデンティティがいまなお存続しており，スロヴァキア語もよく話されている。ハンガリーでの居住地に先祖がそこから移住してきたスロヴァキアの地域の名前 (Spišiak, Turčan, Oravec, Lipták など) が残されているのは興味深い。スロヴァキア人の民族的・地域的アイデンティティの核心には自らの呼び名，すなわち「低地スロヴァキア人」がある。トット (Tot) という言葉は，かつてはハンガリー人がスロヴァキア人を指す蔑称であったが，いまはそのニュアンスが変わり，スロヴァキア人は自らのことをハンガリー語では「トッツ」(Tots) と呼び，スロヴァキア語では「スロヴァキア人」あるいは「低地スロヴァキア人」と呼んでいる〔参考文献4〕。同様に興味深いのは，祖先が住んでいたスロヴァ

第4章 北ハンガリーのスロヴァキア人　107

キアの地方名を生かして，たとえばピリス (Pilis) から来た人を「ピリシャン」(Pilišan) と呼び，サルヴァス (Sarvas) から来た人を「サルヴァシャン」(Sarvašan) と呼んでいることである。

とはいえ，ハンガリーでの長い生活の歴史は，他のマイノリティ同様スロヴァキア人マイノリティにも徐々にあたらしい生活条件に応じた経済的・文化的適応を否応ないものとし，それは同時に多数派社会への統合と民族的同化につながっていく。

表 4-1 ハンガリーの人口とスロヴァキア人マイノリティ

	ハンガリーの総人口と地域別の比率	スロヴァキア人自認人口と比率[2]	母国語としてスロヴァキア語を使用する人の数と比率	家族・友人とスロヴァキア語で話す人の数と比率	スロヴァキアの文化と伝統にアイデンティティを持つ人の数と比率
ハンガリー全体	9,920,000[1] 100%	17,693 0.18%	11,817 0.12%	18,057 0.18%	26,631 0.27%
Budapest	1,776,388 17.9%	1,528 0.09%	1,513 0.09%	1,570 0.09%	2,362 0.13%
Békes	226,047 2.3%	5,022 2.22%	3,567 1.58%	6,010 2.66%	6,946 3.07%
Borsod-Abóv-Zemplén	278,078 2.8%	1,150 0.41%	547 0.20%	952 0.34%	1,513 0.54%
Komárom-Esztergom	202,876 2.1%	2,795 1.38%	1,384 0.68%	2,529 1.25%	4,416 2.18%
Nógrád	91,451 0.92%	1,778 1.94%	769 0.84%	1,315 1.44%	2,978 3.26%
Pest	607,492 6.1%	3,472 0.57%	2,629 0.43%	4,043 0.67%	5,477 0.90%

1) 2001年7月1日の数字 – *Statistical yearbook of Slovak Republic,* p. 632 – *International overview*.
2) *Ludové noviny – A weekly of Slovaks in Hungary – August* 2002 をもとにした数字.

(2) ハンガリーのスロヴァキア人

2001年のハンガリーセンサスでは、自分の国籍がスロヴァキアであると主張する人の数は1万7,693名であり、そのうち1万1,817名がスロヴァキア語を母国語にしている。またスロヴァキア語をコミュニケーションのインフォーマルな言語として利用する人々は1万8,057名であり、スロヴァキア文化にアイデンティティをもつと語る人々は2万6,631名にのぼる〔参考文献2〕。ちなみに2001年のスロヴァキアセンサスによると、スロヴァキア共和国内でハンガリー人であると宣言する人々は52万528人であり、スロヴァキアの人口全体の9.7％を占める。

ハンガリーに住むスロヴァキア人のうちどれだけの人が母国語でコミュニケーションするのかあるいはハンガリーに文化的アイデンティティをもつのかにかんする統計的数字はないが、ハンガリーのスロヴァキア人とスロヴァキアのハンガリー人では数字のうえで大きな差があることはたしかである。ハンガリーのスロヴァキア人がスロヴァキア人としてのアイデンティティを維持するうえで決定的に重要な要素は、民族の文化的アイデンティティの保持と伝統の維持である。自分の国籍はスロヴァキアではないと主張する人も含めて、調査対象地のスロヴァキア人が自らをスロヴァキア人とみなし、スロヴァキアの伝統を維持しようとしていることは疑いない。この点にかんしては調査対象者であるハンガリーのスロヴァキア人たちが住んでいるベケス（Bekes–Bekescsaba, Sarvas）地域の伝統的コミュニティがとりわけ代表的であり、同様にスロヴァキア中西部の南部地区と国境を接する調査対象地域のコミュニティの生活にもみられる。

(3) ピリス（Pilis）地域のスロヴァキア人

北ハンガリーの伝統的なスロヴァキア民族の包領であるピリス地域に住むスロヴァキア人は、地理的には、現在ふたつの行政区にまたがって住んでいる。上に述べたコマロム・エステルゴムとペスト地区である。この地域への最初の

スラブ人の定住は，サモ(Samo)帝国の時代であった。いわゆる「ザルツブルグ記録」(Antiqui)によれば，その時高地パンノニア(Upper Panonia)のいくつかの部分は大モラヴィア帝国に属していた。その痕跡は定住地のスラブ系の多くの名称にみられる。エステルゴム (Esztergom) - オストリホム (Ostrihom)，ケスツッツ (Kestúc) - コステレッツ (Kostelec) がそれであり，ピリス山岳地帯のピリス (Pilis) の名称もスロヴァキア名のプレシュ (Pleš) から来ている。タタール (1241-42年) とトルコ (1541-1686年) の侵略が終わった後には，ハンガリー人だけでなくスロヴァキア人，南モラヴィアから来たチェコ人，ドイツ人，セルビア人が荒廃した地域に移住させられ，荒廃した地域や修道院の修復に悪戦苦闘することになる〔参考文献3〕。

17世紀および18世紀初頭におもにスロヴァキア人や南モラヴィア人がケスツッツやムリンキに殖民されたのはこのような事情に拠っている。

ハンガリー語のPillisszenkereszt（Pilisの聖なる十字架）は，後にトルコによる侵略を受けることになるその地のシトー会修道院の修道院長によってムリンキに与えられた。スロヴァキア語のムリンキという名の村が歴史に登場するのは18世紀である。その村にはいくつかの小さな水車小屋があり，小さな水車小屋をスロヴァキア語でムリンキと呼ぶ。彼らは居住地の集落からとうもろこしを挽きにムリンキに通った〔参考文献3〕。

この地の村の人口は，四つの村々のあいだの相互の人口移動による影響を受けた。そしてスロヴァキア人，チェコ人，ハンガリー人，ドイツ人のあいだで民族の枠を超えた婚姻が広がっていった。村々の生活の経済的基盤はその村を取り巻く地理的環境に制約され，土地は肥沃ではなく，森と山に覆われていた。

ムリンキとケスツッツ村の人々は，ぶどうや果物栽培などの農業のほかに，木材の伐採と販売，漆喰や木炭の製造・販売に従事していた。19世紀の後半になると，とくにケスツッツの多くの住民は，ドログ (Dorog) にある炭鉱で働くか手工芸に携わるようになる。またこの時期は労働移動が頻繁になり，そう遠くないブダペストで仕事を求めたり，遠くフランスやベルギーの鉱山に働き

表 4-2　調査対象地におけるスロヴァキア人人口

調査対象地	調査対象地の人口とKomárom-EsztergomおよびPest地域内の割合	スロヴァキア人自認者の数と比率	母国語としてスロヴァキア語を利用する人の数と比率	家族・友人とスロヴァキア語で会話する人の数と比率	スロヴァキアの文化と伝統にアイデンティティを持つ人の数と比率
全　体	9,160 1.13%	2,897 31.6%	1,752 19.1%	2,412 26.3%	4,017 43.9%
Mlynky	2,170	1,185 54.6%	922 42.5%	973 44.8%	1,493 68.8%
Čív	2,314	1,059 45.8%	311 13.4%	637 27.5%	1,250 54.0%
Santov	2,120	416 19.7%	287 13.5%	480 22.6%	580 27.4%
Kestúc	2,556	237 9.3%	232 9.1%	322 12.6%	694 27.2%

出典：L'udové noviny － A weekly of Slovaks in Hungary － August 2002.

に出る人もでてきた。1944－8年のあいだ，とくに第二次世界大戦の終了後には，とくにムリンキ村からスロヴァキアに戻る人が多くなり，その数は合計362名に達した〔参考文献4〕。

　住民にたいする深層・インタビューから，村の住民生活にかんして興味深い事実が明らかになった。過去とのかかわりでは，初期に移住者の思い出がいたるところに刻まれている。たとえば後にハンガリー名に変わるスロヴァキア人のニックネームが初期の頃に入殖したスロヴァキア人の姓や名とかかわっていたり，スロヴァキア人マイノリティの名称が初期の移住者が住んでいたスロヴァキアの村名，たとえばヴォデラツキー（Voderadský），ボレラスキー（Borelásky），シェルピツキー（Šelpický）などから来ていたりする。なおモラヴィア名のスプレク（Sprek）は，ハンガリー名のSzőnyiに転回し，コヴァーチ（Kovač）やムリナール（Mlynár）はハンガリー名のKovácsやMolnárになる。チーウ村にはモラヴィアからの移住者が多いが，そこの住人のニックネームが

チェコ語で「レッツ　ゴー」を意味する pujdeme から来る Půujdáci であった。しかしこの村に住むマイノリティは時代とともにハンガリーへの同化が進んでいく。同化が経済的，行政的，文化的に利益をもたらすと考えられたからである。近代の歴史はそこに民族の葛藤をみることはないが，多くのスロヴァキア人家族にとってハンガリー人は彼らの主人であった。彼らは書記のように紳士風にブリーフケースを持ち歩くことが多かったので，「ブリーフケースを持つ人々」と呼ばれていた。

村のあいだの通婚は，民族の連携をうみだすというより，村同士のつながりを強めた。ドイツ人はしだいにドイツ人である痕跡を消し，彼らの出自は，Ackerman, Grandma Spiegelhalter のような苗字からのみ推測されることになる。村の聖職者の話では，貧しいスロヴァキア人の出生率は豊かなドイツ人とくらべると高かった。ドイツ人はクラフトマンが多く，豊かで，モダンであった。スロヴァキア人は働けるところならどこでも働き，貧しく，何ももたず，子供の数だけが多かった。

いまの時代は，調査地で暮らすスロヴァキア人は，地方の議会や役所で重要な役割を果たしている。ムリンキ村では10名の村会議員のうち9名がスロヴァキア人である。村長ももちろんスロヴァキア人である。スロヴァキア語が話せないただ1名の議員は公証人である。サントウ村では10名の議員のうち7名がスロヴァキア人である。チーウ村では10名の議員すべてがスロヴァキア人であり，ケスツッツでは，9名中8名の議員がスロヴァキア人である。

調査地の住民は民族的あるいは市民文化的な社会活動に参加している。フォークソングやフォークダンスのクラブがあり，パーントリカ（Pántlika-小さなリボン）と呼ばれるダンスの団体もある。スロヴァキア語は学校で教えられ，アマチュア劇団でスロヴァキアの劇が上演される。村同士で類似の劇団があり，相互に訪問を繰り返す。

近代化とグローバリゼーションは人々の生活に徐々に良い影響と悪い影響を与えてきている。

この地域に仕事の機会はなく，近くの炭鉱も閉鎖されつつある。社会主義の

あいだは，近くの山のなかに空軍基地があった。ムリンキ村にもべつの駐屯部隊がおかれていた。基地や駐屯地の雇用効果は大きかったが，それはまたスロヴァキア人のハンガリーへの同化を促すことにつながった。現在雇用先はほとんどない。人々は乳牛を飼い，120haの土地でワイン用のぶどうをつくる。村には壁紙やスプリングを生産する小さな事業所があるだけである。女性はブダペストの豊かな家庭にお手伝いや掃除婦として働きにでる。村長たちはこのあたりの失業率は6－7％であるという。村長の意見では，人々の多くは働きたがらないし，近くのエステルゴム市にあるスズキ自動車の工場で働くことにも関心がない。

　一般的にいえば，職場ではハンガリー語が使われる。スロヴァキア人家庭では両親とはスロヴァキア語でだけ会話する。子供とはハンガリー語で話す。子供同士はもちろんハンガリー語である。ハンガリー人と結婚したばあい，使われる言葉はハンガリー語である。スロヴァキア語は同世代のスロヴァキア人同士が結婚したときにだけ維持される。

　村には住宅が乏しいので，移入者は少ない。他方「ニューリッチ」になった人は村から離れる。昔の世代は「ニューカマー」と距離を置く。若い世代は古い殖民者がつくってきたコミュニティに適応せざるを得ない。そして民族の伝統と言葉を保持していくのは古い世代である。しかし着実に変化は訪れる。人々は家の前でおしゃべりをするようなことはなく，家のなかでテレビのシリーズものをみる。

3. アンケート調査結果の分析

(1) 調査対象者の属性

　調査対象者の63％は女性で，男性は37％である。年齢構成をみると，18歳から30歳までの若い世代は24％，31歳から45歳までの中年世代が30.5％，46歳から60歳までの壮年世代が29.5％，61歳以上は16.0％である。既婚者は55.0％で，未婚は21.5％，配偶者と死別が13.0％，離別者が7.5％である。なお，

3.0％が事実婚の同居者がいる。

　学歴は，大学卒が32％，中等教育終了者で修了テスト合格が30.5％，不合格者が13.5％，13.5％が義務教育終了者，2.5％が義務教育を全うしていない。調査対象者の宗教は，88％がローマカトリック，9％が宗教をもたず，1.5％がギリシャカトリック，残りは多様である。

　表4-1と4-2から推察できるように，スロヴァキア出身者を調査対象者に選んだにもかかわらず，自分はスロヴァキア人以外の民族に属すると答えた者もいる。だが彼らも言語と文化についてはスロヴァキアにアイデンティティをもっているようにみえる。調査対象者のうち自分はスロヴァキア人であると答えた人の割合は83.5％，ハンガリー人と答えたのは15％，またルシン人，ロシア人などと答えた者もいる。

　調査対象者の55％は被雇用者であり，11％が自営業主であった。年金生活者の割合は22％と高く，6％が学生であった。出産休暇者と主婦が3.0％で，失業者は2.5％である。

(2) 社会的アイデンティティと価値意識

　ここでいう社会的アイデンティとは，家族，政党，民族などのさまざまな社会集団に自分がどの程度親近感をもっているか，あるいはつながりの強さを感じているかということであり，それはいつも一定しているとはかぎらない〔参考文献5〕。表4-3は，その回答結果を指標化したものである。

　もろもろの社会的対象のなかで，もっとも高いアイデンティティの数値を示すのは「家族」である。スロヴァキア共和国でなされた同様の調査でも家族はやはり一番にくる。二番目以降は「居住地」，「民族」と続くが，四番目に「ハンガリー国家の市民」としての自覚が登場する。調査対象者の居住地としての村とスロヴァキア民族へのアイデンティティは高い数値を示すが，もしスロヴァキアに住むハンガリーマイノリティに同様の調査（アイデンティティの選好）をすれば似たような結果がでることは疑いない。われわれは同様のアンケート調査をウクライナ，ルーマニア，ヴォイヴォディナに住むスロヴァキア

表 4-3 アイデンティティ（親近感）の選好順位

アイデンティティ（親近感）の対象	Index*
家　　族	0.98
居 住 地	0.87
民　　族	0.83
国　　家（ハンガリー）	0.80
世　　代	0.79
職　　業	0.76
宗　　教	0.74
地　　域	0.74
学　　友	0.64
ヨーロッパ	0.61
職　　場	0.58
市民世界	0.42
政　　党	0.34

＊ 5段階評価で，最高点(5)を1.00，最低点(1)を0.00としたときの平均数値。

マイノリティたいしておこなってきたが，農山村に住む彼らのアイデンティティ選好は，どこでも家族＋居住地(村)＋民族＋国家の四つが高い数値を示すのではないだろうか。重要なことは他国に住むスロヴァキア人にとって民族へのアイデンティティは居住地(村)や集落へのアイデンティティと切り離せない点である。またこのアイデンティティ（親近感）選好調査で低い選択となったヨーロッパ，世界市民，政党および職場は他の場所の調査でも同様の結果になろう。

　つぎに価値意識についてみてみよう。表4-4は，それぞれ用意された項目ごとに回答者がどの程度大切だとおもうかを指標化したものである。

　回答者がもっとも大切に感じるのはここでも「家族」である。つぎにランクされるのが，自由，愛，正直，道徳である。仕事，法の尊重，自立などの項目も同様に高い評価が与えられている。他方，評価が相対的に低いのは，権威の尊重，宗教，従順および富と権力である。宗教が相対的に低い価値しか与えられていないのは興味深い。

表 4-4 価値選好表

価値選好対象	Index*
家　　族	0.98
自　　由	0.94
愛	0.94
正　　直	0.94
道　　徳	0.93
仕　　事	0.91
法の尊重	0.90
自　　立	0.89
精神的資質	0.88
名　　声	0.87
才能への信頼	0.87
教　　育	0.87
寛容と忍耐	0.86
民　　族	0.86
伝　　統	0.85
公　　平	0.85
社会的正義	0.85
連　　帯	0.84
集 合 性	0.82
権威をもつこと	0.81
金　　銭	0.79
社会的地位	0.77
事業精神	0.76
権威の尊重	0.76
宗　　教	0.75
従　　順	0.71
富　　裕	0.68
権　　力	0.61

＊5段階評価で，最高点(5)を1.00，最低点(1)を0.00としたときの平均数値。

(3) 居住地アイデンティティ

　居住地への集合的なセルフアイデンティティの強さは，居住地や集落を統合していくうえできわめて重要なファクターである。と同時にそれは住民生活が自分たちの集落への絆と深くつながっていることを暗示する。また，居住地アイデンティティが強ければ，他の場所への移動や移住する気持ちが弱いということも意味する〔参考文献5〕。地域の居住地へアイデンティティをもつ人の割合は，回答者の96%に達する。彼らは村の本当の市民であると感じている。調査対象者の村へのアイデンティティがどのような要因と結びついているかを示せば（表には掲載しないが），①自分の生地であること（0.86），②家族親族との結びつき（0.69），③家屋や庭の所有（0.53），④地域と環境への情感（0.51），⑤民族的アイデンティティ（0.35），⑥仕事や同僚との結びつき（0.22）という順位になる（6段階評価で，最高点(6)を1.00，最低点(1)を0.00としたときの平均数値）。

　また居住地への愛着は，そこに住んでいる期間の長さに比例するであろう。調査対象者の90%は20年以上も同じ村に住み続けてきた。60%は30年以上におよぶ。新住民が村に住みたくても，住む家屋は手に入らない。この意味で村は外部に閉鎖されているといえる。ちなみに10年から19年のあいだ住み続けている人は8%，居住期間が5年未満はわずか1%に過ぎない。

　村への愛着の強さは，村での生活の満足度，家族生活の便宜，さらには所有する家屋などの資産意識とつながっている。そして多くの人々(83%)が移動の経験のないまま村に定着している。村での生活に満足していない者は，2.5%に過ぎない。また村からの移住を考えている人々は4.5%である。移住の動機は住宅問題と家族や村人との人間関係である。彼らは他に選択肢をもたないからそこに住んでいるだけであり，もしよい機会があれば出ていきたいと考えている。村への定着意識と村へのアイデンティティの強さは深くつながっている〔参考文献6〕。

　回答者の大多数は，子供や子孫にとっても村は魅力的なはずだと考えてい

る。約70％がそう思っている。村での未来の生活に魅力を感じないのはわずか9％である。21.5％は意見を寄せていない。村の生活の満足感に影響があるのは，家族や親族がその村にいるかどうかである。指標化された数値は0.89を示す（5段階評価で5＝1.0で換算）。

(4) 村人の仕事と居住条件

調査対象者の約3分の2が経済活動人口であり，全体の55.5％が賃金労働者であり，11.0％が自営業者である。賃金労働者の約半数が正規雇用者であり，中級管理職は12.3％，上級管理職は9.2％である。

自営業のうち半数は単独で商業を営んでいるか，あるいは家族とともに事業を営んでいる。残りの半分は雇用者を抱える。10人以下の雇用者を抱える者がその6割，10－24名および25－99名がそれぞれ2割である。

産業別にみると，経済活動人口の52.2％がサービスセクターで働き，製造・建設が15％，農業が3％である。サービス業の52.2％の内訳は，教育・文化に携わるもの33.3％，商業や修理業関連が11％，健康・社会サービスが7％である。

村の公的生活にかかわるさまざまな事柄にかんする評価を指標化したものが表4-5 である。

評価の高いのが住宅条件であり，つぎに水道，ガスなどの生活インフラ，村の景観や公共施設や用地，役所や公共施設の仕事の質と続く。もっとも評価の低いのは公共交通であり，雇用機会および社会・文化生活がそれに続く。

(5) 民族意識と民族間の交流

表4-6 は，アンケート調査対象者の自分が属する民族の自覚と母国語にかんする回答を数値化したものである。

回答者のうち83.5％は「自分はスロヴァキア人」だと答えているのに，スロヴァキア語が母国語だと答えている人の割合は，わずか39.5％である。他方「自分はハンガリー人」だと答えている人はわずか15％なのに，ハンガリー語

表 4-5 村の生活条件にかんする評価

生 活 条 件	Index*
住　　宅	0.83
ライフライン（水道やガスなど）	0.71
村の景観，公共施設や公共地のメインテナンス	0.70
地方自治体や公的制度の仕事の質	0.70
市民の共生と人間関係の質	0.65
行政機構との関係	0.64
商業やサービス施設	0.63
自治体の保健や社会サービス	0.61
学校教育	0.60
市民の生命と財産の安全	0.58
村の社会・文化生活	0.54
近隣での雇用機会	0.52
公共交通	0.46

＊5段階評価で，最高点(5)を1.00，最低点(1)を0.00としたときの平均数値。

表 4-6　民族の自覚とスロヴァキア語の使用　　　　(％)

民　　族	回答者の割合	母国語として利用	回答者の割合
スロヴァキア人	83.5	スロヴァキア語	39.5
ハンガリー人	15.0	ハンガリー語	59.5
ルシン人	0.5	ルシン語	0.5
ロシア人	0.5	ロシア語	0.5
その他	0.5	その他の言語	0

を母国語だとする人の割合は59.5％と約6割に達する。スロヴァキア人の言葉のハンガリーへの同化が進んでいる。年齢や世代による差異も大きい。若いスロヴァキア人は親や祖父母とはスロヴァキア語で話すが，同世代同士あるいは子供とはハンガリー語で話す。二つの民族間の婚姻のケースはハンガリー語が愛を交わす言葉になる。役場などの公的場でもハンガリー語が話される。こう

してスロヴァキア人の若い世代にとってスロヴァキア語は徐々に母国語の地位から遠ざかる。だがこれはヴォイヴォディナやルーマニアのスロヴァキア人マイノリティには必ずしもあてはまるとはいえない。

では,調査対象者が自分の母国語も含めて,他民族の言語をどの程度理解し,使っているのであろうか。表には掲載しないが,回答結果はつぎのようになる。

調査対象者のうち83％が自分はスロヴァキア人だと答えているが,対象者全員がハンガリー語を理解する。ロシア語とルシン語を理解する人は自分がロシア人とルシン人であると答えた人の割合と正しく符号する。チェコ語の理解者もいるが,彼らはおそらくモラヴィアからの移民の子孫であろう。

表4-7 は,調査対象者の父母および義理の父母の所属民族を尋ねた結果である。スロヴァキア人は母系の民族的つながりが強く,逆にハンガリー人は父系のつながりが強いといえる。

表4-8 は調査対象者の配偶者と子供の所属民族を尋ねた結果である。スロヴァキア人とハンガリー人の間の婚姻が進んでいる。それは同時にスロヴァキア人のハンガリー人への同化である。より端的にはそれは子供のハンガリー化にあらわれている。

表 4-7 父母の所属する民族と民族意識　　　　(％)

回答者の民族意識	スロヴァキア人	ハンガリー人	ルシン人	ロマ	ロシア人	セルビア人	その他
	83.5	15.0	0.5	−	0.5	−	0.5
母	86.0	9.0	4.0	−	0.5	−	0.5
父	74.5	22.5	1.0	−	0.5	0.5	1.0
義母	62.5	35.0	−	0.5	0.6	−	1.3
義父	56.3	40.0	−	0.5	0.6	−	2.5

表 4-8　配偶者および子供の民族　　　　　　　　(%)

回答者の民族意識	スロヴァキア人	ハンガリー人	ルシン人	ロマ	ロシア人	セルビア人	その他
	83.5	15.0	0.5	—	0.5	—	0.5
配偶者	60.5	37.0	4.0	0.6	0.6	—	1.2
子供たち	58.2	41.8	—	—	—	—	—

(6) 他民族の受容

　この意識調査では，他の民族を，家族のメンバーとして，職場の同僚として，隣人として受容するかどうかについての設問がある。調査対象者が住む村の人口構成は，ハンガリー人68％，スロヴァキア人31％である。回答結果をみると，調査対象者のうちスロヴァキア民族の自覚があるのは83％であるのにもかかわらず，すべての設問でもっとも受容される割合の高い民族はハンガリー人である。そのつぎに受容されるのはスロヴァキア人とチェコ人であり，彼らはトップのハンガリー人とあまり差がない。つぎに受容される民族はオーストリーやドイツなどの西ヨーロッパおよびポーランド人である。他方すべての設問で押しなべて受容度が低いのは，まずロマであり，ついでアラブの人々とアジア人が続き，ルーマニア人もアジア人と変わらない程度に拒否される。ルーマニア人はロマとユダヤ人と並んで伝統的にマスメディアによって否定的なイメージが作り上げられてきた。設問別では，拒絶される割合が高いのは家族のメンバーとしてであり，つぎに隣人となり，職場では受容される割合が相対的に高い。

　質問表にはもうひとつ民族差別にかんする項目がある。それは調査対象者自身が，結婚，就職，昇進，教育機会，公共機関との接触，文化活動などで民族差別を体験したかあるいは他民族への差別を目撃したかという設問である。ほとんどすべての機会で民族差別を体験したり，目撃したりしたことがないという回答が90％を超え，就職を除けば押しなべて95％を超える。就職のばあいの

差別例は10件である。差別を受けていた民族はロマが圧倒的に多く，すべてのケース42ケースのうち24ケースにのぼる。他の民族はスロヴァキア人，ユダヤ人，ハンガリー人，ウクライナ人などであるが，それぞれ数は少ない。

4. 結びにかえて

　以上北ハンガリーに住むスロヴァキア人マイノリティの生活にかんするケーススタディと意識調査結果について述べてきたが，最後にいくつか重要なことをまとめておきたい。ハンガリーに住むスロヴァキア人マイノリティのエスニック・アイデンティティは自分たちがまとまって住む集落すなわち居住地アイデンティティと密接に重なっており，また居住地アイデンティティの強さは，集落に共生する家族や親族との日々のコミュニケーションや助け合いに支えられていることである。もしスロヴァキア人が家族や個人として散在していれば，居住地アイデンティティは違ったかたちをとり，それをとおしてエスニック・アイデンティティが育まれる情景は見出せなかったに違いない。

　しかしそれでも，ハンガリーでは他の国に離散して生活するスロヴァキア人マイノリティとくらべるとマジョリティつまりハンガリーへの同化が確実に進んでいる。調査員の一人であったスロヴァキアの社会学者は，スロヴァキア人でありながらスロヴァキア語を忘れ，会話が十分にできない人々がいることに驚きかつ落胆していた。スロヴァキア語は，ハンガリーでは学校教育や教会で自然に身につけるのではなく，古い世代との日常会話から習得せざるを得ない事情がある。その上，村での生活にはハンガリー語が必需品であることをおもえばある意味で止むを得ないことかもしれない。さらに異なる民族間の通婚も進み，その子供たちはハンガリー人になることも同化を進める一因であろう。

参 考 文 献

1. *Štatistická ročenka Slovenskej Republiky*「スロヴァキア共和国統計年鑑」2003, p. 632 – Medzinárodné prehl'ady (*Statistical yearbook of Slovak Republic,*

p. 632 -*International overview*).
2. *L'udové noviny-Týždenník Slovákov v Maďarsku*「スロヴァキア人新聞-ハンガリーにおけるスロヴァキア人週間報」August 2002.
3. Gregor Papuček : *Mlynky a okolie*「ミリンキと周辺」(I. diel), Vydala samospráva obce Mlynky v septembri 2000- Zodpovedný-Starosta Jozef Havelka.
4. *Atlas ľudovej kultúry Slovákov v Maďarsku*「ハンガリーにおけるスロヴァキア人の民俗文化地図」(Stav súčasnej existencie a poznania) Hl. red. Anna Divičanová, Békešská Čaba ; Bratislava ; Slovenský výskumný ústav ; Ústav etnológie 1996. p. 125.
5. Marková : *Human awareness : Its social development*「人間的自覚-その社会的展開」Utcinson, Londýn 1987 p. 273 In : Plichtová : Konštrukcia identity a otázka relevantnosti experimentálnej sociálnej psychológie. In : V. Bačová, Z. Kusá /Eds./ Identity v meniacej sa spoločnosti. Spoločenskovedný ústav SAV Košice 1997.
6. Viď napr. (See e.g. also) : Ing. Zdenek Šťastný CSc : *Teritoriálna sociálna identita na lokálnej úrovni-vzorce sociálnej identity u národnostných menšín Slovenska*.「ローカルレベルにおける地域社会アイデンティティ-スロヴァキアにおける社会的アイデンティティのパターン」, Sociologický ústav SAV Bratislava, Japan-*Slovak Symposium : "Logic and Practice of Multi-Ethnic Co-existence of Different Ethnicities in Slovakia and Surroundings"* Tokyo Japan 27-28. 01.2003, publikované v zborníku sympózia: *"Štruktúra a zmeny identity občanov v multi-etnickom prostredí, na príklade Východnej Európy"*「東部ヨーロッパを例にした複数エスニックグループ共生地における人々の居住地アイデンティティとその構造」pp. 30-31.

Zdenek Šťastný : *Verejná správa a identifikácia občana s obcou-vzťahový rámec problémov*.「公共行政と市民の自治体へのアイデンティティー」, In : Teória a prax verejnej správy. Zborník Ed. : Ladislav Lovaš pp. 288-289.

Zdenek Šťastný CSc : *Ekonomické determinanty lokálnej identity ako kolektívnej sebaidentifikácie s priestorom a jej regionálny aspekt*.「居住地への集合的セルフアイデンティティの経済的決定因子」In : Podkladová štúdia : Analýza dopadov systémových zmien na regionálne disponibility. SÚ SAV Bratislava 2003).

第 5 章
ヴォイヴォヂナのスロヴァキア人

佐 藤 雪 野

1. ヴォイヴォヂナの概容

　以下に使われるデータと情報は，2002年にヴォイヴォヂナのスロヴァキア人集落を訪問した際のケーススタディから得たものである。

　本章で扱われるヴォイヴォヂナは，調査当時は，ユーゴスラヴィア（社会主義政権崩壊後，諸共和国が独立した後の「新ユーゴスラヴィア」）の一部であったが，その後「セルビア・モンテネグロ」を経て，2006年6月からはセルビアの一部となっている。まずその経緯を簡単に概観しておこう。

　旧ユーゴスラヴィアから，諸共和国が独立宣言した後，残存したセルビアとモンテネグロは，1992年4月27日，ユーゴスラヴィア連邦共和国（新ユーゴスラヴィア）を宣言した。その後，ミロシェヴィッチ大統領のもと，「大セルビア主義」的な強権政治がおこなわれ，アルバニア人の多く住むコソヴォ州へのセルビア軍の侵攻は，NATOの介入を招く国際問題となった。その後，ミロシェヴィッチは失脚し，連邦を構成するモンテネグロが独立の動きをみせはじめた。2002年3月14日，EUの仲介もあって，新ユーゴスラヴィアを，セルビアとモンテネグロから成る緩やかな連合国家（state union）の「セルビア・モンテネグロ」に再編する合意がなされた。2002年4月9日，この合意は，セルビアおよびモンテネグロの各共和国議会で承認され，5月31日には連邦議会でも承認された。新憲法案を起草する憲法委員会の審議は遅れ，12月6日になって

ようやく，正式に新憲法(憲法的憲章)案を採択した。2003年1月16日，憲法委員会は憲法施行法案を採択し，1月27日，セルビア共和国議会で，1月29日，モンテネグロ共和国議会で，それぞれ新憲法案および憲法施行法案が採択された。2月4日，両法案は連邦議会で，正式に採択，公布された。これにより，「ユーゴスラビア連邦共和国」の国名から，「セルビア・モンテネグロ」という国名に変更された。その後も，モンテネグロの独立の気運はやまず，2006年5月21日の住民投票の結果は，55.5％が独立賛成となり，6月3日の独立宣言にいたった。

ヴォイヴォヂナは，旧ユーゴスラヴィア時代から，コソヴォとならんでセルビア内の自治州という地位を占めている。バーチカ（Bačka），スリエム（Sriem），バナート（Banát）の3地方にわかれる。面積は2万1,506km^2，州都はノヴィ・サド（Novi Sad）である。45自治体と7郡がある（2003年現在）。

2001年の国勢調査の結果によれば，ヴォイヴォヂナの人口は201万3,889人，その内セルビア人が114万3,723人，ハンガリー人が33万9,491人，クロアチア人が7万4,808人，スロヴァキア人が6万3,545人，モンテネグロ人が4万4,838人，ルーマニア人が3万8,809人，ロマが2万4,366人，ルシン人が1万7,652人，マケドニア人が1万7,472人で，そのほか，ウクライナ人，アルバニア人，スロヴェニア人など，26の民族が住んでいる。また，17万4,225人が自分の民族をユーゴスラヴィア人と答えている。

ヴォイヴォヂナで公用語として認められているのは，セルビア語，ハンガリー語，スロヴァキア語，ルーマニア語，ルシン語，クロアチア語である。

歴史的にみると，第一次世界大戦前には，ヴォイヴォヂナはオーストリア＝ハンガリー帝国に含まれており，ハンガリー人人口やクロアチア人人口が多いのは，そのためである。当時ヴォイヴォヂナ西部はスラヴォニアに属しており，第一次世界大戦後，ユーゴスラヴィア（初めは「セルビア人・クロアチア人・スロヴェニア人王国」）が独立した後も，ヴォイヴォヂナの一部は行政区分上クロアチアのもとにあった。第二次世界大戦期もヴォイヴォヂナは分割統治され，現在のヴォイヴォヂナという地域区分が確定したのは，第二次世界大戦後

のことである。このような歴史的経緯から，ヴォイヴォヂナの帰属には，クロアチアも強い関心をもっていた。

2. インタビュー記録

(1) 2001年9月10日：ノヴィ・サド大学教授ティール（Týr, Michal）氏より聞き取り

ノヴィ・サドにおいては，セルビア語，ハンガリー語，スロヴァキア語，ルシン語，ルーマニア語，ロマ語の諸言語によるラジオ放送がある。ノヴィ・サド大学では，英語，ドイツ語，フランス語，ロシア語，スペイン語，イタリア語などの「世界的言語」のほか，スロヴァキア語，ルシン語，ハンガリー語などのヴォイヴォディナに話し手のいる言語も，専門分野として学ぶことができる。

(2) 2001年9月11日：ノヴィ・サド，ヴォイヴォヂナ州政府での聞き取り

① 執行委員会副委員長ラドサヴリェヴィッチ（Radosavljević, Duško）氏

セルビア共和国レベルで，オムニバス法が制定され，ヴォイヴォヂナの自治と多文化主義的コミュニティ作りが定められた。その多文化主義的コミュニティ形成のために，240のプロジェクトがあり，5億5,000万ドルの費用が充てられている。その費用は，EU，アメリカ合衆国，カナダ，日本などから援助されており，コヴァーチ大統領のヴォイヴォヂナ訪問があったスロヴァキアも援助している。ヴォイヴォヂナの多文化性は強固なもので，それはセルビア主義的なミロシェヴィッチ政権を経ても，変化しなかった。ヴォイヴォヂナには寛容の精神が生き続けている。大学の各学部でも母語で入試が受けられるようになることが目標とされている。

多文化共生の実例として，カトリックと正教の二度の祝祭を祝う家庭もある。民族間結婚も一時期減少したが，再び増えつつある。多文化性や寛容の維

持には，国際社会の援助も必要である。

　ヴォイヴォヂナのスロヴァキア人には，同化の危険はないが，より数の少ないルシン人などは，同化の危機にさらされている。

　かつてのスロヴァキアの法務大臣チャルノグルスキーがヴォイヴォヂナを訪問した際，スロヴァキア人への援助を依頼した。援助には，金銭的なものばかりでなく，学生の交換留学や，教科書・新聞等の実物援助も含まれた。1990年代になって，多文化性の維持のためには，費用がかかるようになっている。また，チャルノグルスキーにたいして，ヴォイヴォヂナ側から，ヴォイヴォヂナのスロヴァキア人学生がヴォイヴォヂナで修学するための奨学金を出して欲しいという要請をした。ヴォイヴォヂナのスロヴァキア人学生が，スロヴァキアで修学すると，そのままスロヴァキアに留まってしまうことがあるからである。

　コヴァーチ大統領の訪問の際には，50万マルクの予算で，民族公園が作られることも決定された。スロヴァキア人は勤勉な民族性で知られている。

　あたらしい少数民族保護法が準備されており，それによれば，各民族が民族議会をもつことができる。少数民族の人口基準については，法に規定はない。ルシン人，スロヴァキア人，ハンガリー人，ルーマニア人などが対象となり，ロマもその対象となる可能性があるが，民族として組織化されていないことが問題である。クロアチア人は，旧ユーゴスラヴィア時代には，少数民族とはみなされなかった。

　ヴォイヴォヂナの少数民族保護の水準は，以前から高かったが，その維持には，国際的な支持が必要である。州自体も，完全な自治獲得を目指している。

　ヴォイヴォヂナ州の執行委員会は，21人から成り，大多数はセルビア人だが，3人のハンガリー人，1人のルシン人が参加している。議会は120議席中，セルビア人が70議席，ハンガリー人が18議席，スロヴァキア人とクロアチア人が各2議席，ルシン人とモンテネグロ人が各1議席を占めている。選挙区は人口比によって定められており，民族別のものではないので，住民のほとんどがスロヴァキア人であるペトロヴェツでも，セルビア人が選出されている。

議席をもっているのは17政党あるが，スロヴァキア人は民族政党を形成していない。

失業率は35％で，全ユーゴスラヴィアでは，200万人の失業者がいる。また，多くの難民を受け入れている。

② 統計的情報

1991年の国勢調査後，劇的な変化があったが，その後，調査がまだおこなわれていない。

人口については，前出のとおりの説明であったが，人口の57％を占める多数民族のセルビア人のほか，ハンガリー人，クロアチア人，スロヴァキア人（人口の3.2％），モンテネグロ人，ルーマニア人，ルシン人が民族的少数派，ロマ，アルバニア人，スロヴェニア人，ブルガリア人，マケドニア人，ウクライナ人，チェコ人などがエスニック・グループに分類される。

スロヴァキア人が住んでいるのは，45自治体で，そのうち31自治体では，人口の１％以下を占めるにすぎない。しかし，ペトロヴェツでは70.8％，コヴァチツェでは40.8％，バーチでは21％，スタラー・パゾヴァでは12％，バーチスカ・パランカでは11％を占めている。

ヴォイヴォヂナのスロヴァキア人は，50％以上がバーチカ地方に，31％がバナート地方に，18％がスレム地方に居住している。

スロヴァキア系の中等教育機関は，ペトロヴェツのギムナージウムのほか，コヴァチツェにも存在する。高等教育にかんしては，ペトロヴェツに４年制の教育学部（教員養成学部）があり，21人の学生が学んでいる。

ペトロヴェツには，スロヴァキア系出版社が２社あり，毎年10タイトルほどの新刊書を出版している。また，文化誌『ノヴィー・ジヴォト（Nový Život）』，家族誌『ロヴィナ（Rovina）』が発行され，後者は2001年で刊行８年目になる。ノヴィ・サドでは，週刊誌『フラス・リュドゥ（Hlas l'udu）』が発行されている。

スロヴァキア語のラジオ放送もあり，民間テレビ放送局は，毎日スロヴァキ

ア語の番組を放映している。また，セミプロの劇団が3劇団ある。スロヴァキアの民族祭，音楽祭，子供の祭りが開催されている。

また，プロテスタント(福音ルター派)教会の教区が20ある。

教科書は国定教科書で，セルビア語から翻訳されている。セルビア政府が教科書の輸入を禁じたため，中等教育における教科書が問題になっている。1990年代に，教育の中央集権化が進み，多民族性・多文化性を利点ととらえない傾向にあった。当時は，校長はすべて，ベオグラードの文部大臣が任命し，少数民族語を教授語としている学校にその言葉を理解しない校長が赴任した例もあった。その後，学校は，自治体の専管事項となった。現在，基礎学校の1年生から4年生までにかんしては，教員の問題はないが，5年生から8年生までにたいして科目別に少数民族語で教える教員が不足している。したがって，これらの専門科目はセルビア語が教授語となっている。各学校には民族別の教員を揃える義務があるが，実現できていない。

(3) 2001年9月11日：ノヴィ・サド，スロヴァキア福音派教会での聞き取り，オプシュト（Opšt）主教，ヴァレント（Valent）主教

ラジオには，福音派の時間がある。255年前，反宗教改革の時代に，プロテスタント信者がヴォイヴォディナに移住してきた。宗教上の自由と社会的生活の向上が移住の理由である。

200から300の宗教グループが存在し，プロテスタント教会は，スロヴァキア人の民族性維持の拠り所となっている。信者のうち，教会に通っているのは10％位で，小さい教会では15－25％が通っている。牧師がいない教会が18か19存在する。13人の神学生がスロヴァキアで学んでいる。

スロヴァキア人のうち，福音派プロテスタントが約5万5,000人，カトリックが約3,000人で，そのほか，バプティストや無神論者がいる。スロヴァキア福音派教会は，他の民族にも開かれている。

ヴォイヴォディナの教会勢力は，大きい順に，セルビア正教，カトリック，イスラム教，スロヴァキア福音派，ギリシャカトリック，ユダヤ教，その他のプ

ロテスタント（バプティスト，メソジストなど）である。

　第二次世界大戦までは，20万人のドイツ人がおり，そのうち10万人がルター派の信者であった。戦後のドイツ人の追放により，その数は減った。マジャール人には，プロテスタントが少ないが，彼らはドイツ系教会に通っていた。

　民族間結婚のばあい，結婚後も本人は元の宗教に残る。プロテスタント，正教，カトリック教会は相互に承認しあっている。民族間結婚の子供は，自分をユーゴスラヴィア人とみなすばあいが多い。

　ハンガリー人とスロヴァキア人の通婚は，1000年ものあいだ共存していたのにもかかわらず，困難である。なぜなら，ハンガリー人はセルビア人とくらべて，支配的になりやすいからである。セルビア人とスロヴァキア人の関係は良好である。

　スロヴァキア人は，農業に従事しており，1960年代，70年代の「緑計画」の時期には豊かであった。その後，80年代以降，農業危機や民族的危機，ショーヴィニズムが問題になったが，それでも概してスロヴァキア人の経済状況はよい。

　このスロヴァキア教会は独立して80周年を迎える。

(4) 2001年9月11日：スタラー・パゾヴァ（Stara Pazova），ヤンコ・チュメリク基礎学校[1]（Zakladná škola hrdinu Janka Čmelika）での聞き取り

① 校　　長

　スタラー・パゾヴァは，ノヴィ・サドとベオグラードを結ぶ街道上にあり，ノヴィ・サドから41km，ベオグラードから31km 離れている。

　この基礎学校には，1年生から8年生まで18クラス，365人の生徒が通っている。1クラスには，16人から26人の生徒が属している。1年生は，17人ずつの3クラス，5年生も3クラスで，他は2クラスずつである。

　教授語はスロヴァキア語で，英語，ドイツ語，セルビア語が，科目として教えられている。専門科目の教員は，高度な専門的教育を受けている。

② トポイスカー（Topojská, Katerina）教諭（スロヴァキア語担当）による学校史等の説明

ヤンコ・チュメリク基礎学校の創立は，第二次世界大戦後のことである。1770年代にスロヴァキア人がスタラー・パゾヴァに移住してきたとき，セルビア教会学校はすでに存在していた。基礎学校ができる前には，スロヴァキアの人民学校（ľudová škola）が存在した。

生徒数は，1970年代には1,000人ほどであったが，今日では365人と激減している。セルビア人の教員がスロヴァキア人を教えることは，住民には不評である。また，スロヴァキア人の300家族は，子供をセルビア系の学校に通わせている。民族間結婚の家庭では，子供の学校は，その家族によって選択される。以上の原因により，生徒数が減少しているほか，一般的な少子化の影響も受けている。

卒業後の中等教育機関としては，スタラー・パゾヴァに経済高校，技術高校など3校がある。3校とも，週2時間，母語としてのスロヴァキア語を教える授業がある。この基礎学校の卒業生の90％が市内の中等教育機関に進学し，残りは，他の分野の専門高校に進学する。

20年前には，ギムナージウムも，基礎学校の建物に同居していた。現在も3校の高校が同じ建物を共有しており，授業は交替におこなわれている。したがって，教育環境はよいとはいえない。

スロヴァキアへの留学で専門家が養成されれば，将来の潜在力となるであろう。ノヴィ・サドやベオグラードの言語学部でも，スロヴァキア語を専攻できる。スロヴァキア語の育成が文化の維持にとって重要である。

スタラー・パゾヴァでは，1975年から雑誌『アウロラ（Aurora）』が発行されている。99部は集書家用限定版である。基礎学校生徒用の雑誌『オアザ（Oaza）』は，NATOによる空爆前に2号が発行された。

ノヴィ・サドで発行されている『ヴズレット（Vzlet）』は2001年が発行32年目にあたり，1部15ディナール（セルビアの通貨単位），『フラス・リュドゥ』は

発行58年目で，1部14ディナールである。

　学校のスロヴァキア語のカリキュラムでは，詩や現実に話されているスロヴァキア語が重視されている。週あたり4時間の授業がある。

　1992-2000年にスタラー・パゾヴァのスロヴァキア人の20家族が国外へ移住した。大多数はスロヴァキアへ移住したが，カナダやニュージーランド，オーストラリアへ移住した家族もある。

　高校では，教授語はセルビア語だが，スロヴァキア語の授業はダイレクト・メソッドによりおこなわれている。

　7,500人のスロヴァキア人がスタラー・パゾヴァにいるが，家族の平均人数は3.5人なので，大体2,000家族いることになる。

　民族間結婚は多いが，そのばあい，家庭内の言語では，妻の母語が優勢な傾向にある。

　スタラー・パゾヴァでは，スロヴァキア人人口が多かったが，難民の引き受けなどにより，現在はセルビア人とスロヴァキア人の比率はほぼ等しく，そのほか，マケドニア人，ハンガリー人，クロアチア人，モンテネグロ人，チェコ人などがいる。スタラー・パゾヴァ市の人口は約2万人，郡全体では約3万人いる。

　郡に難民として流入したのは1万5,000人に及ぶ。難民と先住の人々との関係は必ずしもよいものではない。これは，民族問題ではなく，難民のセルビア人と先住のセルビア人もよい関係をもっているわけではない。難民が最新型の自動車でやってきたり，毛皮のコートを着て人道的援助物資をもらっていたりするので，住民の妬みをかっている。住民は，40年近く待っても家が手に入らないのに，難民が1，2年で手に入れることも嫉妬の対象になる。

　スタラー・パゾヴァにはユダヤ人は少ないが，ロマは約100家族いる。ロマはセルビア系学校に通っている。経済状態は両極端で，非常に金持ちか非常に貧しい。

　スロヴァキア系とセルビア系の二つの基礎学校は，互いに協力し，子供の交流や共同の遠足などをおこなっている。

保育園では，保母は両方の言語を用いている。幼稚園の混合クラスでは，教諭はバイリンガルである。

スタラー・パゾヴァのラジオ局では，スロヴァキア語の放送がなされている。この町では，自営業者の数がもっとも多く，工芸が盛んである。

スロヴァキア人は，福音派プロテスタントの信者である。

③　牧　　師

ペトロヴェツに主教区本部がおかれている。スタラー・パゾヴァには，1991年の国勢調査で，6,901人のスロヴァキア人がいた。また，ユーゴスラヴィア人と申告した1,660人のうち，半分は本来スロヴァキア人と考えられる。

牧師はブラチスラヴァの神学部やドイツで勉強した人が多い。5,500人の信者のうち，日曜日の午前の礼拝に200－300人，昼の礼拝に100人ほどが参加している。火曜日から金曜日の早朝礼拝には30－50人が参加し，約100人が聖書学校に出席している。教会は国家から独立している。

スタラー・パゾヴァとノヴァー・パゾヴァで，2000年に108件の葬儀と47件の洗礼があった。したがって，人口は減少傾向にある。

料理，フォークロア，民族衣装，歌などは，1000年にのぼるハンガリーとの結びつきにより，混合したものになっている。

スタラー・パゾヴァ市長のティシュマン (Tyšman) はセルビア人だが，助役はスロヴァキア人女性で，市の執行委員会議長もスロヴァキア人である。クリスマスイブには他宗派の教会との相互訪問も実施している。

スタラー・パゾヴァの人口の44％が難民である。

31の自治体が，主教区に属しているが，スタラー・パゾヴァは他の自治体より豊かである。

④　放送局の職員ヴェレシュ (Vereš, Katarina) 氏

民主党がヴォイヴォジナ最強の政党で，連立与党に参加している。スタラー・パゾヴァ郡の執行委員会には3人のスロヴァキア人が加わっている。ス

ロヴァキア人の中にはユーゴスラヴィアとスロヴァキアの二重国籍をもっている人もいる。スロヴァキア人とセルビア人のあいだには，暴力的事件はない。

スロヴァキア人は，肥沃な土地をもち，農業により豊かである。小さな自営業はベオグラードではじまり，最初スロヴァキア人は雇われていたが，しだいにスロヴァキア人自身が営業するようになった。商工業に従事しているセルビア人は豊かである。

⑤　基礎学校の教員

スタラー・パゾヴァは，ノヴィ・サドやベオグラードに近いという地理的利点から，豊かな文化生活が送られている。

(5)　2001年9月13日：バーチスキ・ペトロヴェツ (Bačsky Petrovec)，ユーゴスラヴィア・マティツァ・スロヴェンスカー (Matica slovenská v Juhoslavii : MSJ)[2] 会長スロヴィー (Surový, Rastislav) 氏より聞き取り

1932年，ギムナージウムの校舎内に設立された。第二次世界大戦中に活動を中止した。活動が再開されたのは1990年のことである。

28の自治体に支部があり，バナート，バチカ，スレムの地方別の組織もある。

1991年の国勢調査で約6万5,000人いたスロヴァキア人は，2001年の国勢調査では約6万人に減少していると予想される。その理由は，出生率の低下と，若者の外国への流出である。主な流出先は，スロヴァキアである。

定款によれば，マティツァの目的は，ユーゴスラヴィアにおけるスロヴァキア人の民族的アイデンティティを維持することである。非政治的市民団体で，文化活動が中心であるが，政党と協力していないわけではなく，与党との関係もある。また，政府機関とも協力している。定款上，非スロヴァキア人も参加できるので，実際，セルビア人も参加しているが，ハンガリー人のメンバーはいない。

マティツァは，民主的なセルビアを実現するために，ヴォイヴォヂナの自治の復活，とくに教育上の少数民族の権利を回復するために努力してきた。

　スロヴァキアの文化省，教育省との関係も深く，中等教育をユーゴスラヴィアで修了した生徒が，スロヴァキアの大学に進学する例が多い。このばあい，スロヴァキア政府は奨学金を給付している。300人ほどの学生が，この奨学金を受けているが，大学卒業後，学生の多くがユーゴスラヴィアに帰国しないことが，大きな問題になっている。スロヴァキアの大学を卒業した学生は，ユーゴスラヴィアに帰国後，スロヴァキアの大学で得た資格をユーゴスラヴィアの資格に認定してもらわなければならない。その時，専門境域が歴史分野の資格の認定は問題になる。また，ユーゴスラヴィア全体の問題として，若年層の職場がないため，帰国しても就職できないことが多い。帰国者が少ないのはそのためである。

　ユーゴスラヴィア国民が，スロヴァキアにいくためには査証が必要だが，その発給についても，スロヴァキア外務省と協力関係にある。保険や宿泊の保証なしにも査証は発給される。

　国外スロヴァキア人として，スロヴァキアでの居住権は保証されており，滞在許可は1年ごとに更新しなければならないものの，滞在期間の上限はない。

　マティツァが再興された頃の物質的状況は厳しく，改善のためにユーゴスラヴィア内外のスロヴァキア人が募金活動をおこなった。NATOの空爆時は，募金活動は停止したが，その後，再開された。1992年に，現在の建物が購入され，2001年5月から8月にかけて改修され，8月5日から利用されている。

　2万マルク相当のアメリカ合衆国からの援助と，137万スロヴァキア・コルナのスロヴァキア文化省の資金により，建物1階の改修がおこなわれた。スロヴァキアのバーンスカー・ビストリツァの文化財研究所によって，スロヴァキアから輸入した材料を用いて，オリジナルの建物に復元するように改修された。

　50年間，紙の上にのみ存在してきたスロヴァキア民族博物館に利用する場所も用意されており，全ユーゴスラヴィアのスロヴァキア人の家となることを目

指している。さまざまなクラブ・組織がマティツァのもとで活動している。

同化の危険は感じており，子供の数が少ないために，1年生から4年生まではスロヴァキア語での教育が受けられても，5年生から8年生はセルビア語での教育になってしまうこともある。

マティツァは非宗教的団体であるが，教会との協力関係はある。

マティツァのメンバーは1万2,000人で，個人会員と，家族会員（15歳以上）がいる。活動しているのは，中高年層が中心で，若者は必要なときにしかやってこない。メンバーの学歴は高卒が中心である。ノヴィ・サドに住む2,000人のスロヴァキア人のうち，345人がメンバーになっているが，この人たちはインテリ層が中心である。

活動のための施設の手狭さ，財政的困難から，スロヴァキア人アイデンティティの保持に苦労している。

(6) 2001年9月13日：バーチスキ・ペトロヴェツ，ヤーン・コラール・ギムナージウム（Gzmnázium Jana Kollara）校長ボルドツカー（Boldocká, Viera）氏より聞き取り

スロヴァキアからジュリンダ首相の訪問を受けたこともある，このギムナージウムは，1919年，スロヴァキア国外で最初のスロヴァキア人ギムナージウムとして創立された。現在は，学寮もあり，全ユーゴスラヴィアの生徒を対象としている。現在，28の自治体からやってきた生徒が学んでいる。

基礎学校は1年生から4年生まで，あるいは1年生から8年生までスロヴァキア語による教育を受けることができ，それを高校レベルで継続している。学寮がなかった頃は，下宿して通学している生徒もいた。

1975年からは，並行学級として，スロヴァキア語とセルビア語の両方で教育している。それ以前は，セルビア人の生徒もスロヴァキア語での授業を受けていた。200年以上，この地で共生してきたセルビア人はスロヴァキア語も理解するが，ボスニア＝ヘルツェゴヴィナからの難民であるセルビア人はスロヴァキア語を理解しない。

スロヴァキア人はプロテスタントであるが，正教のセルビア人の方が，カトリックのハンガリー人より寛容なようである。

また，基礎学校だけでなく，高校レベルまでスロヴァキア語での教育を受けると，スロヴァキア人としてのアイデンティティが高まるようである。

今まで約3,180人の卒業生を送り出しているが，大学への進学率は高い。スロヴァキアの大学でもセルビアの大学でも問題なく進学している。スロヴァキアの大学に進学するときは，奨学金が受けられる。

現在400人の生徒が15クラスで学んでいる。3年生，4年生は，スロヴァキア語のクラスが3クラス，セルビア語のクラスが1クラスだが，2年生は，スロヴァキア語のクラスが2クラス，セルビア語のクラスが1クラスで，1年生はそれぞれ2クラスずつである。スロヴァキア語のクラスを生徒90人で3クラスにするのを目標としていたが，再募集の7人を加えても47人の生徒しか集まらず，2クラスしか成立しなかった。生徒の70％は女子である。

ノヴィ・サドから180人の生徒が通っており，彼らはバス通学しているが，遠方からの生徒は学寮に入っている。学寮の定員は75人だが，実際は88人が入居している。22の自治体出身の生徒である。寮費は食費込みで月額800ディナールで，費用の40％は，セルビア共和国の予算から充当されている。

教員は36人で，うち34人がスロヴァキア人である。教員はスロヴァキア語とセルビア語で教えている。したがってスロヴァキア人の教員がセルビア人生徒にセルビア語を教えることもある。2人のセルビア人教員はラテン語とドイツ語の教員である。

このギムナージウムは情報学に定評があり，二つの情報学教室に70台のパソコンを設置している。

カリキュラムはセルビア系の学校と同じで，教科書は，全部セルビア語から翻訳されたものを使っている。スロヴァキア語クラスのばあい，スロヴァキア語が週4時間，セルビア語が週2時間ある。

課外活動では，1921年から存在する文学クラブ，写真，生物，情報，歴史，天文学サークルなど各教科に対応したサークルがあり，体育館や運動場を利用

してのバレーボール（伝統的），バスケットボール，サッカー，体操，陸上競技もおこなわれている。また，フォークロア・アンサンブルやオーケストラ，合唱団，ポピュラー音楽などの活動もある。

ギムナージウムに並行して大学の教育学部（教員養成学部）も設置されており，スロヴァキア人の教員養成をおこなっている。毎年10人の学生が国費で勉強でき，5人は私費で勉強できる。現在は7人の学生が勉強している。ソンボル Sombor の教育学部（教員養成学部）にもスロヴァキア教員部門がある。

第二次世界大戦前までは，ドイツ人もスロヴァキア語の学校に通っていた。

現在，民族間結婚の家庭では，子供の1人をセルビア語クラスへ，もう1人をスロヴァキア語クラスに通わせることもある。また，セルビア語クラスを卒業した生徒が，スロヴァキアの大学に進学することもある。

言語教育については，スロヴァキア語とセルビア語のほか，2年生でラテン語を学ぶ。選択制の第一外国語には英語，ドイツ語，ロシア語があり，第二外国語では，さらにフランス語もある。

蔵書については，生徒用の図書室に2万冊あり，そのうち1万3,000冊がスロヴァキア語の本である。そのほか，各教科の教員研究室に専門書がおかれている。

対外交流としては，スロヴァキアのニトラのギムナージウムと交流している。

3. 再び教育，ギムナージウム，マティツァについて[3]

(1) ヴォイヴォヂナの教育システム

1.就学前教育機関，2.初等教育学校（基礎学校8年制），3.中等教育学校（ギムナージウムなど），4.高等教育（ノヴィ・サド大学）の4段階からなる。初等教育学校は342校あり，少数民族語でも授業がおこなわれている。118校がハンガリー語での，19校がスロヴァキア語での，32校がルーマニア語での，3校がルシン語での教育を提供している。

中等教育学校は113校あり，ここでも少数民族語での授業がおこなわれている。唯一の総合大学ノヴィ・サド大学には，13学部があり，少数民族語による講義もおこなわれている。29校がハンガリー語での，2校がスロヴァキア語での，2校がルーマニア語での，1校がルシン語での教育をおこなっている（以上の数字は2006年8月現在）。

(2) ユーゴスラヴィア・マティツァ・スロヴェンスカー (MSJ)

ユーゴスラヴィア・マティツァ・スロヴェンスカー (MSJ) は，1932年に創立され，第二次世界大戦の初めまで活動を続けた。1944年に活動は再開されたが，再び中断し，1990年8月5日，バーチスキ・ペトロヴェッツにおける総会によって，再度，再開された。ユーゴスラヴィアのスロヴァキア人の文化や学術面における民族的権利を推進する最高組織として機能している。

MSJの定款によれば，MSJは，独立の，非政治的，非宗教的な，ユーゴスラヴィアのスロヴァキア人の統一的組織で，そこにはユーゴスラヴィアのスロヴァキア人と他の民族のユーゴスラヴィア市民や外国にいるスロヴァキア人が自発的に参加し，ユーゴスラヴィアのスロヴァキア人の利害と権利を守るために集っている。

(3) ヤーン・コラール・ギムナージウム

ヴォイヴォヂナのスロヴァキア人の町バーチスキ・ペトロヴェッツにあるスロヴァキア語を教授語としているギムナージウムである。ヴォイヴォヂナのスロヴァキア人は，移住当初から，教育や文化に関心があり，1829年にはミハル・ゴドラ (Michal Godra) がヴルバス (Vrbas) にバーチカ地方で最初のスロヴァキア文学協会を立ち上げ，1845年，シュチェファン・ホモラ (Homola, Štefan) 牧師がペトロヴェッツに，成人のための日曜学校を開き，図書館のある読書協会もうまれた。（そのため，ペトロヴェッツの図書館はシュチェファン・ホモラ図書館という。）1866年，ペトロヴェッツで劇場での最初の上演がおこなわれた。そして，1919年10月1日に，このギムナージウムが創立された。

創立後，長いあいだ，スロヴァキア外で唯一のスロヴァキア語を教授語とする中等教育機関であった。最初は，2クラス，75人の生徒がいた。最初の校長は，ユーリウス・クバーニ (Kubány, Július)，教員はミハル・ラポシュ (Rapoš, Michal), ヤーン・チャヤク (Čajak, Ján ml.), パヴレ・トヴルトコヴィッチ (Tvrtković, Pavle), シュチェファン・クヴァス (Kvas, Štefan), サムエル・シュタルケ (Štarke, Samuel) の5名であった。1920年8月から，ギムナージウムは国家機関となった。生徒は3クラス，153名に増加した。チェコスロヴァキアから最初の図書と教員が到着した。チェコスロヴァキアからの教員はカロル・ペテルネル (Peternel, Karol), リュヂェヴィート・スラニー (Slaný, L'udevít), スタニスラフ・ライトマン (Lajtman, Stanislav) の3名であった。しかし，ギムナージウムにはまだ校舎がなく，基礎学校の古い校舎を借りて，授業をしていた。

ペトロヴェツの住民は，自発的にギムナージウム校舎のための募金活動を組織し，1922年に，チェコスロヴァキア国旗に包まれて礎石がおかれた。校舎建築には，ペトロヴェツ以外の町や村の人々やアメリカのスロヴァキア系移民も募金した。チェコスロヴァキア政府も100万コルナを援助した。ペトロヴェツの住民は，金銭のほかに労働奉仕もおこなった。校舎は折衷主義様式で，バロックと古典主義が共存している。設計者は，ヨゼフ・シャランスキー (Šalanský, Jozef) 設計が承認されたのは，1920年2月1日である。建設用地は，かつての墓地が充てられた。

1923年から24年にかけての年度から，新しい校舎での授業がはじまり，職員室，図書室，台所，食堂，貧しい生徒への援助室も機能しはじめた。1926年から27年の年度に，最初の卒業生が出た。課外活動も盛んになり，文学サークル・スラートコヴィッチ (Slátkovič) が生まれた。アンドレイ・シラーツキ (Siracky, Andrej) 教諭が中心となり，進歩的理想主義のもと，若き文学ファンが集まり，このサークルから，後の作家や文化活動従事者がうまれた。

その後，経済的・政治的危機の時代になり，ギムナージウムの活動に困難が生じた。続く第二次世界大戦期も，同様であった。多くの進歩的な考えの生徒

は，スラートコヴィッチに集った。生徒たちは，ファシズムがもっとも反動的なイデオロギーの一つであることをすぐに理解し，自らの理念のために，48人の生徒・教員が命を落とした。

ハンガリーのファシストにより，1941年からギムナージウムは閉校になった。1944年12月，解放されたヴォイヴォディナの最初の中等教育機関として，再開された。また，ギムナージウムから軍団ができ，115人の生徒・教員が戦った。

当時の教育制度においては，人民学校4年修了で，ギムナージウムの入学試験を受けて，入学した。ギムナージウムの第1段階は4年で，その後に小卒業資格（malá matúra），第2段階4年を終えて，卒業試験に合格すると大卒業資格（veľuká matúra）が得られた。授業科目は，現在のものと似ており，言語教育としては，スロヴァキア語，セルビア語，ラテン語，フランス語，ドイツ語が教えられた。また，宗教や天文学も教えられた。

校則は厳しく，生徒の20時以降の外出は禁じられていた。女子生徒は白い襟の黒い制服を着て，黒い帽子をかぶり，男子生徒は帽子をかぶり，そこに学年とクラスを示した。

1947－48年の年度に，ギムナージウムのなかに師範学校（učiteľská škola）が設立された。これは，ヴォイヴォディナのスロヴァキア人の独自な文化，言語，アイデンティティの維持に大きな意味をもった。師範学校が閉校する1965年までに，そこから200人にのぼるスロヴァキア人の教員が誕生した。学寮は，元々この師範学校のために設立されたが，1969年に閉鎖された。そのため，遠方のスロヴァキア系の村からの生徒数が減った。

ギムナージウムは1970年から，スロヴァキアの著名な詩人であり，スラヴ学者であるヤーン・コラールの名を冠するようになった。

創立以来，2000－01年の年度までの総卒業生は3,191人である。卒業生の大多数は，大学など上級学校に進学し，学者，芸術家，医者，教員，技術者などとして活躍している。

現在，1969年に全面改修された旧校舎で，語学，社会科学，体育の授業がお

こなわれ，1970年に建築され，1980年に増築された校舎で，自然科学の授業がおこなわれている。旧校舎には二つのコンピュータ教室がある。また，二つの体育館と，バスケットボール，サッカー，ハンドボールのグラウンドがある。図書館の蔵書は2万冊，美術ギャラリー，生物学展示場，軍団記念室もある。

1997-98年の年度に，スロヴァキア共和国政府とセルビア共和国政府の援助により，新しい学寮が開設された。これにより，ヴォイヴォディナ中から生徒が入学できるようになったが，寮の定員は75人で，入寮希望者の数からみると不足である。

4. 結びにかえて

スタラー・パゾヴァの基礎学校は，NATOによる空爆の被害を受けたが，EUの手によって，再建が進められていた。空爆は，ノヴィ・サドのドナウ川にかかる橋をすべて破壊するなど，ヴォイヴォヂナに大きな被害を残した。しかし，人々は，まず，船をつないだ浮き橋でドナウ両岸をつなぐ交通を復旧させた。ミロシェヴィッチ政権崩壊後，外国からの支援も受け，空爆被害は復旧しつつあった。破壊者側が再建を手伝っていることに，皮肉な運命を感じる。

1980年代まで，ユーゴスラヴィアは，社会主義国のなかでは，特殊な存在であった。他の東欧社会主義国の国民にとっては，疑似資本主義国としてある種の憧れの存在であった。ところが，旧ユーゴスラヴィア崩壊後の混乱で，「新ユーゴスラビア」はすっかり市場経済化に出遅れてしまった。しかし，国連による経済制裁解除後，資本主義の波は，確実にヴォイヴォヂナにも伝わりつつあった。ノヴィ・サドの町は，かつての社会主義国の雰囲気と，移行経済諸国の雰囲気が共存していた。

ヴォイヴォヂナの，多民族・多文化共生の歴史は長く，旧ユーゴスラヴィア崩壊後の民族的ショーヴィニズムも，多文化主義の伝統を消すことはできなかった。この多文化共生が実現できたことは，ヴォイヴォヂナが伝統的に豊かな地域であったことにもよるのであろう。また，寛容の精神が普及しているこ

とも重要である。しかし，自然に少数民族が多数民族に同化していく傾向もみられるため，この多文化的状況が将来変化していく可能性がないわけではない。いずれにせよ，ヴォイヴォヂナの多民族・多文化共生の状況を検討することは，世界各地での共生を考えるための手がかりとなるであろう。新しいセルビアの枠組みの中でも，ヴォイヴォヂナの自治が保たれ，民族間の共生と寛容が継続することが望まれる。

1) ヴォイヴォヂナの教育システムについては，3.(1)を参照。
2) マティツァは，もとは「母，多産」を語源とする南スラヴ語で，この名を冠したスラブ系の文化団体が，19世紀以来，自らの言語・文化の振興に努めてきた。強いて訳せばスロヴァキア文化協会とでもなろうか。
3) ここでは，調査時に収集した文献・資料などから，インタビュー内容を補足する情報を紹介する。

参考文献

1. *Autonomna pokrajina Vojvodina*, Novi Sad, 1998.（パンフレット）
2. Boldocký, Samuel (red.), *Desať rokov činnosti obnovenej Matice slovenskej v Juhoslávii. Zborník materiálov z konferencie k desiatemu výročiu obnovenia a činnosti MSJ, uskutočnenej 18. augusta 2000 v Báčskom Petrovci*, Báčsky Petrovec, 2001.
3. *250 rokov života Slovákov vo Vojvodine, Zborník prác z medzinárodného sympózia v Novom Sade a v Petrovci 6. a 7. októbra 1995*, Novi Sad, 1996.
4. Florianová, Milina (red.), *Ročenka MSJ*, Báčsky Petrovec, b.d.
5. *Gymnázium Jána Kollara so žiackym domovom v Báčskom Petrovci*, Báčsky Petrovec, b.d.（学校資料）
6. Lučić, Milan, *The Status and Rights of Minorities in Vojvodina*, Novi Sad, 1995.
7. *Vojvodina, Facts and Figures*, Novi Sad, 2001.（パンフレット）
8. Vranić, *Vojvodina, Turistički vodič*, Novi Sad, 1998.
9. http://www.gov.yu/（2003年1月）2006年8月現在下記アドレスに統合。
10. http://www.serbia.sr.gov.yu/（2003年1月，2006年8月）.
11. http://vojvodina.srbija-info.yu/　2006年8月現在下記アドレスに移転。
12. http://www.vojvodina.sr.gov.yu/（2006年8月）.

13. http://www.backipetrovac.org.yu/（2003年1月, 2006年8月）.
14. http://www.predsednik.gov.yu/（2003年1月, 2006年8月）.
15. http://www.stara-pazova.org.yu/（2003年1月）2006年8月現在存在せず。
16. http://www.cia.gov/（2003年1月, 2006年8月）.
17. http://www.mofa.go.jp/（2003年1月, 2006年8月）.
18. http://www.serbia-info.com/（2003年1月）2006年8月 現在 http://www.serbia.sr.gov.yu/に統合。
19. http://www.vojvodina.com/（2003年1月, 2006年8月）.

第 6 章
ルーマニアのスロヴァキア人の歴史

ヴラスタ・ラズ
香坂　直樹 訳

1. スロヴァキア人の移住と入殖

　ルーマニアに居住するスロヴァキア人マイノリティは，さまざまな歴史的背景をもち，ある集団にあてはまることが，べつの集団にも必ずあてはまるとはかぎらない。「アメリカにかんしてはどのようなことでも述べることができ，それらすべてがいつかは真実になる」とよく言われるが，ルーマニアに居住するスロヴァキア人にかんして語る際にも，これと同じような言い回しをすることができる。

　現在のルーマニアの領域に住むスロヴァキア人にかんするもっとも古い叙述は，エルゼ・フォン・シュステル（Else von Schuster）が記した書物『テメシュヴァル－ティミショアラ（Temeswar-Timisoara）』のなかにみつけることができる。ここには次のように記されている。

> 「1719年にバナートへの殖民が始まった。さまざまな領邦からドイツ人が到着した。アルザスやロレーヌ，バイエルン，シュタイアーマルクが彼らの主な出身地である。ドイツ人らとともに，チェコ人やイタリア人，スロヴァキア人，フランス人，スペイン人の家族も入殖した。」[1)]

　18世紀のバナート地域の情勢にかんしては，ハプスブルク帝国のイタリア系出自の官僚フランツェスコ・グリセリーニ（Francesco Griselini）がつぎのよう

な描写を残している。

　「トルコ人の追放の後，ハプスブルク家権力はこの地域全体に人々を呼び込む必要があり，沼地や湿地を干拓し，川の流路を整え，用水路を掘削し，居留地を造営しなくてはならなかった。それゆえ，王国の役人は，組織的に新たな居住地を設置し始めたのであり，その地にはドイツ人やフランス人，ワロン人，スロヴァキア人，チェコ人，そしてユダヤ人が定住するようになった。彼らは当地のルーマニア人やセルビア人，マジャール人，ジプシーたちと共生することになるだろう。」

　現在のルーマニアへのスロヴァキア人の入殖は何回かの段階を経て，いわゆる移民の波に乗っておこなわれた。スロヴァキア人は，何回かの中断時期を間に挟みながら，スロヴァキアのさまざまな地域や，現在のハンガリー領の諸地域から移住して来た。スロヴァキア人の移住は18世紀にはじまるが，19世紀にも続き，またその数も増えた。たとえば，1803年には多くのスロヴァキア人家族が，スロヴェンスキー・コムローシュ（Slovenský Komlóš）[2]，ベーケーシュチャバ，サルヴァシュ（Sarvaš）[3]などのおもに現在のハンガリー領に属する故郷の村々から移住してきた。後には現在のスロヴァキア領の村々からも移住がおこなわれた。このようなスロヴァキア人家族はナドラク（Nadlak）[4]に入殖した。1812年に建築が開始され1822年に完成したナドラクの新教徒の礼拝堂には，ナドラクへのスロヴァキア人の入殖の情景を描くJ.ジェジンスキー（J. Dedinský）の1922年作の油彩画が飾られている。なおこの礼拝堂は1989年から2002年にかけて修復された。

　1747年には，ベーケーシュチャバやサルヴァシュからのスロヴァキア人の第一波がモクラー（Mokrá）[5]の集落へ，そしてアラド県内とバナートのその他の地域へと入殖していた。

　1819年にはベーケーシュチャバや現在のスロヴァキア領（オラヴァ地方やニトラ地方）からのスロヴァキア人がセムラク村（Semlak）[6]にも入殖した。

　1827年にはヴェルキー・クルティシュからのスロヴァキア人がヴコヴァー村（Vuková）[7]に，1828年にはノヴォフラト地方，およびトレンチーンやニトラ周

辺のスロヴァキア人がブレストヴェツ村（Brestovec）[8]に入殖した。やや時代が下った後（1847年）には，現在のハンガリー領であるベーケーシュチャバからのスロヴァキア人もブレストヴェツ村に入殖した。

　1853年にはシャリシュ地方出身のスロヴァキア人がヴェルキー・ペレグ村（Velký Pereg）[9]に定住した。ツィパール村（Cipár）[10]には，1883年に，ベーケーシュチャバやオラヴァ，ニトラ県出身のスロヴァキア人が入殖した。

　バナート地域では，スロヴァキア人は以上に述べた村以外にも，ブティーン（Butín）[11]，テイツ（Tejc），スケユス（Skejus），ベルゾヴィウ（Berzoviu），モラヴァ（Morava）やそれ以外の各村に入殖したのであり，その村々には，今日にいたるまで〔スロヴァキア系住民が〕居住している。

　セルビア人によってすでに15世紀に開かれていたブティーン村には，軍政国境地域の行政官がおり，彼らがその地にスロヴァキア人を入殖させたのである。1816年がその入殖が始まった年と記録されているが，その直前より幾つかのスロヴァキア人家族はすでにこの土地に移動していた。この時点ではこのブティーン村はほぼ無人の状態だった。ブティーン村の領主ヘラー男爵が1816年に下した呼びかけに応じて，現在のセルビア領〔ヴォイヴォディナ州〕のフロジャニ村（Hložany）[12]やバーチュキ・ペトロヴェツ村（Báčsky Petrovec）[13]より数多くの新教徒の家族がこの地に移住した。翌1817年には，コヴァツィツァ（Kovačica）村やパディナ（Padina）村より別の家族が移住した。

2. 入殖時の生活と教育

　以上のような経緯を経て，1819年にはブティーン村に450名のスロヴァキア人が居住していた。物質的な側面からは，スロヴァキア人の生活はその当時の最良の条件だったとはいえないが，入殖からほぼ4年後には，彼らの蓄えを寄せ合って木造の礼拝堂を建立できるようになった。彼らを繋ぎとめておくために，領主は礼拝堂のための土地を寄贈した。同じように，領主は移住者に対して住居を建設するための土地を提供し，あるいは土地の地代の条件を好都合な

ものにしたのだった。しかし，ヘラー男爵の後を襲って領主となったビシンゲル伯爵は，これら全ての約束を反故にした。そして，このために，入殖者の多くが村を後にした。

　1819年に建立された木造の礼拝堂における礼拝は，新教の教会堂が建設された1862年まで続けられた。ヨゼフ・ナジ（Jozef Nagy）が最初の牧師となった。彼に続いたのが，カロル・ヴァグネル（Karol Vagner），ユライ・クメチ（Juraj Kmet），ヤン・ビエルバウム（Jan Bierbaum），シュテファン・イェストレビニ（Stefan Jestrebini），ダニエル・ケルヌフ（Daniel Kernuch），コロマン・キシュ（Koloman Kis），アンドレイ・ナチク（Andrej Nacik），パヴェル・ポニツキ（Pavel Pnycky），ルドルフ・モルナル（Rudolf Molnar）らの牧師たちである。ルドルフ・モルナル牧師やその他の人々はスロヴァキア語での授業の実施を求める戦いの一翼を担っていたのであり，このことは教会記録の298ページめにも記されている。

　ブティーン村のスロヴァキア人住民は，学校を建築することをも忘れてはいなかった。ユライ・パゾウスキー（Juraj Pazovský）が最初の教師となった。彼は教養のある農民であり，子どもを教えることができた。つぎの教師となったのは，オンドレイ・ヴォダル（Ondrej Vodar）であり，彼は1818年まで務めた。彼の後には，多くの教師が教壇に立った。ニトラ県の出身で1880年までブティーン村の学校で教鞭を執ったカロル・プレトメルスキー（Karol Predmerský）が彼らのなかでもっとも著名な人物である。彼は非常に優秀な教師であったと伝えられている。しかしながら，彼の後は長いあいだスロヴァキア人教師が教壇に立つことはなった。学校が国有化されたためである。

　ヤン・プレフ（Jan Plech）は，次のようにブティーン村のクロニクルに記した。

「1885年には，〔後任の〕教師が着任するはずだったが，学校が国有化されてしまったために，人々は授業料を支払う気がなくなり，〔後任の〕教師も教会の事務係として得られる報酬のためだけに着任する気はなかった。授業はハンガリー語で

おこなわれるようになり，戦争〔第一次世界大戦〕後はルーマニア語でおこなわれた。宗教の授業のみが母語でおこなわれた。」

スロヴァキア語での定期的な授業は1934-35年に再開された。教会の代表者が介入した後に，チェコスロヴァキア領事の支援を得て学校が許可される。ユディタ・マクシモヴァー（Judita Maximová）やボレスラウ・ヤネク（Boleslav Janek），ヤン・プレフらのスロヴァキア人教師が赴任し，教壇に立った。彼らのうちヤン・プレフはつぎのように回想している。

「長いあいだにわたって学校で母語を用いた教育はおこなわれておらず，良心をもったスロヴァキア人聖職者もまた少数であったが，それでも，スロヴァキア人の全般的な教育の程度は良好だった。スロヴァキア語はほとんど損なわれることなく保持され，民族的な意識も弱まっていなかった。通学にかんする意識は高く，さらなる教育を求める意識も彼らのなかに広まっていた。彼らはスロヴァキア語の雑誌や本を購読し続けていた。……書籍は，ナドラクに本拠を置く文化協会の支部でもある文化クラブの財産だった。協会は1927年に設立された。在米チェコスロヴァキア民族会議からの支援を受けて，小さな部屋が建てられ，図書室として用いられることになった。本の数は96冊であり，それらはプラハの教育省が寄贈した物だった。現在では本の数は300冊を超えるまでに増えた。本の多くはスロヴァキアのマルティンにあるマティツァ・スロヴェンスカーが寄贈したものである。」

ブティーン村のスロヴァキア人は，複数の言語に精通しているといわれており，彼らの間に非識字者はいないともいわれていた。1910年の公式の統計にもとづくならば，この村の住民1,071名のうち417名がスロヴァキア人だった。1940年のデータに従えば，住民総数839名のうち501名がスロヴァキア人だった。スロヴァキア人以外はルーマニア人かドイツ人，セルビア人などである。職業構成の面では，大多数が農民か各種の職人だった。

この村の教壇に立っていたヤン・プレフが記したブティーン村の記録からもう1カ所引用したい。

「長く待ち望まれていた1934-1935年の教育年度がようやく訪れた。この村ではこの教育年度の始まりはやや遅れていたのである。1934年11月24日に女性教師のユディタ・マクシモヴァー女史がようやく着任した。開校式には，つまり校舎の門を開いて校舎の中に入り始業式をおこなったのであるが，この時には土地の人々の言葉を解するものが多く出席しており，また数多くの賓客が招待された。賓客の一人としてティミショアラからチェコスロヴァキア領事のレオ・ガンスル氏も顔を見せていた。」

マクシモヴァー女史はこの村で2年間教師を務めた。数多くの困難に直面しなければならず——とくに開校の時点では——，教科書もない状況だった。生徒への授業では，書物を入手できた宗教や歌唱，聖書の歴史，会話の授業が集中して行われることとなった。低学年の1-4年生向けの授業のみが，母語で，つまりルーマニア語を用いずにおこなわれたのだった。

3. 1944年9月11日

1944年9月11日，この日は混乱が町を覆うことになり，人々はこの混乱のた

表 6-1　登録生徒数

学　年	1年生	2年生	3年生	4年生	総　計
男子生徒	8	8	5	5	26
女子生徒	7	6	8	7	28
総　計	15	14	13	12	54

表 6-2　教育年度終了時点での状況

	男子生徒	女子生徒	総　計
通学者数	24	28	52
修了者数	19	27	46
落第者数	5	1	6
その他の状況	2	0	2
総　計	26	28	54

めに，程度は異なれども，彼らの普段の生活から逸脱しなくてはならなくなった。

国境からは兵士や憲兵が取り乱しながら逃亡してきた。馬に跨るか，あるいは，馬車に乗って来るか，さらには徒歩でも逃亡してきた。彼らは小銃のみを肩に掛けており，口々に「逃げろ，ドイツ人が来た！」と叫ぶばかりだった。ドイツ軍の部隊が，ユーゴスラヴィアからルーマニアへと侵入したのだった。

このようにしてこの地の住民は，憲兵や兵士，そして近隣の村からの住民の避難を目撃することになった。農民大衆は彼らの馬車にもっとも必要な物を，それこそ寝具までも詰め込んで避難してきたのであり，彼らのあいだには恐怖や不安が広まっていた。我らが憲兵隊の「隊長」もまた機を逃さずに，兵士やすべての物資を後に残したままサイドカーに乗り込み，ガタイア（Gataia）やさらにその先へと逃げようと試みていた。あらゆる類の噂が飛び交い——しかしそのなかに真実は一つもなかった——人々の間に広がっていった。しかしながら，正午近くにはすでに騒ぎは静まっていた。憲兵が広めたパニックが引き起こした愚かな連鎖反応によって興奮させられた人々の考えもゆっくりと落ち着いていった。昼過ぎには集落に偵察部隊，より正確に述べるならば，国境警備隊の小部隊が到着した。彼らもまた撤退の途中だったが，統制を失ってはおらず，彼らからこの出来事の詳細や経過を聞き出せたのである。

この時に飛び込んできた急報が偵察部隊との会話を終わらせることになった。「リーダー」に率いられ小銃で武装したドイツ人青年たちが，憲兵隊の詰め所を占拠するために隣のプルコス村（Prkosu）[14]からブティーン村に向かっており，村のすぐそばまで迫っているという報せが入ったのだった。兵士たちは時間を無駄に費やすことなく，彼らの迎撃に向かった。しばらくの間銃撃が交わされた後，ドイツ人たちはトウモロコシ畑に散らばり，そして逃亡していった。兵士たちはまたも時間を無駄にはせず，ガタイアに向けて撤退した。住民たちのみが残されたのであり，彼らは「これからどうなるのだ？」と自問するほかなかった。

夕刻になって憲兵隊が村に戻ってきたものの，隊員の数は減っており，「隊

長」もいなかった。そして,比較的な平静な夜が過ぎていったのである。

4. 入 殖 条 件

　総体的に述べるならば,アラド県やバナート地方のスロヴァキア人入殖者の基盤は,おもに今日のハンガリーやセルビア,モンテネグロに属している地域から移住したスロヴァキア人が築いたものであり,つまり,二次的な入殖だったと述べることができる。しかしながら,上述した幾つかの事例が示すように〔現在の〕スロヴァキアから直接入殖したスロヴァキア人も存在したのである。

　アラド県やバナート地方に移住したスロヴァキア人の大多数は新教徒だった。ローマカトリック教会やギリシアカトリック教会の信徒は少数派だった。彼ら〔カトリック教会の信徒〕は,おもにブレストヴェツ村やツィパール村,スケユス村,ヴェルキー・ペレグ村に入植した。

1784年のバナート地方の荒蕪地バルダンへの入殖の条件書

契約書

　下に署名をおこなった私は,最高の尊敬に値するウーイコムローシュの牧師であるマチアス・バラーニ師に率いられ,ノヴォフラト県,ホント県,ゲメル県より,そしてチャバの町より,我らが栄えあるトロンタール県のバルダンの我が所領にいたり来たったスロヴァキア人にたいして以下のことを誓う:

1. 彼らが自由に教会の御業を学び神に仕えることを可能とするために,あらゆる力をもって助ける。
2. 皇帝陛下が自由な教会の奉公人を保障するのにともない,私署名人は,神に捧げる礼拝堂と牧師館,学校の建築のために都合の良い場所を彼らに提供し,その建築のためにできる限りの手助けを行う義務を負う。
3. できる限りの手段をもって主任牧師様（Farar）と牧師様（Rektor）を支援す

第6章　ルーマニアのスロヴァキア人の歴史　153

るために，私署名人は，主任牧師様に対して1セデニ（＝1セシウ）の広さの土地を，牧師様にたいしては，半セデニの土地と納屋（Humno），葡萄畑（Vinica），キャベツ畑（Kapsnisko），そして麻畑（Konopisko）を充てるものとする義務を負うが，彼らは開墾の決まりに従うものとする。

4. スロヴァキア人の土地と耕地，入会地は，その他の入会地とは切り離され，また葡萄畑（Vinohrady），キャベツ畑，麻畑を切り離したいと署名人が希望することはできる。
5. 〔入殖者は〕3年間はあらゆる賦役と貢納からは解放されるが，10分の1税のみは残さなくてはならない。
6. 3年間が過ぎた後は，開墾の決まりに従ってこれらのものが課されることとする。
7. 荒蕪地全域とその一部にたいして地代を課すことを署名人が望むことはできるが，その前に，つぎの手順に拠るものとする。荒蕪地から地代が徴収されることはないが，牧草地と耕地に対して課されるものとする。
8. 屠場と酒屋に地代を課すことを署名者が望むことはできる。ほかのものに先立って課されるものとする。
9. 穀物と牧草の保管のための納屋を農場の保持のために集落から離れた場所に建てる許可を与えるものとする。
10. これまでのところ当地の住民たちは牧草をまったく有していないので，署名人は春の耕作期までに入手することを誓約する。この分は署名人に返されなくてはならない。
11. 葡萄畑，キャベツ畑，麻畑は職人たちに与えられることを望む。
12. 村の粉挽き所を建設することを妨げるものではないが，毎年2グルデンの地代を支払うものとする。
13. これまでに当地バルダンの所領には領主に奉仕し開墾に携わる住民たちが多く居住している。農民や住民の世話を見ることを，最高の尊敬に値する牧師であるマテイ・バラーニ師に依頼するものとする。

　これら全てのことを我らがバルダンの新たな住民を前に誓うものである。文書

を交換し誓約を行うために，自らの手によって署名し我が判を押すことで確認するものとする。

1784年9月30日　バルダンにて記す

　　　　　　　　　　　　　　　　　伯爵ガブリエル・ブットネル・デ・バルダン

5. 移住の経済的・政治的・社会的背景

　低地地方（Dolná zem）へのスロヴァキア人の移住の主要な原因は，経済的な理由がほとんどだったが，政治的・社会的な理由から移住した人々も存在していた。

　ルーマニアにおけるスロヴァキア人の歴史を語る際には，彼らの流入や，さらには低地地方への彼らの移住の理由をも明確にしなくてはならない。これらもまた，経済的な理由が主であったが，政治的・社会的な理由も無視できない。そこで，当時の歴史的・政治的な状況にも言及しておこう。

　17世紀にはかつてのハンガリー王国の領域の大部分がトルコ〔オスマン帝国〕の支配下に置かれていた。だがスロヴァキア，つまり高地ハンガリー（Horné Uhorsko）はハプスブルク家の支配下に置かれていた。1683年のウィーンでのトルコ人の敗北〔第二次ウィーン包囲〕の後に，オスマン軍がブダ（今日のブダペスト）までの撤退を余儀なくされた後も，スロヴァキアでは戦争が続き，地域は荒廃した。スロヴァキア民族は常に引き上げられていく税金やさまざまな使役の義務でたいへん困難な状況に追い込まれた。

　ヤン・ククチュカは，スロヴァキア語を授業語とする生徒向けの初等学校6年生向けの教科書『ルーマニアにおけるスロヴァキア人の歴史と伝統』において，この時代のハンガリー王国の状況にかんしてつぎのように記している。

　　「スロヴァキアには税金を支払っている家族が1 km^{2}あたり3軒の割合で存在していたが，低地地方には3 km^{2}あたり1軒の家族しか存在していなかった。高地地方

の地味は痩せていたが，低地地方には豊かな土地が広がっていた。皇帝の宮廷は，それゆえ，低地地方に労働力を呼び寄せ，彼らに湿地を干拓させ，排水路を建設させ，そして荒れ果てた所領を再生させることに関心を抱いていた。」

　1718年のトルコ人の敗北とハンガリー王国全土の事実上の解放後，つまりハンガリー人封建領主たちが打ち捨てられた彼らのかつての所領を再獲得し再経営に乗り出した時代に，この地域への入殖が考慮されるようになった。
　グラサルコヴィッチ家（Grassalkovitch）やベニツキー家（Benicky），ルドナンスキー家（Rudnansky），ハルツケルン家（Harruckern），セレツキー家（Selecky），ポトマニツキー家（Podmanicky）などが，低地地方へのスロヴァキア人の入殖を推進した著名な領主たちである。

　　「火事の後，ほぼ20家族が，低地地方に移りその地に定住する決断を下した。教会の下に荷馬車の一群が集まり，この地に残り続ける人々に別れを告げた。ドリス家には感情的な2人の兄弟がいたが，弟は兄にたいして非常に従順だった。弟はあたらしい土地への希望を抱いていたわけではなかったが，低地地方でより良い生活を求める人々の列に加わる決断を下した。彼は，母が与えたパンとベーコンのみを入れた荷袋一つだけを携えて，教会の鐘楼の下に赴いた。彼は村の貯蔵庫の傍にあった大岩に座り，涙を流して故郷の村に別れを告げた。そして，その他の人々とともに見知らぬ土地への長い旅路についたのだった。我々がその地所を買いあげたマツォ・ヴァスコルも移住者の一員となった。」
　　　　　　　　　　　　　（ヤーン・ヤンツォヴィチ『ポトル：過去と現在』より）

6. ナドラクでの新移住者の請願

　1803年7月5日付の最初の牧師と教師にかんするナドラクの新移住者の請願
　「高貴であり最高の尊敬に値する牧師様，そして高貴な国王のお役人様に丁重にお願い申し上げ，ならびに牧師様が我らの精神の父であるように，我らの父として尊敬奉る副県知事閣下，さらにはこれまた我らの父と尊敬奉る公証人のツェプツァニ様に丁重にお願い申し上げます。かようにして，我らがコムローシュの紳士諸賢

とお役人の御意志に適い，さらには全能の神の御意志にも適う勇気を備えかつ敬虔な人物を我らにお示し頂けんことを，再度我らが丁重にお願い奉る高貴な方々の御愛顧と御理解に縋るしだいです。」

我らが父と仰ぐ古老〔シモニデスのこと-筆者注〕に頼ると同じように，我らは牧師様にたいして，牧師様が我らにたいしてお下しになることにしたがいますように，我ら会衆全員が，ナドラクの新教徒の教会全体が牧師様に従いますことを請合います。さらには，専従の者を用意致しますことと，我らがいかにあるべきかを古老から学びましたことを示すことを請合う次第です。さらには御赦しを願いつつも，主任牧師様と牧師様の身をお運び頂きたく願いますがために高貴な方々のお心に留めて頂きたく存じ上げます。なぜならば，丁重にお願い申し上げますが，我らの子供らが世を去った時にも，ナドラクの神父様方〔新教以外の-筆者注〕は儀式を執り行うことを拒否され，我らは子供らの最後の儀式を受けるためにポロタかあるいはコムローシュまで赴かなくてはならないのです。

かくして，我ら，コムローシュの住民は，すでに我らの住居を築き，すでに154家族が暮しかつ82家族の到着を待ち侘びている所領を得ましたことを報告いたしますともに，丁重にお願い申し上げる次第でございます。

1803年6月5日

我らは，壮麗なる宮廷が我らの主任牧師様に1セシウ〔13haに相当-筆者注〕の土地を，そして牧師様に半セシウの土地を下されますように丁重にお願い申し上げます。この請願の代償と致しまして，主が最後に我らを罰することなく死を賜る時には，われらの体を運ぶものに3グロッシェンの金子を与えることを誓います。最後に全能の神の助けを求めますとともに高貴な牧師様の助けを求める次第です。

フリヴナーク・マチアス
サント・ヤーノシュ
トゥスカ・マルトン
リプターク・ヤーノシュ

（J. ククチュカ著『低地地方への移住過程におけるナドラク』より引用）

1804年から今日までのナドラクの新教会の牧師

ヤン・ケブロウスキー	（Jan Keblovský）	1804〜1824年
サムエル・クリストフィ	（Samuel Kristoffy）	1824〜1884年
ダニエル・ザヤツ	（Daniel Zajac）	1839〜1870年
ルドヴィート・ハーン	（Ludovít Haan）	1849〜1855年

オンドレイ・セベリーニ　（Ondrej Seberíny）　　　　　1855〜1895年
ルドヴィート・アウグスティン・ボール　（Ludovít Augstin Boor）
　　　　　　　　　　　　　　　　　　　　　　　　　　　1895〜1924年
イヴァン・ブイナ　（Ivan Bujna）　　　　　　　　　　　1909〜1949年
イゴル・ブラニスラウ・シュテファニク　（Igor Branislav Stefanik）
　　　　　　　　　　　　　　　　　　　　　　　　　　　1925〜1926年
ヤン・クメチ　（Jan Kmet）　　　　　　　　　　　　　 1927〜1935年
ドゥシャン・ツェスナク　（Dusan Cesnak）　　　　　　 1936〜1949年
ルドルフ・モルナル　（Rudolf Molnar）　　　　　　　　1949〜1980年
ラディスラウ・ホダシュ　（Ladislav Hodas）　　　　　　1957〜1960年
ドゥシャン・サヤク　（Dusan Sajak）　　　　　　　　　 1970〜1994年
ユライ・バリント　（Juraj Balint）　　　1995年〜（2005年現在も現職）

7. ルーマニア北西部のスロヴァキア人

　ルーマニアの北西部，つまりビホル県やサラージュ県，サトゥ・マーレ県，マラムレシュ県〔のスロヴァキア人の境遇〕にかんしては，これまで述べてきた〔バナートのスロヴァキア人の〕境遇と同様であるとはいえない。
　この森林に覆われた山地には，オラヴァやキスツァ，ゲメルから最初のスロヴァキア人家族が入殖した（ボドノシュ村（Bodonoš）[15]への最初の入殖は1785年のことであり，ゲメルチチュカ村（Gemelčička）[16]の一集落であるサライカ（Salajka）地区には1805年に入殖がおこなわれた）。あるいは，ゲメルやゼムプリーンからの入殖者が1790年にヴァルザリ村（Varzaľ）[17]やボルムラク村（Borumlak）を拓いたのだった。これらの村は，バーンフィ家やバタニ家，バラーニ家などのハンガリー人領主の財産だった。
　1811年から1817年の間にはノヴァー・フタ村（Nová Huta）[18]とジダーレン村（Židáreň）[19]が拓かれ，1830年にはスタラー・フタ村（Stará Huta）[20]とソチェト村（Sočet）[21]が開拓された。スタラー・フタ村とソチェト村を拓いたのは，

ゼムプリーンやオラヴァ，ズヴォレン県から移住したスロヴァキア人であり，ジダーレン村はシャリシュやゲメル，ゼムプリーンからのスロヴァキア人が拓いた。

　森林伐採や未開拓地の開墾という作業の対価として，新移住者たちはすでに開墾された土地の利用権を手に入れた。

　これと同じ目的〔つまり開墾〕のために，ズヴォレン県からのスロヴァキア人がフェゲルニク村 (Fegernik) に入殖し (1820年)，1848年にはシャリシュのスロヴァキア人がチィェルナ・ホラ村 (Čierna Hora)[22]にも入殖した。

　スロヴァキア人の移住は1918年まで続いた。この時，スロヴァキア人たちは元々の入殖地から移動し，サラニ (Sarany) 近郊[23]やノヴィー・サーステレク村 (Nový Sástelek)[24]，ボヨウスコ村 (Bojovsko)，ボヤナ・フタ村 (Boiana Huta) などに定住することになった。

　この四つのスロヴァキア人の集落に存在した4校のスロヴァキア人向けの学校において，その他の最初のスロヴァキア人教師とともに筆者の父ユライ・カルクシュ (Juraj Karkuš) も教壇に立ったのであり，それは半世紀間にもおよんだ。筆者の父はその人生の50年以上をビホル県のスロヴァキア人の教育に捧げたのである。

　ある家族の二，三世代が〔各集落の〕同じ〔スロヴァキア人〕学校で学ぶこともあった。さらには，両親が，あるいは人生の晩年に差しかかった祖父母までもが，教師として，子どもたちを教える事例も多かった。〔筆者の父は〕その当時の状況をよく覚えていた。同じく教師だった筆者の母が彼の隣に立ち，その他の最初のスロヴァキア人教師とともに教育に携わっていた。しかし，この若い教師たちは，戦後にルドホリエ地方で暮らすスロヴァキア人の子どもたちを教えるためにその地に転勤して行ったのだった。勤務の後は，彼らは家へと，故郷へと戻ったのであり，その後は年金受給者の資格を得るまで，その地での生活を送った。ルドホリエ地方に赴きその地に留まった教師たちのうち何人かは，その労働の日々の最後にいたるまでその地で働き続けたのだと，〔筆者の〕両親は誇りをもって話すことができたのだろうと思う。まさに彼らの言

葉では「人生の全てを」捧げたのである。私もまた，彼らが多くの回想録を残したことや，他の誰もができないような方法で，彼らがルドホリエ地方のスロヴァキア人社会が体験してきた歴史の一証言を残してきたことを知っている。それゆえ，私はかつて父にたいして，自分自身の経験を書き記すことを通じて父もこの仕事に加わり貢献してほしいと，頼み込み，あるいは強く主張し，時にはより露骨に「圧力」を掛けることすらあった。この作業を通じて，父が肌で感じてきたことや体験したことが残されていくことを望んだのである。これは，現実のわずか一部であることを，ルーマニアで生きたスロヴァキア人の生活史のほんの一部に過ぎないことをも筆者は知っている。それでも，私は，父がこのことにかんしてもっと多くのことを語り得たことをも知っているのである。つまり，かつていくつかのスロヴァキア人学校の校長を務めた人物として，歴史の教師として，熱心な養蜂家や猟師として，そしてこれ以外の多くの顔を持つ人間としても……。そして，私は，その仕事がいつか成されることを今も期待している。それが公表されないまま，「我が家の」アルヒーフのみに納められるものになろうとも。たとえそのような〔個人的な〕仕事であるとしても，多くの人に役立つことを私は解っているのだ。しかしながら，前置きはこの程度に留めることにして，父が記した文章をそのまま提示しよう。

8. ボドノシュの1940年代（ある教師の記録）

　1948年の学制改革の後に，ナドラクの〔スロヴァキア系〕住民がビホル地方に多く流入した。筆者もまたそのように移動した人々の一人だった。
　ナドラクに本拠を構えるチェコスロヴァキア民主連盟の提案にもとづき，ブカレストの教育省は，ボドノシュ村のスロヴァキア語学校で教鞭を取るようにとの命令を筆者に下した。このビホル県でもっとも歴史の豊かなスロヴァキア人集落で私が教職につくべきだと連盟が教育省にたいして提案したことを，私は連盟〔の建物〕で告げられた。しかしながら，当時の入手可能だった色々な地図をみても，私はボドノシュの場所をみつけることができず，誰もボドノ

シュにどのように赴任すればよいのか，私に助言することもできなかった。ボドノシュにいく方法はオラデアで訊くことになった。

こうして，ある月曜日の午後に私はベラーン家が所有する「シュトラフ」（ゴムタイヤが付いた大型の馬車）の座席に腰掛けることになった。この馬車は農家の女性やピオニールの少女たちを毎週2回ずつアラドの町の市場に送り届けていた。なぜならば，1918年以降，ナドラクの鉄道駅はハンガリーに帰属することになり，ナドラクの町は鉄道から切り離されてしまっていたからである。アラドに着くまでほぼ一晩中馬車に揺られなくてはならなかった。朝早くに私はアラドの町に到着し，そして，私が二つの荷物の詰まった重いスーツケースをもちながらアラドの鉄道駅に向かっているあいだに，オラデア行きの列車はすでに出発してしまっていた。そのつぎの列車は夕方まで待たなくてはならず（1日2本の列車しか走っていなかった），そのため私がオラデアに着いたのは水曜の朝になってしまった。オラデアに着くとすぐに，私はボドノシュ村から一番近い鉄道駅はどこなのかを調べにいった。〔駅では〕そんな名前の町はリストにないと告げられ，憲兵隊か警察で尋ねるように勧められた。しかし，私には憲兵や警察にまで行く体力は残っていなかった。そこで，私は郵便局にいってはどうかと勧められたのである。郵便局で随分長い時間待たされた後に，ボドノシュ村からもっとも近い郵便局はミチュカ村（Mička）の郵便局であることを教えられたが，しかし，郵便局員たちもミチュカ村へのいき方までは知らなかった。ミチュカ村にいくまでも大変であり，そこからボドノシュ村までの道のりはさらに険しかった。途方に暮れそうになったその時に，チェコスロヴァキア入殖委員会を頼りにすればよいのだという考えが，一条の光のように閃いたのである。委員会では，この地域の入殖者たちは，つまりボドノシュ村の住民もまた，「スプラク・デ・バルカウ」[25]の鉄道駅まで馬車を走らせていることと，この駅の近くにはスロヴァキア人の一家であるガヒール家が居を構えており，彼らならば私に助言を与えることができるだろう，という話を聞くことができた。水曜日の夕方に私はシプラク（Siplak）〔スプラク・デ・バルカウのこと〕に到着した。幸運なことにガヒール家の馬車は駅でテンサイの荷降ろ

しをしているところだった。彼らは私を自宅まで連れて行き、私を泊めるとともに今後の道のりについて色々と相談をした。翌朝、私たちは、テンサイを山積みした昨夜と同じ馬車に乗り込み、シプラクの鉄道駅に向かった。駅で私は、駅まで石炭を取りにチェルポトク村（Čerpotok）から来る牛が引く荷車を待つことになった。

　私は木曜日の午後にチェルポトク村の学校に辿り着いた。外国人教師であるマーリア・トゥルゴヴァー女史（Mária Trgová）は、ボドノシュ村に所用で向かうもう1人の外国人教師であるシュテファン・ドゥプラ氏（Štefan Dupla）とともにボドノシュ村に向かえるように馬車を手配してくれた。ドゥプラ氏はその前の年度はチェルポトク村の学校に勤務していたが、その年はボドノシュ村で教鞭を取っていたのだった。かくして、私は、4日間の長旅の後、木曜日の夕方にようやくボドノシュ村に辿り着いたのだった。つい先日に、私がこの道のり（ナドラクからボドノシュ）を移動した際の所要時間はわずか4時間弱だった。当時の交通事情は、これほどまでに、現在とは異なっていたのである。

　ボドノシュ村で私が出会った人々はみな勤勉で性格も良かったが、文化や教育の面では相対的に立ち遅れていた。とくに女性の間での非識字率は非常に高く、多くの人々はいつ自分たちが生まれたかすらも知らなかったのである。

　ルドホリエ地方（ルーマニア北西部）でももっとも標高の高いこの地域にはスロヴァキア人集落が散在しており、ビホル県のかつてのアレシュド郡（Aleşd）に属していたスターラー・フタ村やソチェト村もそのような村である。

　ボドノシュ村の東には、ジダーレン村が、西にはビストラー村（Bystrá）、南にはノヴァー・フタ村、北にはボヨウスケー村や、ヴァルザリ村、クザプ村（Kuzap）がそれぞれ存在している。

　スターラー・フタ村やソチェト村は、オラヴァやゼムプリーン、ズヴォレン県から移住したスロヴァキア人が1830年に拓いた集落である。この地方の森林を所有していたバーンフィ伯爵が彼らの殖民を組織したのであり、入殖者たちはガラス工場で用いる木炭を作るためにこの森林を伐採する作業に従事しなけれ

ばならなかった。このガラス工場はガルバヴェル親方が建てた数棟の木造のバラックである。そして，伐採地はしだいに荒れ山に変わっていった。伐採された木材は集積場の脇の炭焼き場で木炭に加工された。これらの場所は，今でも「サライカ」(salajka)〔「炭焼き場」という意味〕と呼ばれている。スタラー・フタ村ではビストラー川の上流の場所が，ソチェト村ではヴェルキー・ヤロクという小川の上流がそう呼ばれている。スタラー・フタ村には上述した〔スロヴァキアの諸〕地域以外にも，スピシュからもスロヴァキア人が入殖した。スロヴァキア人とともにドイツ人も移動してきた。しかし彼らの一部はこの地に留まったものの，さらに北東へと移動を続けた人々もいた。この地に留まったドイツ人たちは——その一部はスロヴァキア化したのであるが——，ヴェーベル (Véber，かつてのドイツ語表記での名字は Weber) やアドレル (Adler)，ブレム (Brem)，クシェイ (Kušej)，ヴロベリ (Vrobel'，かつては Wrobl)，セメルバウエル (Semelbauer，かつては Semmelbauer)，シュナイデル (Šnajder，かつての Schneider) といったような名字を今も引き継いでいる。ドイツ人入殖者の子孫たちはもはや，〔調査の際にも〕ドイツ人とは申告もせず，ドイツ語も話せない。このようにしてスタラー・フタ村やソチェト村は，純粋なスロヴァキア人村となったのである。

　ガラス工場の周囲の森林が全て伐採されてしまった後，工場はノヴァー・フタ村に移り，1840年頃にはそこからさらにビストラー村に移転し，つい先頃までその地で操業を続けていた。

　スタラー・フタ村やソチェト村の住民，そしてこの地域に居住するスロヴァキア人はローマ・カトリックの信徒だった。「スタロフチャン」(Starohut'an)〔スタラー・フタ村の住民という意味〕や「ザホタールチャン」(Zachtárčan)，つまり「ザホタール」(Zachotár) と呼ばれていたソチェト村の住民たちは，ノヴァー・フタ村の教会に通っていた。この教会は1838年に建立され，1960年にいたるまでこの教会では21名の神父が奉職していた。年老いた住民の話によるならば，彼らの中でわずか1名の神父，ヴラディミール・フリービク師 (Vladimír Hríbik) のみが，自分はスロヴァキア人であると公言していた。しか

しながら，他の神父たちの幾人かも，シュミハールスチ（Šumichárst'）やメチアル（Mečiar）といったようなスロヴァキア人名を名乗っていた。しかし，このメチアルという名字も後にはメツェリ（Mecsery）という名字に変化していった。なお，このメチアル師，つまり後のメツェリ師は，彼ら21名の神父のうちでノヴァー・フタ村に眠るただ１人の神父でもある。

　一本の道がスタラー・フタ村とソチェト村との境となっている。この道は，山の稜線上に，そして分水嶺上に伸びており，それゆえ，二つの所領の間の自然な境界線を構成してきた。かつてはこの道は二つの所領を分ける境界線「ホタール」（chotár）であったが，現在は二つの村のあいだの境界線であり，それらを区分するとともに結びつける線となっている。この道を境として，この地の住民たちは「ナホタール」（Nachotár，境界の手前側）に住み，そして別の者は「ザホタール」あるいは「スポザホタール」（Spozachotár，境界の向こう側）に住むのである。ソチェト村，すなわちザホタールは，スタラー・フタ村の一部であると述べることもできるのであり，スタラー・フタ村で起きた出来事は，ソチェト村でも起こりうることなのだった。また，これと同様に，スタロフチャンについて述べられたことは，ザホタールチャンにもあてはまることだった。両者の間にはまったく違いはみられなかった。

　スタラー・フタ村の最初の学校は1891年に開校した。ビストラー村のガラス工場が学校にたいして校舎の建設のために７ユトロ（１jutroは約4,300m²か，あるいは5,700m²）の土地を提供した。学校はスタラー・フタ村のガラス工場の向かいに建設された。ベーラ・ベレツ氏（Béla Berecz）が最初の教師を務めた。1891年まで学校の校舎が建設されなかったことや，後には教師の不足などというさまざまな理由から，1830年のスロヴァキア人の入殖から1948年の教育改革に至るまでの間，〔スロヴァキア人〕学校はわずか15年しか機能しなかった。この理由としては，真実を正確に反映しているとは言えないのであるが，この時代は２度の世界大戦を経ており，そしてこの地の住民は２回ハンガリー支配下に入り，また２回ルーマニアの支配下に組み入れたため〔に教育制度の整備が遅れたの〕だという説が広く流布している。

1931年からはチェコスロヴァキアから派遣された教師が赴任するようになった。まず1931年11月7日にパヴェル・ホルスキー氏（Pavel Horský）（当時はハンガリー風にパヴェル・ヘジ Pavel Hegyi と名乗っていた）がノヴァー・フタ村に着任し、スタラー・フタ村には1934年にフェルディナンド・コラーリク氏（Ferdinand Kolárik）が最初のチェコスロヴァキアからの教師として着任した。彼はこの地で2年間教壇に立った。コラーリク氏の後、2名のチェコスロヴァキアからの教師が着任した。ヴォイチェフ・ヴァールコヴィチ氏（Vojtech Válkovič）とリュドヴィート・ハマシュ氏（Ludovít Hamaš）である。1937年には、チェコスロヴァキア本国からの支援を受けて建設された新校舎での授業が開始された。この時代、チェコスロヴァキアは13校の校舎を建設していた。シャラニ村の礼拝堂の側にも〔チェコスロヴァキアからの支援を得た〕学校が建築された。校舎には教員住宅が併設されており、校舎としても住宅としても、細部にいたるまで配慮が払われていた。たとえば教室のベンチや教員住宅の家具、授業用の教材やタイプライターを含む事務用品、台所周りの小物、寝具や枕、毛布、マットレス、常備薬や救急用品、いくつかの書籍なども揃えられていたのである。（いささかお節介気味ではあったが）〔生活に〕必要になりえるものすべてを揃えるように気が払われていた。たとえば、裁縫用具やシャツや靴用のブラシ、その他の小物まで備えられており、教師は彼ら自身の体と衣服、靴さえ持参すれば良いようになっていた。この校舎には、電化以前のビホル県のスロヴァキア人集落ではどこにもみられなかった照明用のガス燈までもが、備え付けられていたのである。

　スロヴァキア人教師にたいして提供されたあらゆる種類の便宜、さらには彼らへの高い給料は、ルーマニア人教師からの妬みを招く原因になり、彼らのうちの幾人かは、これらの学校もまたルーマニア領内にあるのだから、このような便宜は誰よりもまず彼ら〔つまりルーマニア人〕にたいして供されるべきだと非難した。スタラー・フタ村のルーマニア人教師だったロス・ニコラエ氏（Rosu Nicolae）もこのように考えていた教師の一人だった。チェコスロヴァキアの支援によって新築された校舎がほぼ完成し、引き渡されるばかりになった

ある夜のこと，彼は扉を打ち破り，設備の整えられた教員住宅に侵入したのだった。こうして醜悪な事件が起こり，憲兵隊の手を煩わせることになった——第一に彼を教員住宅から引きずり出すために，第二に憤激したスタラー・フタ村の住民から彼を守るために——である。このルーマニア人教師は平均以上に傲岸な人物だったと評価するべきなのだろう。なぜならば，彼は新校舎の建設の最中は民衆にたいして，建築工事を手伝わないようにと働きかけをしておきながら，新校舎の落成式の際には，第一級の貢献者として演台にあらわれたのである。彼はまずチェコスロヴァキア側の代表者の席へと挨拶にいったのだが，そこで再び小事件が起こった。彼がチェコスロヴァキア側の代表と握手をするために手を差し出した時，〔スロヴァキア人〕教師のフルボツキー氏は彼の手を振り払い，チェコスロヴァキア側の人々にたいして，彼に手を差し出さないようにと指示したのである。当然このことはルーマニア側の人々の関心を惹き，説明を求められることとなった。こうして，参加者は，ニコラエ氏の教員住宅への侵入と排除という事件の顛末を知ることとなり，式典の雰囲気は損なわれたのだった。このルーマニア人教師は，スタラー・フタ村から離れなければならなくなった。筆者は，事件の目撃者でもあったかつての村長から，この事件の詳細を伺うことができた。

　トランシルヴァニア北部がハンガリーの占領下に置かれていた時代（1940-44年）には，学校での授業もハンガリー語で実施された。しかし，この時代の教師の幾人かは，たとえばブディン（Budin）出身のホロー・マルギト氏（Hollo Margit）やポトカルパツカー・ルス出身のアンナ・ボフシュティアコヴァー女史（Anna Bohuštiaková）のように，おそらくはスロヴァキア系の出自だったのである。1945年から1951年の間は教員が不足していたために，体系的な授業は実施できなかった。1951年以降は，〔スロヴァキア語〕学校での授業は中断されることなく続けられている。

　ここで〔住民を〕傷つける意図からではなく，話さなければならないことがある。筆者がこの論考を記すにあたって，〔住民にたいして〕「あなたはいつうまれましたか？」という質問をしたとき，彼らからはつぎのような答えが返っ

てきたのだった。たとえば,「昔のマジャール人の治世の頃のいつか」とか「昔のルーマニアの頃に」といったような返答である。このばあいは,前者は1918年以前にということを,そして後者は1940年以前にということを意味している。その他にも,「センチョブ（Sentjob）で恩赦があったとき」という答えや「大雨が降ったとき」,「親父が堆肥を運んできたとき」,といったような答えも返ってきた。このような返答の多くは寂しさを誘うものと言うよりも,むしろ笑いを誘うものだった。「あなたはお幾つですか？」という問いかけにたいしては,少しばかりではあるが,より正確な返答が返ってきた。たとえば,「そうだね,あと1年で40になるよ」という答えや,「ヨシュコが生まれた時に20だったね。彼は今15だ。あとはあなたが勘定しておくれ」という答えが戻ってきたのである。

　今あげた例や他の同じような事例が示すように,ボドノシュ村の住民の教育は十分なものであるとは言えない。学校も,そしてカトリック教会もその使命を十分に果たしたとは言えないのであり,さらに幾人かの神父にいたっては,教育にあたってボドノシュ村の住民たちを脱民族化させるように,より正確に表現するならば,彼らをマジャール化させるように仕向けたのだった。その一例をボドノシュ村の神父がオラデア司教区のある修道院長に宛てて記した1881年2月3日付の書簡にみることができよう。彼は書簡の結びでつぎのように記している。

　　「敢えて記しますが,当地の教区教会と学校で奉職したこの3年のあいだ,人々をマジャール化することが私のおもな課題でした。そして私は,教会のみならず,教室においても,スロヴァキア語の書物を用いないようにすることにすでに成功したのです……。」（ヤーン・カプスニアク著『我が祖先たちの足跡』（ナドラク,1997年）より引用）。

　そしてこれが唯一の事例だとは,今のところは誰も保障できないであろう。ここ最近のボドノシュ村の住民は文化面で長足の進歩を遂げたのであり,今の若者が彼らの祖父の時代の話を聞かされても容易にその情景を想像できない

のも無理がないことである。

　　ユライ・カルクシュ　退職教師
　　1948－89年にかけてボドノシュ，ジダーレン，
　　スタラー・フタ，ノヴァー・フタの各村で教鞭を取る

9. 北西部へのスロヴァキア人の入殖

　かつての〔ハンガリー王国に所属していた〕サトマール県やウゴチャ県，マーラマロシュ県は，現在はルーマニアの北西部となっている。この地域はかつて〔両大戦間期に〕チェコスロヴァキアと境を接していた地域でもある。
　昔のサトマール県（現在のサトゥ・マーレ県やオアス県）には，パストリ神父に率いられたスピシュ地方のスロヴァキア人たちが入殖をした。この地域は，ヴェツェリ家が婚姻によって獲得した領地であり，かつてのゼムプリーン県やシャリシュ県，ウフ県〔ウング県〕からのスロヴァキア人も入殖していた。スピシュからはスロヴァキア人やドイツ人の坑夫もこの地に入り，そしてバンスカー・シュチャブニツァ周辺のスロヴァキア人たちも，19世紀初めにマラムレシュに入殖した。さらに，現在はウクライナのザカルパッチャ州に所属する諸県からもスロヴァキア人が入殖したのであり，彼らは，オツナー・スラティナ（Ocná Slatina）やカボラ・ポリャナ（Kabola Poljana）の岩塩鉱山での仕事に就いたのだった。ビクサド（Bixad）やオラシュ・ノウ（Orașu Nou），ヴァマ（Vama）等の岩塩鉱山が開かれた19世紀初めには，スピシュや，さらには〔現在のポーランド領の〕ガリツィアからも熟練労働者たる坑夫が招かれ，彼らのこの地への入殖がおこなわれた。
　18世紀には，バルバテシュティ（Barbatesti），ヨイブ（Iojib），リヴァダ（Livada）の各村はヴェツェリ（Vecsery）男爵家の所有するところとなった。男爵家はサタリ（Szatary）伯爵家と共同で東スロヴァキアに広い所領を有してもいた。その所領のなかでもゼムプリーン県の領地は領民の高い出生率とその結果

である過剰労働力に悩まされていた。その一方，サトマール県のリヴァダ村の所領は労働力不足が悩みであり，こうして1787年に伯爵家はスロヴァキア人の移住を開始したのだった。

現在入手可能な文書館史料にもとづくかぎり，〔旧ゼムプリーン県の〕ミハロウツェ郡のミハロウツェ (Michalovce)，トゥルホヴィシュチェ (Trhovište)，ブトコウツェ (Budkovce)，ナチナ・ヴェス (Nacina Ves) の各町村やヴラノウ郡〔ヴラノウ・ナド・トプリョウ郡〕(Okres Vranov nad Topl'ov) のチェメルネー (Čemerné)，セドゥリスカー (Sedliská)，ルドロウ (Rudlov)，フメネー郡 (Okres Humenné) のモドラ〔現地名はモドラ・ナド・チロホウ〕(Modra nad Cirochov)，リエスコヴェツ (Lieskovec)，スニナ郡 (Okres Snina) やトレビショウ (Trebišov)，シャリシュ県のメスティスコ (Mestisko)，ウフ県のセンナ (Senna)，ヴィシュナー・リブニツァ (Vyšná Rybnica) の各町村を後にしたスロヴァキア人が大量にマラムレシュ地域に入殖したことがわかる。ルドロウから最初に入殖したスロヴァキア人は，彼らのためにローマ・カトリックの教会堂を建立し，そこではスロヴァキア語を話す神父が務めることを条件にしていた。そして，それらの条件は遵守された。1799年には教会堂の建設が完了した。ミクローシュ・ヴェツェリ伯はまた，スロヴァキア語を話す神父であるヨゼフ・コツカ師 (Josef Kocka) を手配したのである。伯爵はさらに教会付属のローマ・カトリックの信徒の子弟向けの学校をも開設した。しかしながらこの学校での授業語はハンガリー語だった。

リヴァダ村の教会ではコツカ師の後，つぎの人々が神父として奉職することになった。シュテファン・ヴァイナロヴィツ (Stefan Vajnarovits, 1803年に赴任，以下同じ)，アントン・シムソヴィツ (Anton Simsovits, 1806年)，ペテル・ゴルネル (Peter Golner, 1814年)，ペテル・レハク (Martin Rehak, 1840年)，クリシュトフ・ポコルニ (Kristof Pokorny, 1845年)，アントン・デメク (Anton Demek, 1853年)，アントン・ルドルフ (Anton Rudolff, 1854年)，アントン・トート (Anton Toth, 1866年)，フロリアン・フサール (Florian Huszar, 1871年)，エドゥアルド・パーイ (Eduard Paly, 1879年) そしてオットー・ピリヒ

(Otto Pilich, 1901年)の各神父である。このうちピリヒ師は1901年に,リヴァダ村での生活はサトマール県での生活のようにはおもえず,あたかも高地ハンガリー(つまり,現在のスロヴァキア)での生活のようだと記している。

かつてのゼムプリーン県,ウフ県〔ウング県〕,ベレグ県,ウゴチャ県,そしてマーラマロシュ県の一部は,〔1920年の〕トリアノン条約の締結によって,チェコスロヴァキア共和国に帰属することが確定した。

今日,この地域の住民のなかでも年老いた人々のみが,スロヴァキア語を理解し,用いることができる。しかしながら,スロヴァキア風の料理(ハルシキなど)や名前は今でも残されている。リヴァダ村に現存しているスロヴァキア風の名字はつぎのとおりである:ムハ(Mucha),スヴェダ(Sveda),クフタ(Kuchta),クルパ(Krupa),ベルスカ(Beluska),タリツカ(Talicska),ミハルコ(Michalko),イルク(Ilku),ヴォイトク(Vojtku),パネク(Panek),ツィプカル(Csipkar),ストラル(Stolar),ミドゥラ(Midla),ドロタル(Drotar),ノヴァク(Novak),ゼヴツァク(Zevscak),トゥロンコシュ(Tronkos),ヤクプ(Jakub),フェダク(Fedak),ヤクブチャク(Jakubcsak),ナスコ(Nasko),ヴァスク(Vasku),ポペラス(Popelas),プリンツ(Princz),コレサル(Koleszar),チュプカ(Csupka),フィアルコヴィチ(Fialkovics)などである。

19世紀末から20世紀初めにかけては,この地からも多くのスロヴァキア人家族がアメリカ合衆国やカナダに移住した。彼らの多くはペンシルヴァニア州の炭鉱地帯で働くかあるいは,イリノイ州やミシガン州,ニューヨーク州の製鉄場や工場の労働者となったが,クリーヴランドやピッツバーグ,デトロイト,オンタリオ州にも移住した例があり,さらにはマニトバ州で森林伐採や農業に携わった人々もいた。彼らはおもにトロントの南郊(キングストン,ロンドン,キッチナーなど)やウィニペグの周辺に定住した。第一次世界大戦後にキューバにさらに移住した家族もあったとも言われている。

現在入手可能な史料によると,1808年にはリヴァダ村には285名のカトリック信徒が生活しており,1902年には1,250名のローマ・カトリック信者と1,770名のギリシア・カトリック信者,つまりルシン系の人々が生活していた。1992

年には，リヴァダ村には1,912名のローマ・カトリック信者と1,910名のギリシア・カトリック信者が居住していた。1930年の国勢調査の結果にもとづくと，わずか21名の住民のみが彼らはスロヴァキア系であると申告していた。

繰り返すが，現在はルーマニアの北西部となっているかつてのサトマール県，ウゴチャ県，マーラマロシュ県は，かつて〔両大戦間期に〕チェコスロヴァキアと境を接していた地域でもあった。

10. 結びにかえて

本章で述べてきたことは，現在のルーマニア領で300年間続いてきたスロヴァキア人の生活史のほんの一部分にすぎない。

それゆえ本章の記述が，ルーマニアのスロヴァキア人の歴史の概観のように扱われることは，筆者が望むところではない。まったく意図から外れたことである。この記述は，現在のルーマニア領での300年間のスロヴァキア人の歴史，それはすでにみてきたように非常に豊かかつ多彩なものであるのだが，その歴史のわずかな一部，歴史の断片にすぎない。さまざまな証言によって，あるいは筆者を含むさまざまな人の手によって記録されてきた多くの住民からの聞き取り調査によって，さらには公式な統計資料や現地調査によって，このルーマニアのスロヴァキア人の生活誌にかんする著作がさらに増えていくことが筆者の望みでもある。

最後になるが，現在はルーマニアに帰属しているこの地域（そしてそれ以外の地域）に居住していたスロヴァキア系マイノリティの当時の状況や少数民族の多様さの理解のために，いくつかの統計データを文末に付表として提示したい。

第6章 ルーマニアのスロヴァキア人の歴史　171

表 6-3　1838-9年の民族別住民構成

	県　名	スロヴァキア人	ルーマニア人	マジャール人	ドイツ人	セルビア人	ルシン人	モンテネグロ人	ブルガリア人	ユダヤ人	ギリシア人
1	ベーケーシュ県	35,202	9,707	93,644	3,000	0	0	0	0	0	290
2	ビハル県	0	151,887	257,901	1,811	0	0	0	0	3,765	0
3	チャナード県	5,332	17,692	43,443	0	0	0	0	0	1,269	0
4	マーラマロシュ県	0	48,929	7,151	6,650	0	84,081	0	0	7,650	0
5	サトマール県	300	68,343	127,449	14,975	0	4,364	0	0	6,443	0
6	テメシュ県	2,954	183,628	4,560	67,847	18,320	0	2,830	3,000	1,598	0
7	トロンタール県	3,200	56,738	43,332	75,864	113,860	0	6,000	9,000	2,252	0
8	ウゴチャ県	0	5,206	17,978	300	0	16,552	0	0	1,419	0
9	クラッショー県	8,804	186,703	400	12,059	500	0	0	0	179	0
10	アラド県	1,500	161,790	32,040	17,087	5,650	0	0	0	1,549	0

出典：Fenyes E.: Magyarorsagnak mostani allapota, Pest.
〔E. フェニェス『ハンガリー王国の現状』（ペスト）〕

表 6-4 1880年頃の民族別住民構成

	県　名	住民総数	スロヴァキア人	ドイツ人	ルーマニア人	ルシン人	クロアチア人・セルビア人	国内の諸民族	外国の諸民族	マジャール人	マジャール人(%)	ルーマニア人(%)
1	ベーケーシュ県	229,757	56,176	6,935	5,613	40	52	221	244	160,472	69.84	2.45
2	ビハル県	446,777	4,715	4,458	192,843	482	64	2,169	677	241,369	54.03	43.16
3	マーラマロシュ県	227,436	513	32,755	58,925	109,695	135	525	290	24,598	10.82	25.91
4	サボルチュ県	214,008	13,638	1,856	1,735	1,770	7	170	444	194,388	90.83	0.00
5	サトマール県	393,092	1,066	14,375	102,130	999	175	1,700	237	178,410	58.83	34.85
6	シラージ県	171,079	2,189	840	106,026	27	1	2,196	44	59,756	34.93	61.97
7	ウゴチャ県	65,377	77	2,479	8,419	30,840	6	195	44	23,317	35.66	12.88
8	アラド県	303,964	3,055	32,155	192,573	100	2,216	2,472	1,105	70,288	23.22	63.36
9	チャナード県	109,011	13,085	1,169	11,682	93	3,353	208	124	79,297	72.74	10.72
10	クラッシュョー=セレーニ県	381,304	6,439	38,966	298,758	329	19,260	3,055	7,045	7,422	1.94	78.35
11	テメシュ県	396,046	3,454	142,427	154,557	145	57,619	6,505	3,302	26,936	6.80	39.02
12	トロンタール県	530,988	12,781	165,419	81,729	30	176,857	11,578	679	81,915	15.43	15.39

出典：Lang L., Iekefalussy I.: Nepessegi statiszkaja, Budapest 1884.
〔L. ラング, I. イェケファルシジ『住民統計』,（ブダペスト,1884年)〕
（両資料は, P. ダンカ『18世紀から19世紀初めにかけてのサトマール県, ウング県, マーラマロシュ県への入植』より引用した。）

第6章 ルーマニアのスロヴァキア人の歴史 173

付表 スロヴァキア民族意識とスロヴァキア語理解力にかんする調査結果

整理番号	性別	年齢	最終学歴	スロヴァキア語能力	スロヴァキア民族意識の有無	スロヴァキア共和国に居住する親類の有無	スロヴァキア共和国との接触	設問：スロヴァキア共和国はルーマニアの同胞に対して十分な支援をしているか？	設問：民族的な観点より「脅か されている」と感じているか？
1	男性	34	高等教育	会話能力なし	はい	はい	はい	はい	いいえ
2	女性	43	高等教育	会話可能	はい	はい	はい	はい	いいえ
3	男性	21	中等教育	会話可能	はい	はい	はい	はい	いいえ
4	女性	18	中等教育	会話可能	はい	はい	はい	はい	いいえ
5	男性	78	中等教育	会話可能	はい	はい	はい	はい	いいえ
6	男性	79	初等教育	会話能力なし	はい	はい	いいえ	わからない	わからない
7	男性	36	中等教育	会話可能	はい	はい	はい	わからない	いいえ
8	女性	74	中等教育	会話可能	はい	はい	はい	はい	いいえ
9	男性	25	高等教育	会話能力なし	わからない	はい	はい	わからない	わからない
10	女性	23	高等教育	会話能力なし	いいえ	はい	はい	はい	いいえ
11	女性	32	中等教育	会話能力なし	はい	はい	はい	わからない	わからない
12	男性	45	高等教育	会話能力なし	はい	はい	はい	はい	いいえ
13	男性	25	高等教育	会話能力なし	はい	はい	はい	はい	いいえ
14	女性	39	中等教育	会話能力なし	はい	いいえ	いいえ	わからない	わからない
15	女性	43	中等教育	会話可能	わからない	はい	はい	わからない	わからない
16	男性	21	中等教育	会話能力なし	わからない	はい	いいえ	わからない	わからない
17	男性	24	高等教育	会話能力なし	わからない	はい	はい	わからない	いいえ

18	男性	46	中等教育	会話能力なし	いいえ	はい	はい	わからない	わからない
19	女性	56	中等教育	会話能力なし	はい	はい	はい	はい	いいえ
20	女性	21	中等教育	会話可能	はい	はい	いいえ	わからない	わからない
21	男性	25	高等教育	会話可能	いいえ	はい	いいえ	わからない	いいえ
22	男性	24	高等教育	会話可能	はい	はい	はい	はい	いいえ
23	女性	23	高等教育	会話可能	はい	はい	はい	はい	いいえ
24	女性	46	高等教育	会話可能	はい	はい	はい	はい	いいえ
25	女性	25	中等教育	会話能力なし	はい	はい	はい	わからない	わからない
26	女性	45	初等教育	会話能力なし	はい	はい	はい	はい	いいえ
27	男性	47	初等教育	会話能力なし	はい	はい	いいえ	わからない	いいえ
28	男性	19	中等教育	会話能力なし	はい	はい	いいえ	わからない	いいえ
29	女性	22	中等教育	会話能力なし	はい	はい	はい	はい	いいえ
30	女性	46	初等教育	会話能力なし	はい	はい	はい	はい	いいえ
31	女性	48	中等教育	会話能力なし	はい	はい	いいえ	はい	わからない
32	女性	52	初等教育	会話能力なし	はい	はい	はい	はい	いいえ
33	女性	24	中等教育	会話能力なし	はい	はい	はい	はい	いいえ
34	男性	22	中等教育	会話能力なし	はい	はい	はい	はい	いいえ
35	男性	46	初等教育	会話能力なし	はい	はい	はい	はい	いいえ
36	男性	48	専門学校卒	会話能力なし	はい	はい	はい	はい	いいえ
37	男性	22	中等教育	会話能力なし	はい	はい	はい	わからない	はい
38	女性	19	中等教育	会話能力なし	はい	はい	はい	はい	いいえ
39	男性	50	初等教育	会話能力なし	はい	はい	はい	はい	いいえ
40	女性	52	初等教育	会話能力なし	はい	はい	はい	はい	いいえ

第6章　ルーマニアのスロヴァキア人の歴史　175

41	女性	68	初等教育	会話可能	はい	はい	はい	はい	はい	いいえ
42	男性	72	初等教育	会話能力なし	はい	はい	はい	はい	はい	いいえ
43	男性	75	中等教育	会話可能	はい	はい	はい	はい	はい	いいえ
44	男性	74	高等教育	会話可能	はい	はい	はい	はい	はい	いいえ
45	女性	72	中等教育	会話能力なし	はい	はい	はい	はい	はい	いいえ
46	男性	53	高等教育	会話可能	はい	はい	はい	はい	はい	いいえ
47	男性	34	高等教育	会話可能	はい	はい	はい	はい	はい	いいえ
48	女性	32	高等教育	会話可能	はい	はい	はい	はい	はい	いいえ
49	女性	27	高等教育	会話可能	はい	はい	はい	はい	はい	いいえ
50	男性	31	高等教育	会話可能	はい	はい	はい	はい	はい	いいえ
51	女性	51	高等教育	会話可能	はい	はい	はい	はい	はい	いいえ
52	女性	43	初等教育	会話可能	はい	はい	はい	はい	わからない	いいえ
53	男性	23	中等教育	会話能力なし	はい	はい	いいえ	はい	いいえ	いいえ
54	男性	21	中等教育	会話能力なし	いいえ	いいえ	いいえ	はい	いいえ	わからない
55	女性	32	中等教育	会話能力なし	はい	はい	はい	はい	はい	いいえ
56	男性	34	初等教育	会話能力なし	はい	はい	はい	はい	わからない	いいえ
57	女性	72	初等教育	会話可能	はい	はい	はい	はい	はい	いいえ
58	女性	52	初等教育	会話可能	はい	はい	はい	はい	はい	いいえ
59	男性	54	高等教育	会話能力なし	はい	はい	はい	はい	はい	いいえ
60	男性	50	高等教育	会話可能	はい	はい	はい	はい	はい	いいえ
61	女性	51	高等教育	会話能力なし	はい	はい	はい	はい	はい	いいえ
62	女性	27	高等教育	会話可能	はい	はい	はい	はい	はい	いいえ
63	女性	25	高等教育	会話可能	はい	はい	はい	はい	はい	いいえ

64	男性	51	高等教育	会話可能	はい	はい	はい	はい	いいえ
65	女性	32	高等教育	会話能力なし	はい	はい	いいえ	はい	いいえ
66	女性	25	高等教育	会話可能	はい	はい	はい	はい	いいえ
67	女性	24	初等教育	会話能力なし	はい	はい	はい	はい	はい
68	男性	48	初等教育	会話能力なし	はい	はい	いいえ	わからない	わからない
69	女性	55	高等教育	会話可能	はい	はい	いいえ	わからない	わからない
70	女性	35	高等教育	会話能力なし	はい	はい	はい	はい	いいえ
71	女性	70	高等教育	会話可能	はい	はい	はい	はい	いいえ
72	男性	53	高等教育	会話可能	はい	はい	いいえ	わからない	いいえ
73	女性	25	中等教育	会話能力なし	はい	いいえ	いいえ	わからない	いいえ
74	女性	40	高等教育	会話可能	はい	はい	いいえ	いいえ	いいえ
75	女性	50	中等教育	会話能力なし	はい	はい	はい	わからない	いいえ
76	男性	59	高等教育	会話能力なし	はい	はい	いいえ	わからない	わからない
77	男性	29	初等教育	会話能力なし	はい	はい	はい	いいえ	いいえ
78	女性	30	高等教育	会話可能	はい	はい	はい	いいえ	いいえ
79	女性	21	中等教育	会話能力なし	はい	はい	はい	はい	いいえ
80	女性	22	中等教育	会話能力なし	はい	はい	はい	はい	わからない
81	男性	56	初等教育	会話能力なし	はい	はい	はい	いいえ	いいえ
82	女性	54	初等教育	会話能力なし	はい	はい	はい	いいえ	いいえ
83	男性	37	中等教育	会話能力なし	はい	はい	はい	はい	いいえ
84	男性	45	高等教育	会話能力なし	いいえ	いいえ	いいえ	はい	わからない
85	女性	27	高等教育	会話可能	はい	はい	はい	いいえ	いいえ
86	男性	32	中等教育	会話可能	はい	はい	はい	はい	いいえ

第6章 ルーマニアのスロヴァキア人の歴史

87	男性	35	高等教育	会話可能	はい	はい	はい	はい	いいえ
88	男性	25	高等教育	会話能力なし	はい	はい	いいえ	わからない	いいえ
89	男性	69	中等教育	会話可能	はい	はい	はい	いいえ	いいえ
90	男性	54	高等教育	会話可能	はい	はい	はい	はい	はい
91	男性	78	専門学校卒	会話可能	はい	はい	はい	はい	いいえ
92	女性	76	初等教育	会話可能	はい	はい	はい	はい	いいえ
93	女性	30	高等教育	会話可能	はい	はい	はい	はい	いいえ
94	男性	35	高等教育	会話可能	はい	はい	はい	はい	いいえ
95	女性	25	高等教育	会話能力なし	はい	はい	はい	はい	わからない
96	女性	27	高等教育	会話能力なし	はい	はい	はい	はい	いいえ
97	男性	26	高等教育	会話可能	はい	はい	はい	はい	いいえ
98	男性	49	初等教育	会話可能	はい	はい	はい	いいえ	いいえ
99	女性	43	中等教育	会話能力なし	はい	はい	はい	わからない	いいえ
100	男性	24	中等教育	会話可能	はい	はい	はい	はい	いいえ

原典：筆者自身の調査による。

178

1) バナートはルーマニアの南西部に位置する地域であり，ハンガリーやセルビア，モンテネグロと境を接している。この地域の主要都市はティミショアラである。文書の中に見られるバナートとティミショアラにかんするもっとも古い言及は1212年のものである。ちなみにティミショアラは〔ルーマニアで〕最初に電化された都市であり，1771年には最初の新聞が〔ドイツ語で〕発行された。（－筆者注）
2) ハンガリー語での現在の地名はトートコムローシュ Tótkomlós (http://www.totkomlos.hu)。
3) ハンガリー語での現在の地名はサルヴァシュ Szarvas (http://www.szarvas.hu)。
4) ルーマニア語での町名は Nădlac，ハンガリー語では Nagylak。ルーマニア西部アラド県に所属する町。町の一地区はルーマニア―ハンガリー間の国境線をまたいで拡がっている。
5) ルーマニア語での現在の地名はモクレア Mocrea。
6) ルーマニア語での現在の地名はセムラク Semlac。
7) ルーマニア語での現在の地名はヴコヴァ Vucova。
8) ルーマニア語での現在の地名はブレストヴァツ Brestovaţ。
9) ルーマニア語での現在の地名はペレグ・マレ Peregu Mare。
10) ルーマニア語での現在の地名はトゥルパル Tlpar。
11) ルーマニア語での現在の地名はブティン Butin。
12) セルビア語での現在の地名はグロジャン Gložan。
13) セルビア語での現在の地名はバチュキ・ペトロヴァツ Bački Petrovac。
14) 現在のペルコソヴァ（Percosova）のことか？
15) ルーマニア語での現在の地名はブドイ Budoi。
16) ルーマニア語での現在の地名はファゲト Făget。
17) ルーマニア語での現在の地名はヴァルザリ Varzari。
18) ルーマニア語での現在の地名はシンテウ Şinteu。
19) ルーマニア語での現在の地名はヴァレア・トゥルネイ Valea Tîrnei。
20) ルーマニア語での現在の地名はフタ・ヴォイヴォジ Huta Voivozi。
21) ルーマニア語での現在の地名はソチェト Socet。
22) ルーマニア語での現在の地名はパドゥレア・ネアグラ Pădurea Neagră。
23) 現在のボロド Borod とシェラニ Şerani。
24) ルーマニア語での現在の地名はサカラサウ・ノウ Sacalasău Nou。
25) ルーマニア語での現在の地名はスプラク・デ・バルカウ Spulacu de Barcău。

参考文献 （史料および史料集）

1. ANOCA, M. D. : Slovenská Literatúra v Rumunsku, Nadlak 2002. 〔M.D.アノツァ『ルーマニアのスロヴァキア文学』，（ナドラク，2002年）〕
2. Atlas L'udovej Kultúry Slovákov v Rumunsku, Nadlak 1999. 〔『ルーマニアのスロヴァキア人民俗文化アトラス』，（ナドラク，1999年）〕
3. Archív Rádia Temešvar, Súkromný archív(Rodinný archív)a Výsledky Niekol'koročného badánia. 〔ラジオ・テメシュヴァール・アーカイブ『個人アーカイブ（家族アーカイブ）および継続調査結果』〕
4. DANCU, P. : Kolonizovanie Slovákov do Šatmárskej, Ugocskej a Mármarošskej župy v 18. a začiatkom 19. storočia, Nadlak 1997. 〔P.ダンツ『18世紀から19世紀初めにかけてのサトマール県，ウング県，マーラマロシュ県への入殖』，（ナドラク，1997年）〕
5. CAMBEL, S. a kolektiv : Dejiny Slovenska, Bratislava 1992. 〔S.ツァンベルおよび共著者『スロヴァキア史』，（ブラチスラヴァ，1992年）〕
6. Dve Kroniky : RADIX, M. : Dejiny Nadlackých Slovákov, ; PLECH, J. : Butin-Kronika školy a života, Nadlak 1995. 〔2本の手記：M.ラディフ『ナドラクのスロヴァキア人の歴史』；J.プレフ『ブティーン－学校と生活の記録』，（ナドラク，1995年）〕
7. FERKO, V. : Kníha o Slovensku, Bratisalava. 〔V.フェルコ『スロヴァキアにかんする書』，（ブラチスラヴァ，発行年なし）〕
8. HAAN, L. a ZAJAC, D. : Dejiny starého a nového Nadlaku, Nadlak 1994. 〔L.ハーン，D.ザヤツ『かつてと今のナドラクの歴史』，（ナドラク，1994年）〕
9. HARGAS, M. : Slovenské ludové dolnozemské piesne, Nadlak 1998. 〔M.ハルガシュ『低地地方のスロヴァキア民俗歌集』，（ナドラク，1998年）〕
10. KUKUCKA, J. : Dejiny a tradicie Slovákov v Rumunsku, Nadlak 2004. 〔J.ククチュカ『ルーマニアにおけるスロヴァキア人の歴史と伝統』，（ナドラク，2004年）〕
11. KUKUCKA, J. : Nadlak v procese osídlovania dolnej zeme, Nadlak. 〔J.ククチュカ『低地地方への移住過程におけるナドラク』，（ナドラク，発行年なし）〕
12. PACALT, D. : Vzpomínky z Rumunska, Praha 1997. 〔D.パラット『ルーマニアの想い出』，（プラハ，1997年）〕
13. SIRACKY, J. : Slováci v Rumunsku, Martin 1981. 〔J.シラツキー『ルーマニアのスロヴァキア人』，（マルティン，1981年）〕
14. SIRACKY, J. : Slováci vo svete, Martin 1981. 〔J.シラツキー『世界のスロヴァキア人』，（マルティン，1981年）〕
15. SVETON, J. : Slováci v európskom zahraničí, Bratislava 1943. 〔J.スヴェトン

『ヨーロッパ諸国のスロヴァキア人』,（ブラチスラヴァ,1943年）〕
16. STEFANKO, O. : O Slovákoch v Rumunsku, Nadlak 2004.〔O.シュテファンコ『ルーマニアのスロヴァキア人に関して』,（ナドラク,2004年）〕
17. STEFANKO, O. : Sprievodca o Slovákoch v Rumunsku, Nadlak 1998.〔O.シュテファンコ『ルーマニアのスロヴァキア人にかんする概略』,（ナドラク,1998年）〕
18. STEFANKO, O. a kolektív : Pämetnica 50 rokov slovenského stredného školstva v Rumunsku.〔O.シュテファンコおよび共著者『ルーマニアにおける50年間のスロヴァキア語中等教育の記録』〕
19. STEFANKO, O. : Poldruhastročná vydavateľstva činnosť nadlackých Slovákov, Nadlak 2003.〔O.シュテファンコ『ナドラクのスロヴァキア人による250年間の出版活動』,（ナドラク,2003年）〕
20. URBAN, R. : Čechoslováci v Rumunsku, Bukurest 1930.〔R.ウルバン『ルーマニアのチェコスロヴァキア人』,（ブカレスト,1930年）〕
21. VARIACIE 1–13, kolektív autor, : Kriterion, Bukurest 1978–1994.
22. VON SCHUSTER, E. : Temešwar–Timišoara, Temesvar 1999.〔E.V.シュステル『テメシュヴァル-ティミショアラ』,（ティミショアラ,1999年）〕

第 7 章
ルーマニアにおけるスロヴァキア人の生活

リュビツァ・ファルチャノヴァー

近重　亜郎 訳

1. ルーマニアのスロヴァキア人

(1) 歴史，文化生活

　今日ルーマニアに暮らす 2 万人強のスロヴァキア人マイノリティは，18世紀および19世紀に旧ハンガリー王国の南部の地域に殖民がおこなわれたときにスロヴァキアを去った人々の子孫である。歴史的にも地理的にもつねに「低地」と呼ばれてきたこの地域へ流入したスロヴァキア系移民は，現在のハンガリー，クロアチア，セルビア（ヴォイヴォヂナ自治州），スロベニア，ルーマニア，ブルガリア（唯一かつてのハンガリー領ではなかった）などの各地のスロヴァキア人居住地と同様，孤立と離散（ディアスポラ）の結果生じたものである。今日では，スロヴァキア人マイノリティのさまざまな人々がこれらの国々に定住している。1980年代には旧ユーゴスラヴィアの国々には 8 万5,000人のスロヴァキア人が住んでいたが，ハンガリーにはおよそ10万人が住んでいた[1]。スロヴァキア人は歴史をとおして他国への大量移民が続き，国外に住んでいるスロヴァキア系移民の総数は国内の人口をはるかに上回る。1870年代から1930年代にかけて，スロヴァキアの住民は海外や西ヨーロッパへ移民した。統計によれば100万人以上のスロヴァキア人とその子孫たちが現在も母国の外で暮らしている[2]。その規模の大きさにかんして，自分の国を出ていくスロヴァキア人の移民の多さは，18世紀から1940年代までのあいだで特筆すべき社会的出来事

であったとされる。

　低地へのスロヴァキア人の移住は，ハンガリー貴族とハプスブルグ家が，トルコの退却（1685年）にともなって彼らが放棄していった土地への再殖民を試みたときからはじまる。とくに北部や山岳地域あるいは今のハンガリーの国境を越えた地点のスロヴァキア人密集地域から人々を連れてくることによってハンガリーへの集中的入殖がおこなわれた。この入殖はサトマル講和（1711年）以降に盛んにおこなわれた。入殖は長期にわたって続き，19世紀半ばまでいくつかの局面においてたびたびおこなわれた。第二波，あるいは第三波にいたっては，20世紀初頭まで続いた。入殖者は地主から社会的，経済的援助を受けた。およそ18世紀の半ばからスロヴァキア人はハンガリー南部の歴史的地理的に国境地帯をなしてきたバーチカ，バナート（現在ルーマニア領）とスリエムにも移住をはじめた。ハンガリーの地方よりもスロヴァキア人の人口の多いこれらの地域では，入殖の第二波，第三波は19世紀と20世紀のはじめに起こった。

　低地スロヴァキア人の民族的，文化的，社会的および経済的発展に注目するならば，1918年までは彼らはハンガリー連合国内に住んでおり，一部わずかなものだけがセルビア・クロアチア・スロヴェニア王国（1929年からはユーゴスラヴィア，現在のクロアチア，スロヴェニア，ヴォイヴォヂナ自治区域を含むセルビア）の市民となったのにたいして，大半のスロヴァキア人移民は1918年以降，（第一次世界大戦の）勝利国の取り決めた国際条約にもとづいてハンガリーにとどまった。

　今日のルーマニア領内に移ってきたスロヴァキア人の入殖は数段階にわたっておこなわれた。その最初は18世紀後半に遡る。しかし大半の入殖は19世紀前半に引き継がれる。スロヴァキア人たちは今日もなお定住しているアラド，ビホル，カラス・セヴェリン，フネオダラ，サトゥ・マレ，サライ，ティミシュといったルーマニア西部に移ってきた。ルーマニアのスロヴァキア人マイノリティの地域分布にかんして，われわれは93.6％がアラド，ビホル，サライ，ティミシュの4地域に集中していることに注意しなければならない。西部ルーマニアのアラドとティミシュは歴史的地理的にはバナート地方に位置し，近隣

はヴォイヴォヂナとハンガリーに挟まれている。したがって,彼らは地域的アイデンティティの自覚から「バナート＝スロヴァキア人」と呼ばれている。この地域の中ではナドラクとテメシュヴァールで調査がおこなわれた。一方,「ビホル＝スロヴァキア人」と自ら名乗っているスロヴァキア人が暮らしているビホルとサライはルーマニア北西部に位置している。ビホル・スロヴァキア人たちへのインタビューはボドノシュとポペシュティでおこなわれた。

　領域的,文化的,社会的および経済的観点から,ルーマニアのスロヴァキア人はおもに二つのグループに分割することができる。バナートとビホルのスロヴァキア人たちの居住地の環境的な違いは,今日もなお継続している文化的な発展のなかにもさまざまな影響を生じさせている。アラド－バナート地方の主たる移住者はハンガリーや旧ユーゴスラヴィアから越してきたスロヴァキア人だが,なかには少数ながらオラヴァやニトラ地方,あるいはノヴォフラトやシャリシュ地方といったスロヴァキア本土から直接移ってきた住民も存在する[3]。アラドのモクラーという居住地には最初のスロヴァキア人移民が1747年にたどり着いたにもかかわらず,アラド－バナート地方のスロヴァキア殖民地は19世紀前半に集中的につくられた。アラドへの大規模なスロヴァキア人の移民の流入は,おもに今のハンガリーにあるスロヴェンスキー・コムローシュ,チャバおよびサルヴァシュから1803年にナドラクへ入殖がなされたことが歴史に刻まれている。19世紀前半のうちに,スロヴァキア人はしだいにルーマニアのビホルの他の地域に移っていった。こうしたいくつかの村落へのスロヴァキア人の到達は,殖民のいわば第二波であり,なかには20世紀はじめまで継続する入殖の第三波が生じた地域もある。ビホルにあるいくつかの村落は,オラヴァやキスツェ,ゲメルといったスロヴァキア本土のさまざまな地方から直接引っ越してきたスロヴァキア人家族によって占められ,彼らによって1785年にボドノシュは築かれたのである。彼らはよその土地に多くの居住地をつくったスロヴァキアからの数多くの殖民集団の先例となった。人口的経済的理由によって,内地のスロヴァキア人入殖は,あらたに場所を移動するかあるいはまったくあたらしい場所を切り開くことによって継続された[4]。この動きは

1918年まで続いた。アラド-バナートとビホルの二つの集団は，民族的共生の点でも異なっている。ビホル＝スロヴァキア人はルーマニア系やハンガリー系の人々が隣り合ってはいるが、分かれて暮らしている場所に，あたらしい自分たちの居住地をつくった。しかしそのときにアラド-バナート地域のスロヴァキア人は，民族的，文化的あるいは自我意識という点では異なる他のエスニック集団（おもにルーマニア人，ハンガリー人，ドイツ人）が混じりあって暮らしている場所にやってきたのである。

　もうひとつべつの要因として，ビホルとバナートの二つのスロヴァキア人集団の職業構造が異なることを決定づけた自然的・地理的環境がある。これは，テリトリーや移民の社会的地位あるいは地元の人々とのコミュニケーションの頻度といった場所的・空間的性格を決めるものである。平地におけるアラド-バナートのスロヴァキア人はおもに農業に従事していた。それにたいして山岳・森林地帯のビホルでは，人々は木挽きやガラス精錬の有資格労働者の仕事をみつけた。アラドとバナートのスロヴァキア人が成功して裕福になっていったあいだに，山岳地帯にあるビホルとサライのスロヴァキア人居住地の大半が経済的発展から取り残されていった。19世紀半ばの産業の発展（今日ポペシュティの行政地域の一部にあたるボドノシュとヴォイヴォズの亜炭やアスファルトの鉱坑）も状況を好転させなかった。この経済状況はビホルでは1918年以降も続いた。こうして二つのスロヴァキア人集団は双方に大きく広がる居住地のタイプの違いによってかけ離れていった。そして今度は一定の地域におけるスロヴァキア人の人口密集度とスロヴァキア人同士のコミュニケーションに影響を与えだしたのである。ビホルとサライ一帯でのスロヴァキア人は全長50km，幅15-20kmの割合狭い山岳地帯の中で比較的小規模な，おもに村落に（まとまって）暮らしている。それにくらべると，アラド-ティミシュ地方にはスロヴァキア人居住地が互いに離れて平野のなかに点在している[5]。ビホルの恒常的な入殖は，他のさまざまな場所と同様に，この地域における特有のスロヴァキア人コミュニティを生みだすにいたった。O.シュテファンコによれば，「19世紀後半から20世紀前半にかけて，共通の信仰や地元コミュニティ間における族内婚の

第7章 ルーマニアにおけるスロヴァキア人の生活 185

ルールにみられるような一体化された要因のために，しかし同時にそれだけでなく入殖のおかげで，特定のポピュラーな文化同様すでに統合された方言が標準化されたことをとおして，一般的な地元意識がうみ出された。ビホルにおけるスロヴァキア人の（集住）地域の孤立は，同属集団の連携という形で大切な自己のエスニック・アイデンティティの保存を促すことになった。それとはべつに，ビホルのスロヴァキア人たちはテリトリーや民族的，文化的密集性からのみならず，共通した経済的特徴を有していることからも性格づけられた」という。

　スロヴァキア人が移住したアラド-バナート地方の一帯は当時の交通事情を鑑みれば互いに（村落が）離散しているという事実のために，個々のスロヴァキア人集落同士のコミュニケーションは今日もなお困難をともなっている。人々を一つに統合しているのは信仰〔アウグスブルグ信仰告白福音教会のルーテル派〕と方言である。エスニック・アイデンティティの重要な特徴の一つは，つい最近までスロヴァキア人同士による同族結婚がおこなわれていることにもみられる。しかしながら，アラド-バナート地方のスロヴァキア人の方言はビホルで話されているものとは異なっているが，それは本土の出身地が異なるからだけではなくて，ことにルーテル派のコミュニティについていえるが，通常の口語に聖書のチェコ語が編入しているためだからである[6]。アラド-バナートのスロヴァキア人はルーマニア人やハンガリー人，ドイツ人などの他のエスニック・コミュニティにより接近し，セルビア人とは距離を置いた。なぜならば，彼らはもともと他の民族集団が築いた村落に住んでいたからである。アラド-バナートのスロヴァキア人固有の文化の変容は，重層的な文化環境の影響のもとで起こった。この地方では文化的，あるいは自身のエスニック・アイデンティティの観点からスロヴァキア人とみなされる人々が定着した村落においてさまざまな変化が生じた。これらはディアスポラ（離散）のような居住地の形態と多重的エスニック環境の特質によって決定づけられる。アラド-バナート地方のこのような（民族的な）密集性は，ルーマニアにおけるスロヴァキア人マイノリティの4分の1が暮らすナドラクの調査のケースにおいてみる

ことができる[7]。

　現ルーマニア領内では，いくつかの社会・政治システムに転換しながらも存続してきた20世紀の社会的経済的状況が，ルーマニアのスロヴァキア人の経済や文化生活の在り様を決定づけている。彼らのエスニック・アイデンティティあるいは場所的空間的アイデンティティに影響を与えるいくつかの重要な要因は，学校制度，教会，教育・文化活動，または日常の交際などである。19世紀末から20世紀になるやいなや，とりわけこの時期に都会的性格を帯びるようになったナドラクにおいて，組織立った国民生活や文化生活の兆候がみられるようになったにもかかわらず，その本格的な発展は1918年以降になってようやくはじまった。スロヴァキア民族の発展にとって重要な転機が訪れた。それはそれまで教会が運営していた学校の国有化であり，1936年の（当時の）チェコスロヴァキア・ルーマニア文化協定の締結である。時代が進むと，もともとルーテル派の教会団体の影響が強かったアラド－バナート地方とくらべて生活水準が低くたち後れていたビホルでは，スロヴァキアの学校システムは空前の進歩を経験した。ビホルにとっては，これは新築の校舎の建設とスロヴァキア本土からの教師の赴任を意味した[8]。そして改善されて教育水準が高まったことだけではなく，同時に，文化・教育活動が活発におこなわれたのである。ルーマニアのスロヴァキア人のこうした活動は，ナドラクのスロヴァキア人コミュニティとの結びつきを近づけ深める結果をもたらした。こうしてアラドとビホル（ボドノシュ）にそれぞれ支部を設けて1924年にスロヴァキア文化協会が設立された。これとはべつに，出版活動の中心地でもあったナドラクでは，スロヴァキア人による文化，商業，スポーツなどのさまざまな協会が誕生した。1918年までは特定の地域同士が通信を取り合っていなかった。1924年のこの文化協会の設立以降にはじめて最初のコンタクトがはかられ，1920年代から40年代にかけて重要な雑誌などの刊行物が発行されたのである。

　1945年以降，新しい政治体制（社会主義）の到来とともに，ルーマニアのスロヴァキア人の生活にいくつか変化が生じた。まず，彼らが再び移住（本国への帰還）をはじめたのである。2万1,000人のうちおよそ3分の2にあたるス

ロヴァキア人がビホルを去った。1946年から49年までのあいだにおこなわれた帰還によってスロヴァキア人マイノリティはそれ以前の半数にまで減少した。しかしながら，帰還したスロヴァキア人たちは強制的にチェコ・ドイツ国境地帯へ移住させられ，そこで同化していった。帰還移民たちはそれまでスロヴァキア人口の中枢だったため，彼らの移住はルーマニアのスロヴァキア人コミュニティに打撃を与えた。その結果として，ビホルのいくつかの小さなコミュニティは消滅してしまった[9]。

学校システムはスロヴァキア人教師の本国への帰還によって衰退期を迎えた。しかしこの地方の大半のスロヴァキア人居住地では，授業で教える言語としてのスロヴァキア語をとおして，互いの学校を結びつけるネットワークが広まった。学校にかんして重要な進展は，ナドラクにおけるスロヴァキアの中等学校（ギムナージウム）の開校である。スロヴァキア人の教育システムは，ナドラクのギムナジウムを経て大学を卒業した有資格者の教員たちによって強化された。独自の知識人エリートたちの活躍によって，文化や教育運動も再び活発に展開された。大戦前の組織を下地にして1947年の後につくられた協会は分解し，文化活動はアマチュアの演劇集団（後に民族舞踊団）によって運営された[10]。1976年，イヴァン・クラスコ文芸クラブがナドラクに作られ，ルーマニアにおけるスロヴァキア文学の振興と出版，学術調査を先導した。調査をおこなったボドノシュにかんして，そこに暮らすスロヴァキア人の民俗的社会的発展は，さらにいくつかの外的要因によってもたらされたものである。ボドノシュとその周辺の雇用は，地元鉱業の発展によっていた。炭鉱労働者であると同時に農業従事者でもあったボドノシュの住民の生活様式は，都会的性質を増していった[11]。しかし同時に彼らはスロヴァキア人としてのエスニック・アイデンティティを高い次元で保とうとした。現在ではボドノシュはビホル地方でもっとも密集したスロヴァキア人居住地の代表的な存在である。1960年代のはじめ，近隣都市の工業化と当地での就業の機会の制約のため，この地域では経済的な理由による移住がおこなわれた。しかしこのことがボドノシュのスロヴァキア人が減少した理由ではない。移住者はビホル地方の産業の中心地へ

移っただけでなく，その耕作地帯やアラド－バナート地方へも移住していったのである[12]。彼らの多くはもともとスロヴァキア人が住んでいるところへ移り，そのうちいくつかの集落ではスロヴァキア人の民族的復興が起こった。バナートでは移住が二つのルーマニアのスロヴァキア人の急進的なグループ同士の文化的結合をもたらした。

アラド－バナート地方とビホル－サライ地方間のコミュニケーションは，ナドラクのギムナジウムの諸活動や国内の経済的移住の結果，20世紀後半にはますます盛んになった。

1989年以降，ルーマニアのスロヴァキア人の国民生活はあたらしい局面を迎えた。ナドラクは「ルーマニアのスロヴァキア人およびチェコ人の民主連合」の誕生の地となった。文化クラブがさらに結成され，スロヴァキア語の雑誌も4誌発行された。スロヴァキア人地区のあいだでは連合の地域組織が文化・教育活動を続けている。連合をとおして，地元議会の議員になるスロヴァキア人すらあらわれている。学校システムにかんしては，1995年になって2校目のギムナジウムがボドノシュに開校した。今日，一世代につき6, 7割の子供たちがスロヴァキア人学校に就学するという事実は，民族意識の高さを物語っている[13]。

(2) スロヴァキア人の人口動態

もしチェコスロヴァキアへの帰還民の人数を含めるならば，ルーマニアのスロヴァキア人マイノリティは調査期間をつうじてさほど増減はしていない。これまでに述べたように経済的な理由でビホル－サライ地方からアラド－ティミシュ地方へ移住した人々がいたにもかかわらず，ビホル地方のスロヴァキア人の総人口は，同じ時期にアラドのスロヴァキア人がわずかながら減少しているのにたいして1990年代までは増え続けていた。しかしながら1992年と2002年のあいだには，そのどちらの地方もスロヴァキア人の人口は緩やかに減少している。

1949年以来現在にいたるまで，ルーマニアのスロヴァキア人は継続的な減少

表 7-1　ルーマニアにおけるスロヴァキア人の人口動態

調査年 地域名	1966 総数	比率(%)	1977 総数	比率(%)	1992 総数	比率(%)	2002 総数
アラド	7,317	1.5	7,551	1.5	6,781	1.4	5,452
ビホル	7,813	1.3	8,079	1.3	8,652	1.4	7,186
サライ	2,357	0.9	1,929	0.7	1,612	0.6	1,287
ティミシュ	2,300	0.4	2,128	0.3	2,311	0.3	1,606

データは上記の年におこなわれた人口調査による。
出典：1966年から1992年までは，Hlásznik, P.『20世紀におけるルーマニアのスロヴァキア人の人口動態』，2002年のデータは www.@mtaki. hu, Etnikai-Memzeti kisebberégkutató intezét, Budapest を参照した。

傾向がみられる。

　(スロヴァキア人の) 人口分布の実態は地方自治体レベルの状況分析をとおして得られる。現在のルーマニアのスロヴァキア人マイノリティはおもに村落型の居住地区に住んでいる。

　アラド地方では，2002年には50人以上のスロヴァキア人が住む自治体が11ヵ所存在している。そのなかで最大の自治体は地方都市アラドである (1992年当時，人口20万4,333人。うちスロヴァキア人マイノリティは全人口の0.3%)。スロヴァキア人住民を抱える自治体のうち，三つは人口が1万人から2万人規模の都市，そのほかの三つが5,000人から1万人規模であった。ナドラクは後者に属する。また四つの自治体が5,000人未満の人口規模である。ナドラクのスロヴァキア人は町全体の47.2%を占め，そのほかの場所ではそれぞれ自治体の総人口の0.3から18.3%を占めていた。九つの自治体では0.3から6.7%をスロヴァキア人マイノリティが占めている。2002年の調査データによると，ナドラクではスロヴァキア人以外に45.4%がルーマニア人，3.2%がハンガリー人，その他の1.5%はロマの人々，セルビア人，ドイツ人，ウクライナ人であった。

　ビホル地方では18ヵ所の自治体が50以上のスロヴァキア人居住者を抱えている。しかしながら，多くが市町村部に暮らしているという事実のために，スロ

ヴァキア人が暮らしている居住地の数はさらに多い。居住者の数にかんして，最低50人以上のスロヴァキア人居住者のいる自治体のうち最大のものはオラデア（20万6,614人，うち0.22％がスロヴァキア人），アレスド（1万776人，うち6.2％がスロヴァキア人），マルギタ（1万7,291人，うち0.47％がスロヴァキア人）である。ビホル地方では，大多数のスロヴァキア人が人口規模5,000人以下の自治体で暮らしている。このような村落は12カ所ある。調査をおこなったポペシュティとボドノシュの一部は5,000人以上1万人未満の自治体である。9カ所の自治体で全人口の5％以上，4カ所で5－10％，3カ所で20－30％のスロヴァキア人を抱えていた。もしそのなかのいくつかの自治体について調べてみるならば，スロヴァキア人の人口分布の実態はいくらか異なったものになっていることに気づくであろう。あるところは9割をスロヴァキア人が占める居住地から一つの自治体が構成されている。こうした一例は，行政区域と居住区域とが四つの独立した地域に分かれているポペシュティ（全人口の15.4％がスロヴァキア人マイノリティ）である。1992年にはボドノシュには93.8％，ヴァルザリには71.9％，ヴォイヴォジには10.6％のスロヴァキア人が居住している。ビホル地方の大半の自治体は，スロヴァキア人マイノリティが多く住んでいる個々の居住地から構成されている。2002年時点でのポペシュティの住民構成はつぎに示すとおりである。すなわちルーマニア人73.3％，スロヴァキア人15.4％，ハンガリー人5％，ロマ4.8％となっている。しかしポペシュティの自治区域であるボドノシュでは，1992年には93.7％の住民が「スロヴァキア人」であった。ビホルのスロヴァキア人たちは一部の地元だけではなく，一地方レベルにおいても多層な民族社会に直面していたのである。非正規には民族構成において「スロヴァキア人村」と「ハンガリー人村」，「ルーマニア人村」とが区別されていた。

　ビホル地方のサライの近隣では，スロヴァキア人が50人以上暮らす自治体は6カ所である。スロヴァキア人の数にかんして特筆すべきことは，ポペシュティの一部分であるゲメルチチカ〔ルーマニア名「ファゲトゥ」〕の山村の住民のうち，1992年時点で99.8％がスロヴァキア人であったことだろう。また，

ほかの場所の村落すべてが5,000人以下の人口規模なのにたいして，シムレウにだけは1万5,000人以上（1992年）が住んでいた。

ボドノシュで1966年から1977年までのあいだに人口がいったんは減少したことにみられるように，1960年代，農村部から都市への人口流入が発生したビホル地方で経済的な理由による移民があったにもかかわらず，スロヴァキア人の数は1992年までに再び増加した。緩やかながらもその人口が減少しはじめたのは2002年である。

1992年までは，ナドラクの住民の半数以上がスロヴァキア人であった。2002年には彼らの人口は減少している（3,696人，すなわち45.4％）が，今日でもなお民族的には単一コミュニティとみなされている。ナドラクの人々のエスニック・アイデンティティの温存には歴史をとおしていくつもの要因が影響を与えている。たとえば，農耕，保守的な生活様式，ルーテル派教会学校，宗教上のお勤め，低地スロヴァキア人の経済的文化的中心地との直接的なつながり，地元の知識人階級（インテリゲンチャ）のスロヴァキア本土のさまざまな文化組織との活発な関係，民衆教育の協会，あるいは地理的に孤立した場所にあることなどである。スロヴァキア人コミュニティのあいだの経済諸団体はナドラク一帯に分布しており，こうしてローカル・コミュニティは，経済的にすべてのスロヴァキア人社会におけるもっとも特徴のある要素に位置づけられる[14]。

ティミシュ地方においてスロヴァキア人居住者のいる最大の自治体はテメシュヴァール（人口31万7,660人）で，そのなかの五つの地区で5,000人未満，二つの地区で5,000人から1万人のスロヴァキア人が住んでいる。ここのスロヴァキア人は，テメシュヴァールの純ルーマニア人社会のなかで暮らしている（570人，町の人口全体の0.17％）。ルーマニア人は全国の人口の85.5％を占め，残りはハンガリー人やドイツ人，セルビア人，ブルガリア人などである。

ルーマニアの情況とハンガリーとをくらべてみると，（前者の）スロヴァキア人は母語による会話の頻度が高いことに特徴がみられる。統計調査のデータから，前回の国勢調査では，わずか2％の人々が他の母国語を話す一方で，98％ものスロヴァキア人がスロヴァキア語を話していることが窺える。実際，ルー

表 7-2　ナドラク，ポペシュティ周辺とティミショアラにおけるスロヴァキア人口

地　名	1950 総数	1950 比率(%)	1966 総数	1966 比率(%)	1977 総数	1977 比率(%)	1992 総数	1992 比率(%)	2002 総数	2002 比率(%)
ナドラク	7,754	62.2	4,854	58.5	4,864	57.9	4,425	52.4	3,696	45.4
ポペシュティ			244	5.6	1,684	17.4	1,653	17.8	1,305	15.4
ポペシュティ地区			24	1.1	40	1.4	87	3.2		
ブドイ地区	1,162	90.7	1,608	88.3	1,156	93.5	1,056	93.8		
ヴァルザリ地区	3,772	94.7	220	47.5	268	59.0	277	71.9		
ヴォイヴォジ地区	352	3.8	1,392	7.6	164	9.0	211	10.6		
ティミショアラ	597	0.7	519	0.3	404	0.1	725	0.2	570	0.17

データは上記の年に行なわれた人口調査による。
出典：1966年から1992年までは，Hlásznik, P.『20世紀におけるルーマニアのスロヴァキア人の人口動態』，2002年のデータは www@mtaki.hu, Etnikai-Memzeti kisebberégkutató intézet, Budapest を参照した。

マニアのスロヴァキア人にとってスロヴァキア語は，依然「自然で活気に満ちたコミュニケーション手段」である。ルーマニアとハンガリー双方の地方では，他のさまざまな民族の影響を受けつつも，アルカイックなスタイルと同様，方言として守り続けられてきた。そして学術調査や出版活動，ジャーナリズムのみならず，学校や礼拝，あるいはアマチュアの演劇集団などでスロヴァキア語を広めようとする努力にあらわれているように，母国語としてさらに発展する見込みがある[15]。

　今日にいたるまで，宗教への入信にかんしてグループは二つに大別される。宗派（信仰告白）については，1992年には1万9,597人のスロヴァキア人のうち，1万2,597人がローマカトリック，3,688人がルーテル派，503人がオーガスチン・ルーテル派，850人が正教，そして587人がギリシアカトリックであっ

た[16]。

　これらの場所では地域固有の特性が残っており，今日ではその地域のいずれもが自立的な発展をしようとしている。もっとも，彼らは学校でスロヴァキア語がもっと教えられる必要のあることや政治の場へ代表者を送り込むことなどという基本的な民族の権利を強化したいという意思は共有し続けている。

　一般的に，歴史をとおして民族的に異なる環境にあって，ルーマニアのスロヴァキア人たちは彼らの民族的自覚，名称，共通の言語を，部分的には同化したものの，依然として伝統として保ち続けているということができるだろう。そして，スロヴァキア人マイノリティがルーマニアの総人口に占める割合はまったく取るに足らないとみなされているにもかかわらず，また国内でわずかに九番目の規模の民族にしては比較的活発なマイノリティである。

2. 質問調査結果の概要

(1) スロヴァキア人被面接者の特徴

　抽出された被面接者サンプルの人口的，社会的特徴はつぎのとおりである。
　〔性別〕調査対象者は男女比がほぼ対等になっている。女性は被面接者集団の57.0％，男性は43.0％である。
　〔年齢〕年齢構成において，全体でもっとも多くを占めるのは18歳から29歳までの若者（32.0％）と31歳から44歳までの壮年層（26.0％）である。さらに上の年齢層（45歳から59歳まで）は18.5％とそれよりも少なく，60歳以上の高齢者層は全体の12％である。18歳以下の若い世代は11.5％であった。この調査では44歳以下が7割（69.5％）近い。このことは，ルーマニアのスロヴァキア人の民族的発展を理解するうえで重要な情報である。
　〔家族〕サンプルはほぼ等しく二つの主要なグループに分けることができる。既婚者は全体の52.0％で，独身者は42％である。さらにわずかではあるが離婚者が1.0％，死別が3.0％，事実婚が2.0％いた。
　〔学歴〕大多数が卒業資格試験に合格した中等教育修了者，あるいはなんら

かのそれ以上の教育を受けた者であり（34.5％），中等教育中退者は29.0％である。そのつぎに比較的多いのは初等教育修了者で21.5％，他方大学教育修了者は少なく12％である。わずかに3％の人々が初等教育未修了者であった。

〔宗教〕被面接者のあいだには主要な宗派のほかに，二つのほぼ同等数の宗派があり，地域によってグループの占める割合が異なる。ビホル北西部のスロヴァキア人たちはおもにローマカトリックの信者であるのにたいして，アラドではアウグスブルグ信仰告白福音教会のルーテル派が主流である。このことは調査対象者総数のうち，ローマカトリック信者が58.0％で，ルーテル派信者が40.0％であることに反映されている。正教徒はわずか0.5％で，残りの1.5％はなんらかの異なる宗教の信者である。

〔被面接者の社会的経済的構成〕最大の社会集団は，勤労者（賃金労働者）で42.9％であった。自営業者は被面接者のわずか6.5％で，学生の割合は比較的大きく22.5％，ついで退職者が16.0％，専業主婦か育児休業者が3.0％である。失業者は9.5％であった。賃金労働者全体のうち69％が一般社員で，20％が独立したポジションで働いており，9％は中堅管理職，そして3％が経営トップの地位に就いている。自営業者の75％は1人または家族とともに働いており，18％が10人未満の小規模自営業で，10人以上の従業員を抱える中小規模の企業は8％である。

就業分野についてみると，サービス業がもっとも多くて55％，ついで工業が18％，農業に14％，そして建設業に3％の人々が従事している。サービス業のなかでは，教育と文化の分野がもっとも多くて40％，小売業や修理サービス業に20％，医療や福祉のサービスに19％の人々が従事している。

〔民族籍〕エスニック・アイデンティティの重要な特徴のひとつとして，民族籍の決定がある。ルーマニアのスロヴァキア人のばあい，ほぼ98％の被面接者がスロヴァキア人であると答え，ルーマニア人であると答えたのはわずか2％にすぎない。

(2) 社会的なアイデンティティと価値観

社会的アイデンティティは，文字どおり物理的にせよ象徴的にせよ，個人を中心にしてさまざまな距離を経て広がる外界の社会的要素という意味合いではかられる。社会的アイデンティティが形成される場は，人々が（実際に）移動している範囲であったり，家族や宗教，職業的，社会的，空間的あるいは政治的な場などといった知覚のおよぶ範囲である。結果的に，おもに農村地帯にあるルーマニアのスロヴァキア人コミュニティでは，（これはとくに驚くに値しないことだが）被面接者が「家族」をほかのすべての社会的要素の何よりも重んじているように，最近まで家族関係が複数のコミュニティ同士の連帯の基礎になっていた。（被面接者に）自由に選ばせたところ，さまざまな社会的要素の順位は以下のようになった。

表 7-3 価値の選択序列

アイデンティティのおよぶ社会的範囲	指　標（指数）＊
家　　　族	0.96
教　　　会	0.87
自治体（町村の居住地レベル）	0.81
民族（ネイション）	0.81
世　　　代	0.79
学　　　校	0.78
国家－ルーマニア	0.76
職　　　業	0.75
ヨーロッパ	0.71
世界市民	0.66
職　　　場	0.65
地方（県レベルの広さ）	0.64
政　　　党	0.33

＊指標（指数）は5段階評価から算出し，最高値1.00から最低値0.00である。

アイデンティティの順位第二番目が「教会」であるということは，ルーマニアのスロヴァキア人にとって依然宗教生活が重要であるということのあらわれである。さらに「自治体」（第3位）と「民族」（第4位）も重要な価値項目として上位にあげられている。このことは被面接者と，同じ民族性および信仰によって統合されたローカル・コミュニティとの強い結びつきが，いまだに存続していることを示している。さらに重要なアイデンティティは，エスニック環境と少数民族言語による学校システムからみて民族的に規定されるであろう「世代」と「学校」である。さらに国家としての「ルーマニア」，「ヨーロッパ」，「世界市民権」，「政党」などが続く。これらのアイデンティティが（相対的に）低く評価されているのは，おそらくローカル・コミュニティ内部の社会的な結びつきや民族的団結が強いためだろう。これはローカルなレベルを超えたものにたいする無関心な態度のあらわれである。しかしながら驚くべきことに「地方」のアイデンティティは，被面接者が暮らしている比較的民族的にまとまっているビホル地方の全域において評価が低くなっている。このことは，彼らのアイデンティティが家族，宗教，ローカル（局地的），エスニック，世代の各レベルで形づくられていることを示している。

　被面接者の価値選択にかんしては，重要な結果をいくつかあげることができる。5段階評価によって算出された重要度の係数（訳注：これを「指数」としている）によれば，28の社会・経済関連項目のグループはほぼ同質のもので構成されている。「家族」（指数：0.99），「自由」「愛」「正直」（0.98），「仕事」（0.95），「社会正義」（0.92），「教育」「自己の能力を信じること」「宗教」「平等」（0.91），「精神的成熟度」「正直さ」「道徳」（0.90），「法の順守」「連帯」「集合性」（0.89），「個人の尊厳」（0.88）と続く。わずかに評価が下がるものの，依然重要とみなされる価値は，「従順」「他人からの独立」「伝統」（0.85）である。ルーマニアのスロヴァキア人にとって「家族」はいまだにもっとも重要な価値である。エスニック集団の統合に重要だとみなされている価値は，他の価値と結びついている。「道徳的な質の高さ」や「民族的属性」とともに，「宗教」は四番目のグループに属する。エスニック・アイデンティティの発達に大いに寄与している

「伝統」は評価が低く，九番目に位置しているものの，その指標（指数）はまだ高いほうである（0.85）。これは被調査対象サンプルの若・中年世代の大半でみられる。これらの世代にあっては，家族や地域生活での文化的伝統を維持することにさほど重要性や意義を見出していない。価値評価の指標（指数）によれば，伝統の保存はルーマニアのスロヴァキア人の民族的自覚と結びつきのしるしとして将来にわたって大変重要だとされている。

(3) ローカル・アイデンティティ

上述のデータから，居住地へのアイデンティティがルーマニアのスロヴァキア人にとって重要なものであることがわかる。「居住地のアイデンティティ」は「家族」「宗教（教会）」に続く位置に他の社会的アイデンティティの指標（指数），すなわち「民族性」（0.81）とともに第三番目の順位につけている。その他のいくつかの項目もまた，住民が彼らの暮らす居住地をどのように身近に感じているのかを知る手助けとなる。

① ローカル・アイデンティティと居住地との結びつき
　居住期間は，居住地とローカル・アイデンティティとの関係にたいしてかなりの影響を与えている。20年以上にわたって同じ居住地に暮らし続けている被面接者は60.3％にのぼっている。この数字は被面接者の年齢構成にちょうど対応しているだけでなく，20世紀後半のルーマニアにおけるスロヴァキア人の経済殖民とも合致しているとみられる。この結果はまた一方で30年以上同じ場所に住んでいると答えた人がわずか33.7％であったということとも結びついている。
　居住地との関係をみてみると，もっとも多い回答が「（住んでいる理由として）自分の家族が住んでいる場所だから」（51.8％），ついで「この場所が好きで暮らしに満足しているから」（29.1％）が続く。仕事をつうじて村落とのかかわりを感じている人はわずか3.9％であった。さらに3.6％は住む場所を選ぶ余地がないと答えている。現在住んでいる場所の生活について不満があり，機会があ

ればどこかよその土地へ移りたいと答えた回答者は少ない (6.5%)。そして実際にどこかへ移住する機会を積極的に探している人々は4.5%であった。

しかしこの居住安定性の傾向は,「移住を考えているかどうか」という質問を個別に問いかけたばあい,異なった様相を呈してくる。回答は以下のようなものであった。

- 「いいえ,まったく移住を計画する状況下にない」　　　　39.2%
- 「現時点では,移住の可能性はない」　　　　　　　　　　21.9%
- 「移住の可能性を考えてはいるが,まだ決心していない」　22.9%
- 「移住する決心をした」　　　　　　　　　　　　　　　　16.0%

居住の安定性が崩れることについては,被面接者の38.9%が潜在的移民であるからだといえる。調査対象者のあいだで比較的移住の割合が多くみられるのは,おそらくビホル地方の各自治体では就職の機会が少ないことが反映しているためであろう。移住を決心した,あるいは(現在)考えているという回答を検討すれば,より理由が明確になるだろう。それらは予想通り,まず第一に経済的な動機である。回答者の16.6%が適職を見つけたいと答えており,8.4%は自分たちの経済的状況を改善したいと考えているからである。そのほかの20%はいくつかのグループに分けられる。すなわち,1.6%は家屋の問題を解決したいとし,住居環境に不満を感じているのは5.2%で,家庭の事情により引越しする必要があると答えたのは3.6%,4.9%の人々は自治体の将来に発展する見通しをもっていない。

ローカル・アイデンティティにかんする項目のうち,次世代にとってその土地に住むことが魅力的かどうかという質問がある。(地域の将来性にかんして)人々が懐疑的になっていて,そのため被面接者の居住安定性が潜在的に崩れていることは,今回得られた回答にも現れている。自治体がより好ましい次世代の生活環境をつくりだすであろうと信じている人は,わずか41.1%にすぎない。しかしながら42.3%の人々はこの問題にかんして彼ら自身の考えを示すことはできず,16.3%ははっきりと否定的であった。

② 住民意識とローカル・アイデンティティ

地域との結びつき意識を醸成する要因の一つは，人々のローカルな市民としての自己認識である。自分たちのことを「正真正銘の」居住地自治体の住民と思っているかと訊くと，回答者全体のうち83.3％が「はい」と答えている。残りのうち4.5％は否定的で，さらに12.1％は自分の考えを答えることができなかった。ローカル・アイデンティティを抱く諸動機の順位はどのようになっているだろうか。住民意識やローカル・アイデンティティをもつようになるもっとも強い動機は，「その土地で生まれて気が休まり，付き合いや想い出があって，人々との一体感がある」ことである。これは0.81という指数に示されており，大半を占めている。ついで「家族背景や知人・友人に囲まれていること」である（指数 0.61）。それとほぼ並んで動機を正当化しているのは，「集合住宅や一戸建て住居あるいは庭などを所有していること」にみられる物理的環境である（0.60）。逆に回答が少なかったのは「職場や同僚との結びつき」（0.37），「民族的連携」（0.31）あるいは「自治体やその地方，周辺地域との感情的結びつき」（0.29）であった。このことから，被面接者たちは彼らの住民意識やローカル・アイデンティティを主としてくつろぎや一体感，家族との結びつきといった，いわば土着性の観点から認識しているということは明らかである。それから，家族との結びつきと同レベルで，集合住宅や一戸建て住居，庭の所有などといった，人々が現実的にその自治体の住民であると実感できるような実際的な理由も見出すことができる。

③ 自治体における生活環境とローカル・アイデンティティ

生活環境もまた，住民の居住地にたいする関係構築に寄与している。生活環境にかんする指標（指数）項目全体のうち，もっとも高い指数を示したのは「住宅」（0.67）である。「学校」や「教育の機会」についての高い評価は，ローカル・アイデンティティの醸成と同様，民族の発展にとって重要である（0.60）。それとほぼ同列にあるのは，「居住地内での商業とサービスの供給」

(0.59) であり，それよりわずかに少ないが，「村の景観，建物や公共の場の補修」(0.56) が続く。さらに，「住民同士の共存などといった家族以外の人々との関係や個々人の人間関係」(0.55)，「住民と自治体との関係」(0.54) と続いている。また，より好ましい環境の中において個々人の相互関係や共存の発展のために豊かな土壌を提供することになる社会的文化的状態は，回答者には中程度に見積もられている (0.54)。生活環境のその他の指標については，「個人や財産の安全」(0.45)，「公共医療と社会サービスの利便性」(0.45)，「交通の利便性」(0.43)，「自治行政当局の仕事の質」(0.43) など十分な満足が得られないと低めに評価されている。さらに低い評価が与えられているのは，「地元と周辺地域における就職の機会」(0.41) で，最下位は「技術インフラストラクチャー」(0.37) であった。

住民にとって彼らが暮らす土地で満足な生活を送るためにもっとも大切なものは何かと尋ねると，「(同じ) エスニック集団の一員であること」(0.82)，「他人に寛容であること」(0.80) などとほぼ同じ程度でありながら，まず最初に「家庭環境」(0.86) を選んでいる。さらに順位のなかほどには「家に一人残されることと他人を無視することの拒否」(0.55) があがっている。

(4) 地域社会とエスニック・アイデンティティ

特定の自治体や地方で多層的なエスニック環境にある地域社会のエスニック・アイデンティティは，ローカル・アイデンティティと可変的に結びついている。

① 世代間における民族的連携の発達

同族婚は，エスニック・アイデンティティの実質的なあらわれの一つであると考えられている。そしてエスニック・アイデンティティを保存するときに重要な働きをする結婚はこの同族婚タイプである。このタイプの結婚の広まりは，子供たちの民族的な結びつきもみられる場所での社会学調査の結果から証明される。

表 7-4　配偶者と子供たちの民族籍（ナショナリティ）

民族籍	スロヴァキア人		ルーマニア人		ハンガリー人		ルシン人	
	総数	比率(%)	総数	比率(%)	総数	比率(%)	総数	比率(%)
被面接者の配偶者	155	81	26	14	9	4	1	1
被面接者の子供たち	177	97	6	3	—	—	—	—

　自分の配偶者と子供たちの民族性（エスニシティ）について尋ねられた人々の数は，被面接者全体のサンプル数とくらべると少ない。なぜならば，既婚者は297人（全体の64%）で，さらに子供をもっているのは167人（60%）だからである。（しかしながら）被面接者全体の81%にあたる結婚が「スロヴァキア人」

表 7-5　民族的出自

民族籍	スロヴァキア人		ルーマニア人		ハンガリー人		チェコ人		ウクライナ人		ルテニア人	
	総数	%	総数	%	総数	%	総数	%	総数	%	総数	%
被面接者の母親	290	93.9	8	2.6	3	1.0	2	0.6	—	—	—	—
被面接者の父親	285	93.8	15	4.9	2	0.7	—	—	1	0.3	—	—
被面接者の義母	147	80	22	12	12	6	1	1	1	1	—	—
被面接者の義父	151	83	23	13	8	3	—	—	—	—	1	1

同士でなされていて，次世代においても同じエスニック集団内で民族再生産が確実に起きているということは，民族的連携の発達の一投影ということで非常に有益な調査結果である。両親のおよそ97％が「スロヴァキア人」の子供をもち，一方，わずか6％が「ルーマニア人」の子供をもっている。

　この調査は，被面接者の親の世代まで遡って民族的連携をさぐっている。

　スロヴァキア人の民族性について，既婚者の両親（母親の93.9％と父親の93.8％）と既婚当事者（98％の「スロヴァキア人」が，全配偶者のうち81％のスロヴァキア民族籍を持つ相手と結婚している）とをくらべてみると，前世代にたいしてわずかに同族婚が減っていることがわかる。一方，スロヴァキア人でない配偶者が，スロヴァキア人の民族籍を引き継いだ子供（97％）に人種的に合わせていることもわかった。

　② 民族的連携，母語と言語操作能力

　この調査のサンプルは，ボドノシュの村落やナドラクの小都市，スロヴァキア人の小集団が暮らしている町テメシュヴァールに代表されるような民族的に同質のコミュニティで暮らしている。ボドノシュでは人口の90％がスロヴァキア人で，ナドラクでは50％，そしてテメシュヴァールには0.17％と数は少ないがスロヴァキア人が住んでいる。調査対象者の大半がスロヴァキア人の同質地域集団に属しているとはいうものの，彼らはスロヴァキア語とともに，その地域一帯で社会的にも文化的にも経済的な枠組みのなかで重要な役割を演じている他の言語も使われているような多層的な民族環境のなかで暮らしている。

　すでにふれたように，人口国勢調査によればルーマニアのスロヴァキア人のほぼ全員がスロヴァキア語を母語とみなしている。上述の調査結果もまた，被面接者の95.1％がスロヴァキア語を母語として話していることにみられるように，スロヴァキア語が固有の言語としての地位を保ち続けていることを示している。他方ルーマニアのスロヴァキア人たちは他の言語を使いながら他のエスニック集団と頻繁にコミュニケーションをとっている。（ルーマニアに暮らす）セルビア人のうち31％とクロアチア人全体の10％しかルーマニア語が理解でき

ないのにたいして，スロヴァキア人全体の85%がルーマニア語を話すことができる。家族的な結びつきに似てスロヴァキア語でコミュニケーションをはかっているナドラクのスロヴァキア人社会は，セルビア・モンテネグロやクロアチアに近い他のコミュニティのことを想起させる。また，被面接者全体のうち27%がハンガリー語を話すことからも，ハンガリー系コミュニティとのつながりが窺える。

③ 民族差別

民族にかんする論点のうち，われわれは被面接者の民族差別についての経験について調査した。被面接者がいずれかエスニック集団の民族差別を個人的に体験した，あるいは目撃したことがあるかどうかという質問にたいする回答

表 7-6 民族差別についての被面接者の個人的あるいは耳目に触れた体験

	配偶者選択の時 全回答中の割合(%)	就職時 全回答中の割合(%)	職場での昇進（キャリア） 全回答中の割合(%)	教育の機会 全回答中の割合(%)	当局との接触 全回答中の割合(%)	文化面 全回答中の割合(%)
差別未体験者	70	73	80	83	81	88
スロヴァキア人の差別体験者	26	22	20	20	18	13
ルーマニア人の差別体験者	13	14	8	6	5	6
ハンガリー人の差別体験者	11	16	13	15	16	7
ロムの差別体験者	33	30	43	39	46	27
ユダヤ人の差別体験者	11	12	10	13	8	3
その他の民族の差別体験者	7	6	5	7	5	0

表 7-7 民族差別の情況別頻度 (%)

	配偶者選択	就職	当局と接触	職場での昇進(キャリア)	教育の機会	文化面
差別の割合	176 – 28	118 – 19	98 – 15	98 – 15	95 – 15	53 – 8

表 7-8 頻度の多い被差別民族 (%)

	ロマ	スロヴァキア人	ハンガリー人	ユダヤ人	ルーマニア人	その他
差別の割合	245 – 38	141 – 22	88 – 14	67 – 11	61 – 7	35 – 5

は，上の表にまとめてある。

　もっとも頻繁に差別が起きているのは配偶者選択のときであり，被面接者全体のうち約30％の人々が体験している。しかし就職時の状況においても27％の被面接者が差別を体験していて，頻度が多いことに変わりはない。べつの20％は職場での昇進の際に差別に直面している。当局と接触する際になんらかの差別にあっていると感じている人々は19％おり，17％が教育機会，そして12％の人々は文化面で何らかの差別を受けている。

　被面接者からみて，もっとも差別を受けているエスニック集団はロマの人々である。

3. 結　　論

　ルーマニアのスロヴァキア人のローカルおよびエスニック・アイデンティティにかんする調査結果を分析する際には，それらの変遷および現在の状態についての社会的，経済的，歴史的，文化的，人口統計学的あるいは民族的な視点をそれぞれ考慮に入れる必要がある。ルーマニアのスロヴァキア人は，共通の言語と伝統的文化を保持し，自らのエスニック・アイデンティティを守りとおしている地域社会の象徴である。しかし過去の50年間に集計された人口統計

データによれば，スロヴァキア人マイノリティの凝縮性にはわずかに退潮傾向がみられる。これらの傾向は今後20年のあいだは続くであろうことが予想される。ルーマニアのスロヴァキア人は2万人と比較的小規模ながらまとまりのあるマイノリティであり，文化的にも教育においても政治生活においても活発に活動をしている。彼らの生活状況，思考様式や態度がルーマニアのスロヴァキア人のローカルおよびエスニック・アイデンティティをかたちづくっている。

社会的アイデンティティにかんして，調査対象グループに「家族」「宗教」「教育」「世代」「職業」「地域」「政治」のそれぞれの因子から選ばせると，彼らは明らかに「家族」を好んで選ぶ。「宗教」は「家族」との差はわずかだが第2番目のランクにある。その他の重要ないくつかの社会的アイデンティティは，「居住地」と「民族性」である。地域の規模を超えた項目（「ヨーロッパ」「世界市民」「地方」「政党」）については，調査をおこなったコミュニティにとって重要度は低い。この調査結果は，スロヴァキア人マイノリティが家族や宗教，地域，民族，世代といったレベルで彼らの社会アイデンティティを構築しているということを明らかに示している。聞き取りをおこなったスロヴァキア人の大半にとって家族はもっとも尊重される価値（指標：0.96）だが道徳的，感情的，社会的，職業的価値も（指標は）ほぼ等しくなっている。しかしながら（被面接者に評価を依頼した）28個のアイデンティティを構成する諸要素は，指数の重要度（そのもっとも低い価値は「服従」「独立」「伝統」〔指数：0.85〕である）からみれば，どちらかというとどれも同質であった。

被面接者全体の83.3％が，自分たちが暮らしている居住地の実際の住民であり，また自治体の市民であるとみなしている。地域同一性のもっとも重要な要素は，土地の固有性と人々の社会的なまとまり（統合性）である。「実際の」住民と自治体の市民の（その土地にたいする）自己同一性や社会的アイデンティティは，定着人口の安定性とは直接相関していない。すでに引越しを決意した人々および移住のつもりがありながらまだ実行に移していないいわゆる潜在的な移民は，被面接者全体の38.9％を占めている。このことは，主として若い世代の経済的移民がかなりの数にのぼり，今後も続くであろうことを示してい

る。より望ましい環境へ移ろうと考えている大多数が，適当な仕事を見つけたり，経済状況を改善しようとしている人々であることも調査は示している。次世代にとって自治体が魅力的かどうかについては，躊躇やネガティヴな反応（合わせて58.6%）に（人々が土地の将来性に）懐疑的であることが表れている。

　（住民の）定住性が低いにもかかわらず，地元住民の大半が居住地に同一性を求めていて（83.3%），エスニック・アイデンティティの重要な属性となっている。被面接者のうち93.9%が「スロヴァキア人」で，そのうち95.1%はスロヴァキア語が母語であると考えている。（ルーマニアのスロヴァキア人マイノリティを取り巻く）多層的なエスニック環境は，ルーマニア語やハンガリー語，セルビア語など他の言語の知識（が必要であるということ）をとおして示される。

　調査結果によって確認されるように，スロヴァキア人の同族婚はいまだに続いている。調査対象の81%にあたる被面接者の配偶者は「スロヴァキア人」であった。前世代に比べて幾分か民族的同質性が薄れてきているとはいうものの，ルーマニアのスロヴァキア人たちのエスニック・アイデンティティは彼らの子供たちの代で再び強化されている（子供たちは97%が「スロヴァキア人」である）。

　人種間のバリアと民族差別は生活のあらゆる場面でみられるが，差別が生じる頻度がもっとも高いのは配偶者選択の時である。もっとも差別されているエスニック集団はロマの人々である。

　ルーマニアのスロヴァキア人の将来的発展は，経済的状況や就職の機会，スロヴァキア人知識人（インテリゲンチャ）を取り巻く環境，スロヴァキア語教育や文化機関の位置づけなど，さまざまな要因によって方向づけられる。非常にゆっくりとはしているが依然として同化のプロセスは続いている。しかしながら，ルーマニアのスロヴァキア人マイノリティについては，ハンガリーやポーランドでの一部のケースとは異なり，彼らが消滅してしまう懼れについて語ることはできない。調査結果がほのめかしているように，エスニック・アイデン

ティティやローカル・アイデンティティが，今日のルーマニアでのスロヴァキア人の民族的，社会的統合をいっそう強めているのである。

1) *Encyklopédia L'udovej Kultúry Slovenska*. 2.「スロバキア民俗文化事典」, Veda, Ústav etnológie SAV, Bratislava 1995, pp. 160, 158.
2) *Encyklopédia Slovenska*.「スロバキア百科事典」, V. Veda, Bratislava 1981, p. 277.
3) シュテファンコ（ŠTEFANKO, O）: Slovenské osídlenie v Rumunsku. In Štefanko, O., Benza, M. (eds.): *Atlas l'udovej kultúry Slovákov v Rumunsku*. Vydavateľstvo kultúrnej a vedeckej spoločnosti Ivana Krasku. Nadlak 1998, p. 15.「ルーマニアにおけるスロバキア人移民について」（シュテファンコ，ベンジャ共編『ルーマニアにおけるスロバキア人の民俗文化地図』）ŠTEFANKO, O.: 詳細は（ŠTEFANKO, O.）, : Slovenské osídlenie...
4) シュテファンコ（ŠTEFANKO, O.）: *Sprievodca o Slovákoch v Rumunsku*.「ルーマニアにおけるスロバキア人案内」, Vydavateľstvo Kultúrnej a vedeckej spoločnosti Ivana Krasku. Nadlak 1998, p. 17. 詳細は: Slovenské osídlenie...
5) フラースニク（HLÁSZNIK, P.）」: *Slováci v Rumunsku. (Demografiztké aspekty)*「人口統計から見たルーマニアのスロバキア人」. Bratislava 1995, p. 36.
6) シュテファンコ（ŠTEFANKO, O.）: *L'udová kultúra Slovákov v Rumunsku*.:「ルーマニアにおけるスロバキア人の民俗文化」（シュテファンコ，ベンジャ共編『ルーマニアにおけるスロバキア人の民俗文化地図』）In Štefanko, O., Benža, M. (eds.): *Atlas l'udovej kultúry Slovákov v Rumunsku*. Vydavateľstvo kultúrnej a vedeckej spoločnosti Ivana Krasku. Nadlak 1998, pp. 30, 31. 詳細はŠTEFANKO, O.: L'udová kultúra...
7) フラースニク（HLÁSZNIK, P.）: *Demografický vývin Slovákov v Rumunsku v 20. storoči*「20世紀におけるルーマニアのスロバキア人の人口発展」（バルタルスカー，グラーツォヴァー共編『ルーマニアにおけるスロバキア人』）. In BARTALSKÁ, Ľ., GRÁCOVÁ, G. (eds.): *Slováci v Rumunsku*. Dom zahraničných Slovákov, Bratislava 1995. 詳細は HLÁSZNIK, P.: Demografický vývin Slovákov v Rumunsku...
8) シュテファンコ（ŠTEFANKO, O.）: *Sprievodca o Slovákoch...*,「ルーマニアにおけるスロバキア人案内」, p. 21.
9) *Encyklopédia L'udovej Kultúry Slovenska*. 2. ［スロバキア民族文化事典］ Veda, Ústav etnológie SAV, Bratislava 1995, pp. 160, 158.
10) *Encyklopédia Slovenska*. ［スロバキア百科事典］, V. Veda, Bratislava 1981,

p. 277.

11) シュテファンコ (ŠTEFANKO, O.)：*Slovenské osidlenie v Rumunsku*「ルーマニアにおけるスロバキア人移民について」(シュテファンコ，ベンジャ共編『ルーマニアにおけるスロバキア人の民俗文化地図』). In Štefanko, O., Benža, M. (eds.)：*Atlas ľudovej kultúry Slovákov v Rumunsku*. Vydavateľstvo kultúrnej a vedeckej spoločnosti Ivana Krasku. Nadlak 1998, p. 15. 詳細は ŠTEFANKO, O. : *Slovenské osídlenie*...

12) シュテファンコ (ŠTEFANKO, O.)：*Sprievodca o Slovákoch v Rumunsku*「ルーマニアにおけるスロバキア人案内」. Vydavateľstvo Kultúrnej a vedeckej spoločnosti Ivana Krasku. Nadlak 1998, p. 17. 詳細は ŠTEFANKO, O. : *Slovenské osídlenie*...

13) フラースニク (HLÁSZNIK, P.)*Slováci v Rumunsku. (Demografiztké aspekty)*.「人口統計から見たルーマニアのスロバキア人」Bratislava 1995, p. 36.

14) シュテファンコ (ŠTEFANKO,O) : Ľudová kultúra Slovákov v Rumunsku.「ルーマニアにおけるスロバキア人の民俗文化」(シュテファンコ，ベンジャ共編『ルーマニアにおけるスロバキア人の民俗文化地図』) In Štefanko, O., Benza, M. (eds.) : *Atlas ľudovej kultúry Slovákov v Rumunsku*. Vydavateľstvo kultúrnej a vedeckej spoločnosti Ivana Krasku. Nadlak 1998, pp. 30, 31.詳細は ŠTEFANKO, O. : Ľudová kultúra...

15) フラースニク (HLÁSZNIK, P.)：*Demografický vývin Slovákov v Rumunsku v 20. storočí*「20世紀におけるルーマニアのスロバキア人の人口発展」(バルタルスカー，グラーツォヴァー共編『ルーマニアにおけるスロバキア人』). In BARTALSKÁ, Ľ., GRÁCOVÁ, G. (eds.): *Slováci v Rumunsku*. Dom zahraničných Slovákov, Bratislava 1995. 詳細は HLÁSZNIK, P. : Demografický vývin Slovákov v Rumunsku...

16) シュテファンコ (ŠTEFANKO, O) : *Sprievodca o Slovákoch*「ルーマニアにおけるスロバキア人案内」, p. 21.

第 8 章
合衆国のスロヴァキア人

マイケル・J.コパニッチ Jr.
香坂　直樹 訳

1. はじめに

　19世紀の最後の四半世紀以後、アメリカ合衆国はスロヴァキア人のもっとも主要な流入先になった。当時のスロヴァキアはオーストリア＝ハンガリー二重君主国の一部分となっていた中央ヨーロッパのハンガリー王国内に位置していた。「俺はアメリカに行く」という台詞は、その大部分が貧しい農民であった何千人ものスロヴァキア人の心情を表現する、ありふれた言葉だったのである。

　この移民のおかげで、多くのスロヴァキア人はアメリカ合衆国を第二の故郷とみなすようになった。そして現在でもスロヴァキアに住むほぼすべてのスロヴァキア人は、たとえ遠縁の親戚であったとしても、アメリカにも親戚が住んでいると語ることができる。現在のスロヴァキア共和国に住むスロヴァキア人はべつとして、アメリカ合衆国には、その他の外国に居住するスロヴァキア人の数を併せたよりも多くのスロヴァキア系の市民がいる。現在、約530万人がスロヴァキアに居住しているが、アメリカ合衆国には、民族的にはスロヴァキア人を先祖に持つ約200万人ものアメリカ市民がいる。アメリカ合衆国に住むスラヴ系の人々のなかでは、ポーランド系の人だけがスロヴァキア系の人数を上回っている。

　アメリカ統計局（U.S. Census Bureau）による最近の統計は、1990年に遡っ

て全市民の民族的な起源にかんする詳細な情報を追跡調査した。このセンサスは，アメリカ合衆国には，民族的にはスロヴァキア人であると主張する市民が188万2,897人存在することを明らかにした。他方，7万6,923人が，自らの民族はスラヴ人 (Slavic) であると主張していることをも示した[1]。1990年のアメリカ合衆国の住民数は2億4,870万9,873人であるので，全てのアメリカ合衆国市民のなかでは，スロヴァキア人の祖先をもつ人々が約0.8%を占めていることになる[2]。

その数の多さにもかかわらず，アメリカ合衆国に移民したスロヴァキア人の最初の二世代は，あまり注目を浴びることはなかった。スロヴァキア人の多くは，工場や鉱山における単純労働者として労働に就いた。一般的に彼らは，社会的，経済的上昇よりも，家族や信仰心，安定した生活の方により多くの価値を認めていた。そのため，アメリカ合衆国に居住するその他の民族とくらべて，スロヴァキア人の最初の数世代には，社会的な流動性はあまりなかった[3]。

2. 歴史的背景

スロヴァキア人移民の圧倒的多数は，1880年から1920年にかけてアメリカ合衆国に移民してきた人々である。アメリカ南北戦争 (1861-65年) 以前にもわずかな数のスロヴァキア人が，個々にアメリカ合衆国を訪れていたとはいえ，スロヴァキア人の大量脱出は19世紀後半になって漸く始まったのであり，スロヴァキア人は，その多くが東欧や南欧から移動してきた3,000万人もの人々の「大移民」(Great Migration) の一部として，アメリカ合衆国に移民してきた。

おおよそ全人口の22%にあたるスロヴァキア人が，この大量移民の時代に故郷を離れてアメリカへと旅立った。数にすると約62万人である[4]。ただし，アメリカ統計局は，1899年までハンガリー王国から移民する人々にかんして民族別の記録は留めていなかったから，この数字はあくまでも概数でしかないことには注意されたい。

これほどまでに多くのスロヴァキア人がアメリカに流入したために，1869年

から1900年にかけてのスロヴァキア地域における自然人口増加率は56％も減少することになった。そのため，本来ならかなりの程度増加するはずだったハンガリー王国内におけるスロヴァキア人の人口は，移民数の増大のために，最大に見積っても，停滞し続ける状態にあった。

　第一次世界大戦勃発前の半世紀のあいだに，毎年平均して3万人ものスロヴァキア人が移住した。彼らの約3分の1はその後にスロヴァキアに戻ることになったとはいえ，これは相当高い移民率である。アメリカ合衆国に流入してきたすべての民族を考慮したとしても，母国の人口と移民人口との比率の観点からは，19世紀の恐るべきジャガイモ飢饉の後のアイルランド人移民についで，スロヴァキア人は第2位に位置づけられている[5]。

　1869年のハンガリー王国の公式統計によると，181万8,228人のスロヴァキア人がハンガリー王国の領内で生活を営んでいたのであり，そのうち約157万人が現在のスロヴァキア地域に居住していた。1900年までには，スロヴァキア人の人口は200万8,744人までに増加し，そのうち約175万人が現在のスロヴァキアに住み，残りの人々はブダペストやトランシルヴァニア，ヴォイヴォディナ，そしてハンガリー大平原に居住していた。しかしながら，この数字は，スロヴァキア民族の継続的な国外への移住が起こらなかったばあいに増えたはずの人口数とくらべるならば，非常に少ない人口数である。実際にも，スロヴァキア人の移民が最高潮に達した20世紀初頭の10年間には，スロヴァキア人の人口はハンガリー王国全体で194万6,357人へと減少し，またスロヴァキア地域のみでは168万4,681人へと減少した[6]。ハンガリーの政府当局による非マジャール系の諸民族にたいするハンガリー語の使用と彼らの文化への同化の強要というマジャール化政策もまたこの人口減少にたいする部分的な説明となるが，人口減少の主要な原因は，やはり継続的な移民に求めなくてはならないだろう。

3. 移民の動機

　移民史研究者は，人々を彼らの故国から移出させ，他地域へと移入させるよ

うに導く二つの動機，つまり「プッシュ要因」と「プル要因」に言及することが多い。これについては，移民の故国において，彼らが慣れ親しんだ環境から立ち去るように人々を突き動かすのが「プッシュ要因」であり，「プル要因」とは，〔スロヴァキア人移民のばあいには，〕アメリカ合衆国やカナダ，ヨーロッパ域内ではオーストリアやハンガリーの平原地帯，ブダペストやウィーンといった大都市，その他のヨーロッパ諸国といったような特定の場所へと移民を惹きつける要因である。

「プッシュ要因」は故国における人口移動を推進する力である。現在の彼らの境遇や〔故国に留まったばあいに〕将来に得られる可能性よりも，移民という選択肢を魅力的なものとして認識する。当時のスロヴァキアにおける「プッシュ要因」は，年齢や性別，個性，物質的な問題，野望そして冒険の希求などといったような個々人の環境によって変化する。しかし，蔓延していた失業と不規則な雇用，薄弱な生活機会，貧困，徴兵や戦争に対する恐怖，政治的抑圧や民族的少数派にたいする抑圧，機械化，実質賃金の低下，階級闘争，親族や知人のなかでの移民経験者の存在やその他の要因などのより広い社会的経済的な事象もまた，「プッシュ要因」に含まれた。

スロヴァキアはおもに農業地域であったので，世界市場における農業生産物価格の下落という工業化の初期にみられた負の影響に苦しむこととなった。より安価なアメリカ産の穀物や家畜の輸入もまたその一因だった。1869年から1900年にかけて，スロヴァキア地域で農業に従事していた人々の数は80％から68.3％に低下し，他方で労働者と職人の数は14％から25％へと上昇した。しかしながら，スロヴァキアの工業でのあらたな就職先の増加は，農業の機械化によって働き先を失った大量の農民を吸収するまでにはいたらなかった。そして機械化は世界市場で競争をおこなうためには必須とされた。しかし，より裕福なハンガリー貴族のみしか近代的な機械を導入するだけの余裕を有していなかった[7]。

それにもかかわらず，スロヴァキア地域は，ハンガリー王国内ではブダペストにつぐ第二の工業地域だったのであり，19世紀後半には食品工業や冶金工業

の分野で相当な成長を示していた。しかし，大土地所有者層が工業化にたいして恐れを抱いていたために，ハンガリー政府が直接的に工業成長を支援することはなかった。それゆえ，多くのばあい，外国資本がスロヴァキアの工業の発展に寄与した。それでもなお，鉄道建設などといった仕事は一時的な仕事でしかなく，スロヴァキア地域の近代史の底流となる問題——生活しうるだけの賃金を得られる完全雇用を見出すことの困難さ——を解決するものではなかった。

何千人ものスロヴァキア人にとって恒久的な労働という問題への答えは，海外で，つまりアメリカで見出せるものだったのである。

我々の知るところによれば，スロヴァキア地域からのアメリカ合衆国への最初の移住者は，「鋳掛け屋（ドロタール）」(tinkers / dorotári) だった。彼らは針金を用いた修繕屋であり，生計を立てるためにヨーロッパ各地を放浪することを常とする人々だった。トレンチーン出身の鋳掛け屋の集団は，「パンのために」，まず1840年にフィラデルフィアに移民したのである。それ以前には，個々人が時折アメリカを訪れるのみだった。ヨーロッパにおける1848年革命の後には，革命に参加したスロヴァキア人のうちの幾人かが，ニューヨークに入殖し，後にはセントルイスやシカゴに移動した[8]。

1848年革命後の封建制の衰退にともない，スロヴァキア人やハンガリー王国のその他の諸民族はより広範な旅行の自由を獲得したのであるが，まさにこの1848年革命の息子や娘，孫たちこそが，スロヴァキアからの大脱出を始めるようになる。当初はスロヴァキア人の多くは季節労働を求めて，オーストリアやハンガリーの国内を移動していた。つまり，ハンガリー大平原の農業地域の大農場での季節労働や，工業化の開始期，とくに1867年以降にブダペストやウィーンでみられるようになった数多くの建築現場での労働を求めての移住だった。スロヴァキア人研究者は，世紀転換期には，このウィーンとブダペストという二つの大都市のそれぞれで5万人程度のスロヴァキア人が労働していたと推測される。

しかし，スロヴァキア人の大量移住が加速するのは1877年以降のことであ

る。低賃金で過酷な労働に従事するというスロヴァキア人の評判を聞きつけたアメリカの工場主や鉱山の所有者が，約5,000人ものスロヴァキア人労働者を積極的に募集するようになったためである。たとえば，工場主たちはスロヴァキアに代理人を派遣し，ゼムプリーン県の貴族の同意を取り付けた。スロヴァキア人の心を惹きつけるために，代理人たちは，渡航費の自己負担がないという条件を提示し，高い賃金を約束したのだった。実際には，この条件は苦役の証文に転じた。なぜならば，移民たちは前借り扱いにされた旅費を返済するために労働することを余儀なくされたためである。いくつかの会社は，事情を知らない移民をスト破りのためにも用いた。いくつかの大規模なスキャンダルが露見し，議会が調査をおこなった後の1885年に，アメリカ合衆国連邦議会は，上述のような契約労働の慣行を非合法化した[9]。外国人契約労働法（Alien Contract Labor Laws）は，企業や個人が，外国人移民が数種類のあたらしい工業分野に就業するために要求される特別な技能を身に付けていることを証明できないかぎり，彼らに労働目的で外国人をアメリカ合衆国に入国させることを禁じたのである。しかしながら，移民の水栓は開け放たれてしまっていたのであり，より良い生活の可能性にかんする知らせは広まり，すぐにスロヴァキア人の大群がアメリカに流入し始めた。そして，移民の連鎖が続くのである。

　比較的高い賃金は非常な魅力となり，「プル要因」となった。スロヴァキアの住民の多くは地方の村落に居住しており，平均的な農民はごく狭い農地を耕作しつつ最低限の生活を維持するか，あるいはそれすらも維持できない状況にあった。増大しつつあった農業従事者のもうひとつの集団は，大土地所有者のために季節的な雑用に従事する土地なし農業労働者だった。彼らの賃金は，1日につき25セント程度という低額だった。19世紀末（1896年）には住民の9.44％はまったく土地を所有していなかったのである[10]。

　機械化の進展にともない，スロヴァキア地域における賃金は減少し，収穫は半分の時間で，つまり，60日ではなく，30日で終るようになった。1860年には1年に200クラウンを稼ぐことのできた労働者は，1880年には1年に160クラウンしか稼げなくなった。そして，彼らはアメリカではこの5倍の収入を獲得で

きることを知った。こうして非常に多くの人々がアメリカへと渡ったために，1869年から1900年までのスロヴァキア地域における人口の自然増加率は56％も減少したのだった[11]。

貧困に苦しむ農民にとって，アメリカはより有望な機会を獲得できる可能性を提示していた。貴族たちは農民をあたかもより劣等な存在であるかのように扱い，彼らにたいする尊敬や莫大な数の特権に固執していたために，ハンガリー王国における社会的，経済的な条件は農民にとって好ましいものではなかった。アメリカでは，生活条件ははるかに良好であり，スロヴァキア人移民たちは本国で生活していた時よりも多くの尊敬を受けるようになり，伝統的な障壁を避けて前進することができ，より大きな好機を見出した。階級や民族にかんする区別はアメリカ合衆国にも存在していたとはいえ，単純な話として，封建制の初期から継承された社会的な重荷はアメリカには存在していなかった。それぞれの人間は，自らの力を通じて成功する潜在的な可能性を有していたのである。

4. アメリカへの移民

スロヴァキア人の多くは，鉄道を用いて彼らの故郷を離れて港へと向かった。もちろん少数の剛健な人々が徒歩で街道を港へと向かった例もある。スロヴァキア人移民のほぼ60％はドイツのブレーメン港からヨーロッパを離れた。また約25％の人々はハンブルグ港を用い，時代が下ると〔アドリア海の〕フィウメ港や，アントワープ港，ロッテルダム港から旅立つ例もみられた。大西洋航路の運賃は20ドル前後と比較的廉価だったために，貧窮化した農民も旅をすることができた。ハンガリー政府がその市民のパスポート発行を取り扱う独占権をキュナードライン社に付与したために，大部分の移民はキュナードライン社の汽船で旅をした[12]。

船旅は決して心地の良いものではなかった。なぜならば，移民たちは通気性の悪い3等船室に鼠のように詰め込まれていたからであり，それはあたかも18

世紀の奴隷船のような状態であった。スロヴァキア人移民は，燻製肉〔(ソーセージ (klobasa) やベーコン (slanina) など〕やパン，果物，自家製のブランデーなどといった自らの食糧を持参して乗船した。大西洋横断の船旅は，どの港から船出したとしても，1週間から4週間ほどかかったのであり，船酔いに悩まされることも稀ではなかった。もっとも主要な到着港はニューヨークであり，それに続く上陸地はボルチモアやフィラデルフィアであり，ニューオーリンズやボストン，〔メイン州の〕ポートランドに着くことはあまりなかった。

1892年まではニューヨークに上陸した移民の審査はキャッスル・ガーデン (Castle Garden) でおこなわれており，ようやく1892年になって，恒常的に増加しつつあった移民の取り扱いのためにあらたな施設がエリス島に開設された。この施設では国境管理官が彼らの入国審査をおこない，アメリカ合衆国への入国条件を健康面でも適合しているかを検査した。

いったんアメリカ合衆国に入国した途端に，移民たちは鉄道駅などで詐欺師の大群に遭遇する。移民の多くが，彼らの意図した目的地に到着する以前に，なけなしの蓄えをも失ってしまうことも多かった。

移民の第一波の大部分は，男性の土地なし農業労働者だった。後には，とくに1900年以降には，土地を所有していた農民も大西洋横断の旅路を辿るようになり，〔現在の〕西スロヴァキアの諸県の職人や熟練労働者らも移民の道を選ぶようになった。聖職者以外には，知的専門職に就いている人々がアメリカに移民することは稀だった。つまり，スロヴァキア人労働者階級が新天地へと入植していったのである。一般的にいえば，女性もまた，お見合い結婚を通じて，あるいは，兄弟やいとこ，親友といった立場にある男性が新天地で家計を築いた後に，彼らへと続く家族や親族の絆を頼ることを通じて，男性に続いて移民していった。

初期の移民の多くは，ゼムプリーンやシャリシュ，スピシュ，アバウーイなどの東スロヴァキアの諸県や，リプトウやオラヴァ，トレンチーンなどといった北スロヴァキアの諸県の出身者だった。1873年に始まったコレラの流行は，スロヴァキアからの移民を加速させることとなった。これに加えて，すでに大

土地を所有していた地主たちは、ますます土地を買い占め、鉱山の開発は停滞し始め、平均的なスロヴァキア人の間でも貧困は現実の問題として感じられるようになりはじめる。多くの人々がスロヴァキアを離れたがために、東スロヴァキアの村々の人口は、実際に減少していった。ある新聞が苦言を呈したように、年老いた人々のみが村に残されるようになっていたのである。

アメリカ合衆国における豊富な就職口と高い賃金こそが、移民をアメリカ合衆国に惹きつけることになる「プル要因」だった。アメリカでは、移民たちは本国ではほぼ1週間かけて稼いでいた金額を1日で得ることができた。新世界からの書簡は、これから稼ぐことになるだろう富に陶酔した気持ちに満ち満ちていた。モダンな洋服を身につけて故郷に帰還した初期の移民たちは、村の飲み屋に集い、彼らが達成してきた偉業を話しつつ、彼らがアメリカで簡単に稼いできた財産を自慢していた。彼らは、失業者や不正規雇用の農業労働者など、彼らの話を熱心に聞き入る聴衆の飲み代をも支払ったのである[13]。しかしながら、移民の長時間労働や彼らが従事してきた危険な労働にかんする話は、村の飲み屋で話されることもなく、新世界からの手紙にも記されることもなかった。移民たちは、彼らを成功者であるとみせるためにも、理想的な描写をしがちだった。

たしかにアメリカ合衆国における生活費は本国にくらべて高額であったとはいえ、下宿や会社の長屋での生活を送っていたスロヴァキア人男性労働者の多くは、生活費を差し引いた後でも、彼らの収入の半分程度を貯蓄にまわすことができた。数人の男性が、勤務時間を調整して、一つのベッドを時間ごとに分け合って使っていた。このような生活条件のゆえに最大限の貯蓄が可能となったのである。

アメリカにおける労働は過酷だったにもかかわらず、故郷で望みすらも持てないような境遇に留まるよりは、はるかに魅力的におもえた。そして、工業化が急速に進行しつつあったアメリカは、スロヴァキア人移民の多くにとって、もっとも自然な移民の目的地となったのである。

初期のスロヴァキア人移民の多くは、アメリカに定住する意図を有していな

かった。大多数の青年は数年間アメリカで労働し，幾ばくかの貯金を作り，その後に故郷に戻って土地を購入し，彼らの子どもを育てるための家庭を築くことを望んでいた。このような初期の移民の約3分の1は，ヨーロッパの故郷に帰還した[14]。彼らのようないわゆる「渡り鳥」（birds of passage）が，彼らの家族や友人を訪ねるために何度も大西洋を横断することも稀ではなかった。しかし，彼らの多くはこの船旅に倦むようになり，彼らがあらたな生活様式に慣れ親しむにしたがって，最後にはアメリカに定住するようになっていく。

アメリカ合衆国がより自由であったこともも一つの魅力だった。スロヴァキア人青年の多くは徴兵から逃れるためにハンガリー王国を離れたのであり，この傾向は，とくに，近い将来にヨーロッパでの大規模な戦争が勃発することが避けられないようにおもわれはじめた1900年以降より顕著になった。カルパチア山脈を北に抜けポーランドを経由する経路をとるか，あるいは，イタリアへと下る南よりの経路をとって，多くの青年がハンガリー王国を後にした。このようなスロヴァキア人青年の多くは，臨時雇いの船員として運賃を稼いだのである。

1899年から1910年にかけてのスロヴァキア人の移民率は，人口1,000人あたり18.6人だった。この比率はユダヤ人（18.3人）やクロアチア人－スロヴェニア人（13.1人），南部のイタリア人（11.9人）を除いたばあい，他のどんな民族よりも2倍近く高い比率だった[15]。1905年だけでも，5万2,368人のスロヴァキア人がアメリカ合衆国に入国していた。

アメリカ合衆国に移民する際，スロヴァキア人の多くは，北東部か，あるいは中西部の諸州に入植した。そのなかでも，ペンシルバニア州がもっとも多くのスロヴァキア人移民を呼び寄せた。1920年以前にアメリカ合衆国に到着した61万9,866人のスロヴァキア人のうち，半数近くがペンシルバニア州に定住した——数にすると29万6,219人である。この数字のために，他の諸州に定住した人々の数が少なくみえるような錯覚を起こしてしまう。ペンシルバニア州に続いて，スロヴァキア人が多く入植した州は，7万8,982人が入植したオハイオ州であり，ニュージャージー州（4万8,857人），ニューヨーク州（4万6,209

人), イリノイ州 (4万4,010人), コネチカット州 (2万1,204人) がこれに続く[16]。アメリカ合衆国において彼らが最初に足を下ろす場所であったニューヨーク州において移民が多くの職を求めたことは自然であり, 近傍のニュージャージー州もまた, 拡大成長しつつあった製油所の従業員として多くのスロヴァキア人を雇用したのだった。しかしながら, イリノイ州の炭鉱や, とりわけペンシルバニア州が, スロヴァキア人移民の第一波の多くを引き寄せた。そして, 1日あたり1.5ドルから2ドルという高賃金の約束こそが, 多くの人々を刺激したのである。

　しかしながら, なぜペンシルバニア州がこれ程まで多くのスロヴァキア人を惹きつけたのだろうか？　二つの要因が傑出している。第一には, 就職口が潤沢に供給され, 移民労働者が歓迎されていたことであり, 第二には, 多くの点でスロヴァキアの故国と類似した山岳の多い風土だった。ペンシルバニア州は, 採炭業, 鉄鋼業, 鉄道工業における最先端地域だった。とくに, 鉄鋼業や採炭業はアメリカの工業化の牽引力であり, 多大な労力を要する労働が要求されていた。そしてスロヴァキア人はそのような労働に慣れ親しんでいたのである。スロヴァキアにおいては採鉱業は中世にまで遡ることのできる長い伝統を有していた。一方で, 製鉄業は多くのスロヴァキア人にとっては見知らぬあらたな職業だった。しかし, スロヴァキア人たちはこの仕事に素早く慣れ自らのものとしたのであり, ポーランド人を抜いて, 製鉄所で働く労働者のなかで最大の民族集団となった。20世紀初頭までには, 全米の製鉄所で働く労働者の15％が, スロヴァキア系の人々となっていた。

　最初の時期にペンシルバニア州へと入殖したスロヴァキア人は, その他の東欧や中欧からの移民とともに, 州の北東部のウィルキス・バレ (Wilkes-Barre) やスクラントン (Scranton), そしてその近郊に所在する企業が所有する小都市にある無煙炭鉱山での労働に就いた。炭坑の所有者たちは, 企業が所有する住宅を借りさせ, 企業の運営する商店で生活必需品を買わせるために, これらの小都市に居住するように移民に強いた。炭坑の所有者が, 労働組合の組織や賃上げを求めるストライキなどの思想を鎮圧する手助けとするために,

地元の政治家や警察に対して不当な影響力を行使することもしばしばみられた。この時期には，約75万人以上の労働者がペンシルバニア州東部の無煙炭鉱山での労働に従事しており，そのうちの12%がスロヴァキア人だった。この地域は，〔ペンシルバニア州北東部から中部にかけての〕ラッカワンナ郡 (Lackawanna)，ルサーン郡 (Luzerne)，カーボン郡 (Carbon)，スクールキル郡 (Schuylkill)，ノーサンバーランド郡 (Northumberland) の諸郡にまたがる約500平方マイルの地域である[17]。

　19世紀後半には，一部のスロヴァキア人は，ペンシルバニア州東部のベツレヘム (Bethlehem) やアレンタウン (Allentown) の製鉄所で仕事に就くために移動した。また，さらに多くの人々がペンシルバニア州西部へと移動し，ユニオンタウン (Uniontown) やコネルズビル (Connellsville) 周辺にあるフリック社の瀝青炭田やコークス炉での労働に就くようになった。またべつの人々は，ジョーンズタウン (Johnstown) やピッツバーグ (Pittsburgh)，ヤングスタウン (Youngstown)，カントン (Canton)，クリーヴランド (Cleveland) の製鉄所に仕事を見出したのだった。またべつの人々は，さらに西のシカゴやインディアナ州北西部，ミルウォーキー，ウィスコンシン，ミネアポリス，ミネソタ，そしてその他の工業都市へと向かったのである。また，さらに西に向かったスロヴァキア人も存在した。たとえば，コロラド州やモンタナ州においても鉱山がある町には，幾人かのスロヴァキア人労働者をみつけることができるようになった。しかし，大部分のスロヴァキア人は，アメリカ合衆国の東部や中西部の諸州に留まったのである。

5. スロヴァキア人地区

　スロヴァキア人移民が10年以上もアメリカ合衆国に居住するようになると，多くのばあい当該の町や都市の貧困層の居住地区に，スロヴァキア人地区が形成されるようになった。スロヴァキア人地区は，当初は，彼らの労働先と近接した地区に形成されたが，これは彼らが徒歩で仕事場に向かわざるをえなかっ

たからである。小規模な炭鉱町では、スロヴァキア人移民たちは会社の用意した社宅に密集して詰め込まれながら住んでいた。会社は、社宅を夫婦に貸し出し、その夫婦は、10人前後の、時には30−40人もの下宿人の面倒をみることになった[18]。大規模な都市では、スロヴァキア人の大部分は、通常居住地区の近くの谷間にあった製鉄所や工場の近隣に居住していた。

　以上に述べたようなスロヴァキア人地区の発展の好例を、オハイオ州クリーヴランド市のスロヴァキア人地区にみることができる。1870年代初めに、最初のスロヴァキア人移民たちは、カヤホガ川（Cuyahoga River）沿いの製鉄所や鉄道、その他の工場に通勤するのに便利な場所であるハイマーケット（Haymarket）と呼ばれていた旧市街の地区に入殖した。この地区には179戸の住宅があったが、そのうち176戸には外国生まれの住民が居住していた。そのうち117戸の住宅にスロヴァキア人が居住していた。これらの住宅は木造平屋建てか、木造2階建ての一家族向けの住宅であり、互いに軒を接するように通りに立ち並んでいた。できるだけ多くの下宿人を住まわせるために、これらの住宅は内部で仕切られ、狭い裏庭に離れが建てられる例もみられた。これらの住宅には台所が設けられており、一家族が一つの部屋で暮らし、その他の部屋は下宿人に貸し出された[19]。

　恒常的な移民の増大にともない、1880年代にはあらたなスロヴァキア人地区が形成されるようになる。まず、クリーヴランド東部のバックアイ（Backeye）地区にスロヴァキア人地区が形成され、ついでより中心部に近い地区にまたべつのスロヴァキア人地区が形成されることになった。1888年までには、800家族以上がバックアイ地区に生活していたが、そのうち95％が、ハンガリー王国北東部、すなわち現在の東スロヴァキアの出身者だった。彼らは、スロヴァキア人とマジャール人が入り混じった集団であり、互いの言葉を理解しつつ同じ地区に暮らし、そして共同で聖ラディスラウ教会を建立した。苦痛に満ちた両民族間の闘争後の1891年に、聖ラディスラウ教会の教区は純粋にスロヴァキア人のみの教区となった。マジャール人たちは、不承不承ながらも自らのために聖エリザベス教会を建立することになる[20]。

1918年までに，クリーヴランドのスロヴァキア人たちは，8の独立したスロヴァキア人地区と10以上の教会を有するまでに増えた。第一次世界大戦期には，クリーヴランドは，世界の諸都市の中でもスロヴァキア人がもっとも多く集住する都市の一つとなった。最近の統計資料を参照したばあいでも，1990年には，クリーヴランド市とカヤホガ郡において8万8,770名の人々が，自らは民族的にはスロヴァキア人であると申告しているのである[21]。

　第一次世界大戦後には，スロヴァキア人移民と彼らの子どもたちは，経済的な基盤が安定するにつれて，市の中心部から離れた地区へと押し出されるようになった。ピッツバーグやシカゴ，ヤングスタウンやその他のスロヴァキア人移民が多く居住する大都市でも，同様の傾向を認めることができる。

　総体的に述べるならば，スロヴァキア人移民の第一世代と第二世代は，スロヴァキア人地区の内部で互いに緊密な関係を結びながら居住していた。このパターンは第二次世界大戦後まで残存していた。第一世代のあいだでは，スロヴァキア人同士で婚姻相手を見出す傾向があった。同じ地域，さらには同じ村を出身地とする人々の間から結婚相手を選んだ例が非常に多くみられる。同じ方言を話していることは相手の魅力を増す要素だったのであり，また，初期の移民の間では，親同士の取り決めにもとづく結婚もふつうにみられたのだった。

　スロヴァキア人移民の第二世代の多くはアメリカで育った人々であり，みるからに流暢な英語を話すようになった。彼らは自らをアメリカ人であるとみなす意識がより強くなり，アメリカ文化やアメリカ的な思考に心地良さを感じるようになっていった。いまだに，同じ地域の出身者と結婚する事例が大多数だったとはいえ，彼らは結婚相手の選択にあたっては，より幅広い選択肢のなかから選ぶようになっていた。異なる民族集団の人と結婚する人々もあらわれはじめたが，そのようなばあいにおいても，ポーランド人やチェコ人，ルシン人などのスラヴ系の人々と結婚する傾向があった。しかしながら，マジャール人（ハンガリー人）と結婚する事例すらみられた。彼らは，彼らが生まれ育ったスロヴァキア人の居住地区から移動するようになり，スロヴァキア人教区が

存在せず，多種多様な民族的な背景を有する人々が集まった郊外に引越す人々もあらわれはじめた。とくに第二次世界大戦後に，郊外への移住は加速した。通例，若い夫婦はより広い土地を買い，彼らのための家を建て，郊外型のより質の高い生活を送ることを望んだ。

　移民の第三世代や第四世代が育つ頃には，スロヴァキア人移民の子孫たちは，ほとんどのばあい，アメリカ文化に同化していた。一握りの人々がスロヴァキアの習慣の幾ばくかを保ち，時折の民族フェスティバルなどに通い続けてはいたものの，彼らはすでにスロヴァキア語を話せなくなっていた。移民の第四世代や第五世代は，民族的帰属をほとんど気にせずに結婚相手を選ぶようになり，さらに都市から郊外へと移住しただけでなく，キャリアの上昇を求めて国内の他の州に移住するようにもなったのである。

6. 女性の生活

　総体的にいえば，アメリカのスロヴァキア人のあいだでは，明らかに予想できるような家庭内での性別の分業を観察することができる。男性は家庭の外に仕事をもち，既婚女性は家庭内に留まって家族の面倒をみた。青年期から子どもを産むまでのあいだは，スロヴァキア人女性はユダヤ人の家庭のメイドとして働くか，あるいは彼女らの家庭にいるより年少の子どもたちの世話をしていた。また別の未婚女性たちはタバコ工場や繊維工場へと働きに出るか，家業を手伝った。しかし，いったん結婚をした後に，女性が家庭の外へと働きに出ることは，本当に家計が必要とする時以外には，周囲からは不審の目で眺められることになった。

　初期にアメリカに入殖したスロヴァキア人移民の男性は，大体5年ほど働き，幾らかの貯蓄ができた後に，彼らの妻かあるいは婚約者（多くのばあい彼らの出身地と同じ地域か同じ村の女性である）をアメリカに呼び寄せたものだった。財産を所有することに高い価値を置くスロヴァキア人たちは，できるだけ生計を切り詰め，自らの家を所有するためにも貯蓄を心掛けたのだった。

スロヴァキア人移民が充分な金額を蓄え，そして結婚をするとすぐに，彼らはより新しくより生活条件の良い地区に家を買うようになった。多くのばあい，新しい家の分割払いを可能な限り早く返済するためにも，彼らの新居にも下宿人を住まわせ，その家賃を家計の助けとしたのだった。

　既婚男性が炭鉱や工場など家の外で労働に従事する一方で，妻（ガズディナ [gazdina]）たちは，（通常7人前後の）子どもたちの世話をし，下宿人の世話を含めて，家庭を切り盛りした。通例，〔下宿人の〕食費や雑費などは月末に一括して清算されたが，肉料理の代金は例外であり，個々人が選んだ料理に応じて支払うことになっていた。さらに，スロヴァキア人女性は，下宿人が寝るベッドを整え，彼らの料理を作り，仕事場にもってゆく弁当を作り，衣類を洗濯することで，家族のための副収入を得ていた。そして，女性たちは庭仕事をおこない，鶏などの家畜を飼い，家庭内に病人が出たときには，その世話もすることになっていた。

　移民の第二世代になると，若いスロヴァキア人女性の多くは，大恐慌期には，家計を助けるために家庭の外に働きに出るようになり，第二次世界大戦期には，ヨーロッパや太平洋の戦場へと出征した男性が就いていた仕事の穴を埋める手助けをもすることになった。大戦後には，これらの第二世代の女性も大半が結婚し，2人から4人の子どもを産み育てたのだった。しかしながら，移民の第三世代やその後の世代の女性たちは，定職に就くようになり，さらに，相当の数の女性たちが，大学教育を受けた後に専門職に就くようにもなった。このような集団は，一般的なアメリカ合衆国の住民の行動様式を反映するようになり，通例2人程度の子どもを産み，ガレージには2台の車が駐車してあるような郊外の住宅地に居住するようになった。

7. スロヴァキア人の教会

　スロヴァキア人地区の形成は，実際のところスロヴァキア人の教会の建立とともに始まった。スロヴァキア人の教会が建立された直後から，教会はさらに

多くのスロヴァキア人移民をその地区に引き付ける磁石となった。多くのばあい，このようなスロヴァキア人地区は，その後に流入する移民，つまりオーストリア＝ハンガリー君主国からの新参者の居住区ともなったのである。スロヴァキア人移民が，マジャール人やチェコ人，ルシン人，ポーランド人，そして彼らと言葉を交わすことのできるその他の民族とともに，一つの地区に混ざって居住することもよく見られる光景となった。

　新しく形成される地区に多くのスロヴァキア人が居住していたばあい，彼らのための教会を建立することこそが，彼らの第一の関心事となった。スロヴァキア人移民が入殖し始めた時代には，スロヴァキア人たちは，ポーランド人やチェコ人，その他のスラヴ系の人々が建立した教会に通い，いくつかの場所ではドイツ人やアイルランド人の教会にも通っていた。（スロヴァキア人の約70％を占める）ローマ・カトリック教徒のばあい，ミサの言葉はラテン語であったが，教区の住民たちは彼らの母語で賛美歌を歌い，説教を聴くことを望んでいた。多くのばあいは平信徒が発起する形で，移民たちは，通例はアイルランド人だったカトリック教会の司祭にたいして，質素な木造の教会を建立するための許可を求めたのである。教会が建立されると，そのつぎには，移民たちは神父を求めるようになり，しばしばスロヴァキアから海を越えて呼び寄せることになった。

　ルター派のスロヴァキア人は移民の12％を占めていた。彼らは，1884年にイリノイ州のストリーター（Streater）に，最初のスロヴァキア人ルター派の教会を建立した。1886年までには，ペンシルバニア州のフリーランド（Freeland）やナンティコーク（Nanticoke）に，ルター派の教会が築かれ，1888年にはミネソタ州のミネアポリスにも建立された。

　スロヴァキア人カトリック信者の教区は，1885年にペンシルバニア州のハツルトン（Hazleton）に建立された聖ヨゼフ教会の教区を皮切りに，ほぼ同時期に設立されることになった。すでにその3年前に，教区の住民たちはスロヴァキア人聖職者イグナティウス・ヤスコヴィッチ師（Rev. Ignatious Jaskovič）をスロヴァキアから招聘していた。

スロヴァキア人のビザンツ・カトリック教徒（ギリシア・カトリック教徒）は，独立した教区をもてるだけの住民数を擁しておらず，おもにルシン人の教会に加わった。しかしながら，ハンガリー人やルーマニア人と共同であらたな教区を設立する事例もみられた。最初のギリシア・カトリック教会の教区は，1884年にペンシルバニア州のシェナンドア（Shenandoah）に，ヤーン・ヴォランスキー師（Rev. Ján Volanský）のもとに設立された。ローマ・カトリックやルター派教会の教区がより民族主義的な傾向を有していたのにたいして，これらのギリシア・カトリック教会の教区は宗派への帰属を強調していた。

信徒が少数だったために，（移民の約1％を占める）スロヴァキア人カルヴァン派は，ハンガリーより移民してきたハンガリー人の信者仲間やその他のアメリカ人とともに礼拝をおこなうことになった。少数であったために，スロヴァキア人カルヴァン派が彼らの牧師を得ることは非常に困難だったので，チェコ人牧師を迎えることになった。そのために，カルヴァン派の教区の多くにおいては，スロヴァキア語の使用の是非が議論されることになる。

公立学校におけるアメリカ化の影響力を回避するために，多くの教区において1890年代には教会立学校が設置され始めた。教育を修め，かつスロヴァキア語を用いることのできた移民の数が不足していたために，教区民たちは英語を話す教師を雇わざるをえなかった。そして，午後の時間に聖職者たちがスロヴァキア語を教えることになった。後には，司祭たちは，尼僧をスロヴァキアから呼び寄せるようになり，教会立学校は，宗派的な信仰心のみならず，スロヴァキア語や文化をも維持するための手段となっていく。教会立学校は，第二次世界大戦後までスロヴァキア語の授業を継続していたが，その後はもはや充分な人数のスロヴァキア語教師を確保できなくなった。1970年までには，これらの教会立学校の多くはスロヴァキア人学校としての性格を失い，さらにまた，ますます多くのスロヴァキア人家族が郊外住宅地に転居するにともない，多くの学校が最終的には閉鎖されることになる。

8. 合衆国におけるスロヴァキア人の人口動態

　すでに歴史を要約した部分で述べたように，1870年代の後半以降にアメリカ合衆国に流入したスロヴァキア人移民の第一波の人たちは，短期間のうちに幸運を摑み取ることを狙っていた独身男性だった。彼らの大部分は若く，文字を読むこともできないが，それでも生計を立てるための収入を求めていた労働者だった。彼らは，もし学校教育を受けていたとしても，初等学校卒か，あるいは数年間だけ中等学校に通っていた程度の学歴しか有していなかった。また，無視できない数のスロヴァキア女性がアメリカ合衆国へと渡るようになったのは，男性が流入しはじめてから10年ほど経ってからのことである。1900年以降は，多くの男性が彼らの妻や婚約者を，さらには子どもたちをも呼び寄せるようになり，アメリカに渡航する男性と女性の数がほぼ同数となる。

　スロヴァキア人の圧倒的多数は第一次世界大戦以前にアメリカに流入した。大戦後にも移民の波はアメリカに押し寄せ，最終的には，1919年から1920年にかけて多くの人々が家族との再会を果たすことができ，ともに暮らすようになった。オーストリア＝ハンガリー君主国は敗戦国であり，その解体は1918年のチェコ・スロヴァキア共和国――1920年にチェコスロヴァキアと改名した――の建国につながった。

　両大戦間期には，アメリカ合衆国の連邦議会内に蔓延した反移民感情のために，スロヴァキア人移民の数は著しく減少することになる。1921年には，連邦議会は通例1921年移民割当法（the Quota Act of 1921）と呼ばれる法律を制定し，1910年の国勢調査にもとづく〔各国出身者の〕人口の3％を上限とする移民制限を課したのだった。

　連邦議会が「望まれざる要素」とみなした南欧や東欧出身の移民の流入速度を抑制するつぎなる試みとして成立した，1924年の移民規制法（the Immigration Act of 1924，国籍法［the National Origins Act］とも呼ばれた）は〔移民の数がより少ない〕1890年の国勢調査に立脚する移民制限を課しており，制約がより

厳しい法律となった。この移民規制法は，スロヴァキアからの大量移民の機会を実質的に閉ざすこととなった。法律の起草者も記したように，この法律は「門戸を閉ざし，純粋かつ混じり気のないアメリカ市民権を産み出す」ことを目標としていた[22]。

　1920年代から1965年にかけての時期に，チェコスロヴァキア共和国の出身者ではわずかに2,874人のみが，合法的にアメリカ合衆国に移民することができた。このように少数だったにもかかわらず，家族は割当のなかには含められないために，スロヴァキア人とチェコ人の移民の人数は割当上限数を超えていたとおもわれる。また，チェコスロヴァキア共和国出身のすべての民族は，アメリカ合衆国の統計においては単一のカテゴリーに纏められていることも付言しておきたい。

　1921年から1930年にかけてのあいだに，アメリカ合衆国の移民数の統計では，10万2,194人のスロヴァキア人とチェコ人が，チェコスロヴァキアからアメリカに到着している。彼らの多くは1921年に，つまり1921年の最初の移民割当法の発効以前に到着しており，その数はチェコ人4万844人とスロヴァキア人2万8,056人である。1922年にはスロヴァキア人移民の数は5,826人へと激減しており，より制限の厳しい1924年移民規制法の発効後，1925年にはわずかに398人のみが移民した。スロヴァキア人移民の数は大恐慌期に増え，1930年には734人となり，その後も移民の家族がアメリカに移民することによって，毎年数百名ずつ増加することになった[23]。総括すると，戦間期には約7万4,000人のスロヴァキア人がアメリカに移民したことになる[24]。

　第二次世界大戦後に，アメリカへのスロヴァキア人移民のあらたな波が起こる。これは第二次世界大戦後と1948年の〔チェコスロヴァキア〕共産党による権力掌握後に，多くのスロヴァキア人が故国を離れたためである。スロヴァキア人を含む多くの人々が，赤軍の暴力から逃れるために，大戦の終結時にヨーロッパを離れたのだった。寛容な亡命者政策を採用していたアメリカ合衆国は，第二次世界大戦中のスロヴァキア共和国の指導者の多くを受け入れることとなった。この大量脱出は，亡命者の中に教育を修めた人物——政治家や

ジャーナリスト，作家，退役兵士たち——が多く含まれていた点で，以前の波とは異なっていた。彼らに加えて，約7,000人が親類の助力を得て，そして3,000人程度が本来の割当制度の枠内でアメリカへと移民した[25]。

1948年の共産党による権力の掌握の後，さらに5,000人程度のスロヴァキア人がアメリカ合衆国へと移民した。彼らの多くは，戦後のチェコスロヴァキア共和国の政治において一旦は指導的な地位を占めていた人物であり，チェコ人との協力に前向きな人々だった。共産党のクーデターに反対し，彼らは「スロヴァキア人民主派亡命者常設会議」（the Permanent Conference of Slovak Democratic Exiles）を設立し，この組織は，「自由チェコスロヴァキア評議会」（the Council of Free Czechoslovakia）の傘下に入った。彼らの多くは多作な作家であり，彼らの多くは，後に，スロヴァキアの歴史と文化にかんする出版物の刊行元でもあった「チェコスロヴァキア文芸科学協会」（the Czechoslovak Society of Arts and Sciences）に加入したのである。

1968年に，「人間の顔をした社会主義」を建設するというアレクサンデル・ドゥプチェクの試みがソヴィエト連邦の侵攻によって破砕された後，さらにスロヴァキア人亡命者のあらたな波がアメリカに押し寄せた。チェコスロヴァキア社会主義共和国から脱出した1万1,000人のスロヴァキア人のなかで，約6,000人がアメリカ合衆国に逃れた。おもに不満を抱えた学生や専門技術を身に付けた労働者，そしてさまざまな専門職従事者が，この亡命者集団を構成していた。この亡命者集団を構成する人々の多くは，移民を受け入れることに寛容であったカナダに居住したのだった。

1970年にはトロントに「世界スロヴァキア人会議」（the Slovak World Congress, 略称SWC）が，戦後の二波の移民を連帯させることを試みる包括団体として設立された。しかしながら，この会議は限定的な成功しか収めることができず，第三波の新移民〔＝1968年後の移民〕のみを惹きつけたのだった。カナダに居住しウランで莫大な財を築いた人物であるステファン・ロマン（Stephan Roman）が，SWCに対して資金を提供し，またSWCは何冊かの書物を出版し，スロヴァキア文化を振興した。

少数のスロヴァキア人が非合法な手段を用いつつチェコスロヴァキア社会主義共和国を立ち去ることに成功していたとはいえ，1989年になって漸く鉄のカーテンの幕が開き，あらたに移民する機会がまた生まれることになった。アメリカ合衆国へのスロヴァキア人移民の最新の波は，おもに学生や専門職従事者などから構成されており，アメリカ人と結婚するか，宝くじに当たりグリーンカードを入手できたような人々（グリーンカードの申請には多額の費用が必要だった）であるか，あるいは，技術系分野において必要とされる職を獲得するか，アイスホッケー選手などといったプロスポーツの選手として入国したような人々だった。

9. スロヴァキア語の利用

　最初のスロヴァキア人移民は英語を知らず，また実際のところ，スロヴァキアの文章語をも知っていたとは言えなかった。彼らは，それぞれの出身地域に特有の方言を話していたのである。ハンガリー王国においては，彼らは地域ごとの枠に閉じこもる性向にあり，多くの人々はスロヴァキア人としての民族意識をほとんど有していなかった。彼らが，アメリカ人の海の中へと定住してゆく時に，彼らの言葉と文化は，互いに理解できるものとして，彼らを連帯させていくような影響力を発揮したのだった。また，ハンガリー王国にいる時とは異なり，スロヴァキア人移民は彼らの言葉を養い，民族的な自意識を涵養することもできた。スロヴァキア人の教会や扶助組織もまた，民族的なアイデンティティの強化に寄与した。このように，実際のところ，スロヴァキア人たちは，ハンガリー王国に居住していた時期にではなく，アメリカに到着した後に，自らのアイデンティティにかんしてより自覚的になったのである。

　アメリカ合衆国に暮らすスロヴァキア人にとって，両大戦間期に移民の流入が激減したことは，民族的にスロヴァキア系に由来する人々の圧倒的多数はその起源を第一次世界大戦前の時期の移民にまで遡らなくてはならないということを意味していた。つまり，彼らが用いていた言語や方言は，アメリカ合衆国

において，比較的変化しないままで保たれることになった。その例外は，アメリカの言葉をスロヴァキア語の文法に合う形に変化させて用いるある種のピジン・スロヴァキア語が生み出されたことである。スロヴァキア語とアメリカニズムとの混交である。たとえば，「イジェム・ド・ストル」(Idem do storu)（私は店に行く，I am going to the store）訳者注などという表現はよく聞かれた。このような言語使用のパターンは，1960年代から1970年代にかけて，移民の第一世代がこの世を去るまで維持されていた。

移民の第一世代の間でも，アメリカの労働現場に居続けた男性は，仕事で用いることができるだけの英語を学び取ることになった。しかし，男性と同じような現象は，スロヴァキア人女性にはみられなかった。移民の第一世代では内婚の傾向がみられ，同じ民族同士で結婚していたためである。スロヴァキア人地区の内部で生活を送っていた女性たちは，片言以上の英語を話す機会を有することはなく，おもに同じ民族に属する人々の間での社会生活に順応していったのだった。

移民の第二世代は，家庭内では彼らの両親の言葉を学び，学校では英語を学ぶことになった。スロヴァキア人の第二世代は，圧倒的にスロヴァキア人地区で生活しており，家庭内ではほぼ完全にスロヴァキア語のみが用いられていたために，実際的な英語の知識をほとんどもたないまま学校教育をはじめることになった。しかし，英語を話さないの隣人や級友たちとの関係を切り結ぶことを通じて，急速に英語を彼らの主要言語として体得していった。第二世代が，家庭内の会話でも，彼らの両親にたいして英語で受け答えをする光景も頻繁にみられるようになった。労働現場やアメリカ社会のその他の空間における経験を通じて，しだいに，根強い方言をもたずに成長していった第二世代は〔アメリカ文化へと〕同化していく[26]。人生のはじめの頃より，彼らはスロヴァキア語よりも英語の使用に慣れ親しんでいた。実際のところ，第二世代の多くは，それでも通例はスラヴ系の同族やハンガリー人を婚姻相手に選んでいたのではあるが，ともかくもスロヴァキア人以外の民族と結婚するようになったのである。

スロヴァキア人の教会の大部分は，最初の頃は，スロヴァキア人移民の第二世代の年長者にたいしてもスロヴァキア語で宗教的な儀式を執りおこなっていたが，この世代がこの世を去るのにともない，英語のみで儀式を遂行するようになった。ある程度はスロヴァキア語を理解していた移民の第二世代にとっては，スロヴァキア語で執りおこなわれる宗教儀式は休日や特別な日におこなわれるものであり，彼らは，家庭内や社会における日々の会話では英語を用いるようになっていた。大多数の事例において，移民の第一世代，つまり彼らの両親の世代がこの世を去るのとともに，スロヴァキア語が使用されなくなっていく。

第二次世界大戦後に生誕したスロヴァキア人移民の第三世代は，家庭内でも学校でも英語を学んでおり，スロヴァキア語はいくつかの単語しか知らなかった。すなわち言語的にはほぼ完全に同化される。彼らがスロヴァキア語を耳にする機会は，おもに，祖父母を訪問する時程度に限定されており，彼らの両親〔第二世代〕もまた家庭内で彼らにたいしてスロヴァキア語を教えることはなくなっていた。実際のところ，彼らの両親は子どもたちに聞かれたくないことを話すばあいにのみスロヴァキア語を用いて会話していたと，第三世代が証言していることも多いのである。

1970年代後半から1980年代初めにかけて，スロヴァキア語の復権と再学習の動きが，移民の子孫の間でみられるようになった。少しのノスタルジアといくばくかの好奇心が，スロヴァキア系アメリカ人の第二世代と第三世代を，スロヴァキア語の学習へと，そしてスロヴァキア語教育のクラスの維持へとまでも突き動かした。しかしながら，第三世代の多数派は，スロヴァキア語の知識をほとんど有しておらず，彼らの先祖たちの文化と歴史にかんしても，ほんのわずかなことしか知らない。

第四世代が成人する頃には，スロヴァキア系アメリカ人の多数派は，多種多様な非スロヴァキア系の人々と結婚するようになり，そして多くの人々は，スロヴァキア人としての自意識を失っていった。彼らは民族的な出自としてはスロヴァキア人意識を保っていたかもしれないが，多くのばあい，その意識が積

極的な民族的な実践活動へと移されることはなかった。たしかに，家族のなかの誰かが民族的なアイデンティティを維持することに関心を抱き，そして彼らがスロヴァキア人の行事に出席することもありえた。しかしながら，スロヴァキア系の出自をもつ圧倒的多数の人々にとって，彼らの生活のなかで民族的な要素の割合は，もっとも多めに見積ったとしても，人生における時折の娯楽以上のものではなかった。

10．スロヴァキア人組織とビジネス

　教会に加えて，スロヴァキア人移民たちは共済組合を設立していた。それは新大陸での生活への移行に対処するための一手段として機能していた。このような共済組合は，当初は地方レベルの小組織として設立され，政府が支援する各企業の社会保険がいまだに存在していなかった時代において，組合員の疾病時や死亡時にあたって人々を支援した。組合員から徴収した掛け金を蓄えたスロヴァキア人の共済組合は，鉱山や工場での事故が頻繁に発生していたこの時代に，悲劇に遭った未亡人や孤児にたいして手当を支払ったのである。また，共済組合は，移民が名誉に恥じないだけの葬儀を執りおこなうことも支援していたが，これはスロヴァキア人の間では葬儀が非常に重んじられていたためでもある。

　組合員の遺族や生活困窮者に対する支援に加えて，これらの共済組合はスロヴァキア人の教会や教会立学校，集会所の建設に向けた資金集めを組織するとともに，資金提供をもおこなっていた。このような経験を通じて，組合員たちは，どのように自力で組織を運営していくかを学び，そしてアメリカ社会への順応に際して非常に役立つことになったさまざまな能力を身につけていく。

　スロヴァキア人の組合や協会のモデルとなったのは，チェコ人の体操協会である「ソコル」(Sokol，鷹) である。まずは，たいていのばあい，さまざまな聖人の名前を冠した各地域の組織から整備されていったが，1890年代になって，これらの共済組合は民族的な協会へと凝集したのであり，教会組織につぐ

スロヴァキア文化の第二の支柱とも評価しうる組織へと成長する。

　各地の共済組合が統合するに際して，あらたな統合組織は，まず民族的な性格の組織であるべきか，それとも宗教を軸とした組織となるべきか，という点にかんして議論が生じた。かつてカトリックの神学生だったペテル・ロヴニャネク（Peter Rovnianek）は，単一の上部団体の傘下にすべてのスロヴァキア人を（ユダヤ人を除いて）結束させることを望み，1890年にピッツバーグにおいて「全国スロヴァキア人協会」（the National Slovak Society）を設立した。他方で，クリーヴランドに拠点を置く著名な聖職者だったステファン・フルデク師（Rev. Stephan Furdek）は宗教的な方向性を優先させ，1891年に「第一カトリックスロヴァキア人連合」（the First Catholic Slovak Union，単に「連合」，スロヴァキア語では「イェドノタ」（Jednota）とのみ呼ばれることも多かった）を設立したのであり，「連合」はアメリカ合衆国の全国規模で最大のスロヴァキア人共済組合となった。「連合」は民族的な目標も強調していたとはいえ，そのスローガンには「神と民族のために」というフレーズが用いられたのである。

　これ以外の民族的な共済組合もまた，上述のような事例にしたがっていた。スロヴァキア人ルター派は，1893年に「スロヴァキア人福音派連合」（the Slovak Evangelical Union）を設立し，スロヴァキア人カルヴァン派もまた，彼ら独自の「スロヴァキア人カルヴァン派連合」（the Slovak Calvinist Union）を設立した。スロヴァキア人の体操協会（ソコル）は，1896年にチェコのソコルの支部という立場から独立したが，しかし，カトリック信徒のメンバーの多数派は，組織内における宗教の役割にかんして議論を戦わした後に，1905年に分離して「スロヴァキア人カトリック・ソコル」（the Slovak Catholic Falcon）を設立した。女性もまた，彼女らの生活にかかわる問題と利害，とくに家庭内の問題にたいしてより関心が払われるようになることを望みつつ，独自のスロヴァキア人共済組合である「第一カトリックスロヴァキア人婦人連盟」（the First Catholic Slovak Ladies Association，スロヴァキア語では「女性連盟」〔ジェンスカー・イェドノタ Ženská Jednota〕）を設立したのだった。

　スロヴァキア人は277団体にもおよぶさまざまな共済組合や信徒団，文化組

織を設立した。そのうち11団体が1990年の時点でも存続している。これに加えて，スロヴァキア人移民は325の教会と200校の学校も設立した。さらに，スロヴァキア人たちは，ペンシルバニア州ダンヴィル（Danville）の聖キュリロスとメトディオス女子修道会を含むいくつかの宗教団体をも設立した。そして，ヨーゼフ・スタスコによれば，1913年以前に，スロヴァキア人移民は109紙の新聞と，42冊の年鑑，多数の書籍や小冊子を刊行している[27]。

　スロヴァキア系アメリカ人の新聞や雑誌は，この民族集団を団結させ，スロヴァキア文化にかんする情報を共有することを助けたという点において非常に重要な役割を果たした。共済組合が発行していた新聞には，その当時の政治的事件から歴史や宗教にいたるまでのあらゆる物事にかんする記事が記されている。

　民族料理は，多くのスロヴァキア系アメリカ人の女性が好むものであったし，現在でもそうあり続けている。そして，民族料理は，アメリカ文化への同化がはじまった後にあっても維持され続けたスロヴァキア文化の一断面だった。移民の第三世代や第四世代の多数派もまた，スロヴァキア料理を通じて，スロヴァキアに由来する伝統と彼らとのつながりを保持していく。スロヴァキア料理のレシピ本は，スロヴァキア系アメリカ人社会のベストセラーであり続けている。たとえば，最近（2005年）出版されたリザ・アルゾ（Liza Alzo）著の『おばあちゃんのキッチン（Baba's Kitchen）』は，さまざまな家庭料理のレシピとともにそれらの料理と結びついた慣習についても記している。多くのスロヴァキア人共済組合が料理本を発行していた。おそらくはスロヴァキア系アメリカ人のどの家庭を訪問しても，ほぼすべての家庭にそのような料理本の写しが残されていることに気が付くだろう。

　現在では，ある情報によると，16誌のスロヴァキア系アメリカ人の雑誌や新聞が刊行されている。スロヴァキア語で発行されているのは"Slovák v Amerike"（『アメリカのスロヴァキア人』）誌のみであり，また限られた部数のみしか印刷されていないが，しかし，"Jednota"（『イェドノタ（団結）』）誌や"the Slovak Catholic Falcon"誌，"Fraternally Yours"誌，そして「全国スロヴァ

キア協会」の月例誌などの同胞者協会の機関誌は,より広範に流布している。

11. スロヴァキア人の公的生活

　アメリカに移民した初期には,スロヴァキア人は彼らの以前の故郷におけるマジャール人による抑圧にたいする遠慮のない抵抗者として,アメリカの世論で名を知られていた。1906年のクリーヴランドにおける在アメリカ・スロヴァキア人連盟 (the Slovak League of America) の結成は,彼らの同胞の利を得るためにアメリカ合衆国におけるスロヴァキア人を団結させ,活性化する試みの最初の成功例となった。スロヴァキア系アメリカ人は,彼らの故国で迫害されている者のための基金を立ち上げ,1910年と1914年に,ハンガリー王国側の主張を紹介するためにアポニ伯とカーロイ伯がアメリカを訪問し,公的な場に姿をあらわした際には,抗議をおこなった。

　第一次世界大戦中には,アメリカのスロヴァキア人は,オーストリア＝ハンガリー君主国の灰燼から戦後秩序を構築すべくチェコ人とともに活動をおこなった。彼らは自治を求める運動の先端に立っていた(たとえば1915年10月のクリーヴランドにおける集会など)のであり,その後には,独立後に大統領に就任するトマーシュ・ガリグ・マサリクも署名したピッツバーグ協定 (1918年5月30日) にもとづいて,チェコースロヴァキアの独立を求めたのである。

　すでに戦前より,スロヴァキア人移民は,新大陸においても,舞台での公演や,舞踊,フォークフェスティバル,遠足,体操の演技などを通じて自らの文化をより豊かにするための努力を続けていた。

　1930年代初めには,スロヴァキア系アメリカ人は,彼らが多く居住する都市――〔ペンシルバニア州の〕ピッツバーグとクリーヴランド,そしてオハイオ州のヤングスタウン――において毎日曜日の定期ラジオ番組の放送を開始した。移民の第二世代やならびに第二次世界大戦後に移民してきた人々が,これらのラジオ番組の多くの作成に携わることになった。

　1970年代の各民族集団の復興は,移民それぞれの民族的な背景にたいする誇

りの高まりや民族的な自覚を維持することにたいするあらたな意識の高まりを導くことにつながる。スロヴァキア系アメリカ人のマイケル・ノヴァク (Michael Novak) による著書『溶解しない民族集団の登場：70年代の政治と文化（"The Rise of the Unmeltable Ethnics : Politics and Culture in the Seventies" 1972年)』の刊行は，民族的な祝祭の実施につながるあらたな波を呼び起こした。毎年開催されていた伝統的な「スロヴァキア人の日」は，あらたな盛り上がりをみせるようになった。1980年代には，ヴィリヤ (Vilija) の伝統，つまりクリスマス・イブに家族で食卓を囲むという伝統は，オハイオ州のバベルトン (Barberton) や，ピッツバーグ，ヤングスタウンでは，毎年の行事へと復活したのである。また一部のスロヴァキア系アメリカ人青年たちがフォークダンス団体を設立するようにもなった。クリーヴランドの「ルチナ」(Lučina) やデトロイトの「シャリシャン」，ピッツバーグの (PAS) などがその代表である。

　一族の系譜の調査もまた民族集団復興の産物である。スロヴァキア系アメリカ人の第三世代の中には祖父母の姿を明瞭に記憶に留めている者も多く，彼らは自らの家族のルーツについて詳しく調べはじめるようになった。より高度な教育を修めた人々は，書物を紐解き，講義に通い，自らによる実際の現地調査に手を伸ばす人さえも出始めたのである。

　スロヴァキア系アメリカ人第三世代の中には，ピッツバーグやジョーンズタウン，ウィルキス・バレ，ニューヨーク市，シカゴやその他の数多くのスロヴァキア系の人々が居住する都市に，新たな地域的な文化団体を設立する人々もあらわれた。

　共産主義の崩壊後に増加したスロヴァキア人旅行者やあらたなスロヴァキア人移民は，スロヴァキア系アメリカ人と彼らの祖先の文化とを結びつけるあらたな要素を吹き込むことに貢献した。自らが主催する舞踊や文化行事を支援することに加えて，スロヴァキア人組織は，スロヴァキアのフォークダンス団体をアメリカ合衆国に招き，公演を開催するようにもなった。

　鉄のカーテンが崩れた後は，以上の動きとは反対に，彼らの先祖が暮らした故郷であるスロヴァキアを訪問することにたいする関心が，移民の第二世代や

第三世代の間で広がっていった。オハイオ州レイクウッド (Lakewood) の Adventure International Travel 社やニューヨークの Benyo Travel 社, そしてこの他の旅行社もスロヴァキアへの旅行を支援するようになり, 数日間程度の滞在から, 移民の先祖が暮らした村々への訪問にいたるまでのさまざまな企画旅行を旅行者にたいして提供している。

　文化的な行事にかんして述べるならば, スロヴァキア系アメリカ人は, 展示会やフォークロール団体の公演, 各種のフェアやその他のイベントを組織している。ピッツバーグ市は, 1920年代から今日にいたるまで, 毎年「スロヴァキア人の日」のイベントをケニーウッド公園で主催し続けている。ローレル・ハイランド (Laurel Highland) の「スロヴァキア遺産協会」(the Slovak Heritage Society) などの地方的な文化協会もまた, 隔月ごとに日曜日のスロヴァキア文化イベントを開催することを支援している。このように, 一部のスロヴァキア系アメリカ人は自らの文化的な自覚を意識し続けようと尽力しているのであるが, アメリカに暮らす者の大多数にとっては, このようなスロヴァキア文化は彼らの日々の生活に刺激を与えるようなものではなく, スロヴァキア語もまた, 最近に到着した移民やあるいはスロヴァキア文化の維持に関心を抱く各地に散在する人々など, 非常に限られた人々のみしか用いていないのである。

> **訳者注**　スロヴァキア語文章語では, "Idem do obchodu." といったような文章となる。本文で引用されたピジン・スロヴァキア語の例文は, スロヴァキア語で「店」を意味する名詞 "obchoda" をスロヴァキア語文法に従って正格へと格変化させた形 "obchodu" の代わりに, 英語の名詞 "store" を, 同じくスロヴァキア語文法に従って正格の形 "storu" に変化させて用いた表現である。

1) 不幸なことであるが, 2000年に実施されたアメリカ合衆国の国勢調査ではこの調査項目は残されず, 人種的少数派とヒスパニック系少数派にかんしてのみ, 正確な人数が集計された。市民の民族的な背景にかんしては, ランダムなサンプル調査のみが実施された。
2) 民族的にスロヴァキア人である人々が明確な民族的な自己意識を欠いており, スラヴ人とのみ自己認識することも多くみられた。「スラヴィッシュ [Slavish]」という自己認識もまた, ペンシルバニア州の地方都市においては広く用いられて

いたのであり，現在でも用い続けられている。[U.S. Census Bureau, *1990 Census of Population and Housing*，以下の URL アドレスを参照せよ。http://www.census.gov/population/socdemo/ancestry/All_Persons.txt，および http://www.census.gov/population/socdemo/ancestry/Slovak.txt.]

3) Joseph Barton, *Peasants and Strangers : Italians, Rumanians and Slovaks in an American City*, *1890 – 1950* (Cambridge, Mass. : Harvard University Press, 1975).
4) *Fourteenth Census of the United States Taken in the Year 1920*, *Vol. II, Population : General Report and Analytical Tables* (Washington, 1922), p. 984.
5) F. Bielik (ed.), *Slovenské vysťahovalectvo. Dokumenty* (Martin : Matica Slovenská, 1978), vol. 3, p. 14 ; Ladislav Tajtak, "Slovak Emigration and Migration in the Years 1900 – 1914." Studia Historica Slovaca 10 (1978), pp. 43 – 63 ; Joseph, Barton, *Peasants and Strangers : Italians, Rumanians and Slovaks in an American City*, *1890 – 1950* (Cambridge, Mass : Harvard University Press, 1975), pp. 32 – 33, 57.
6) Stanislav Kirschbaum, *A History of Slovakia : The Struggle for Survival* (New York : St. Martin's Press, 1995), pp. 152 – 153.
7) Konštantín Čulen, *Dejiny Slovákov v Amerike, vol.* 1 (Bratislava, 1942), pp. 56 – 57 ; Jan Tibenský (ed.). *Slovensko : Dejiny* (Bratislava : Obzor, 1978), p. 572. また，以下も参照せよ。Michael J. Kopanic, Jr., *Industrial Trade Unions in Slovakia*, *1918 – 1929* (Ann Arbor : University Microfilms International), pp. 35 – 41.
8) 鋳掛け屋（ドロタール）たちは，冬以外の季節に各地を回り，針金や金属部品を用いてつぼを固定し，またその他の雑用をおこなう。彼らの多くはドナウ川流域を巡回したのであるが，はるか東のヴォルガ河畔まで赴いた人々もいた。鋳掛け屋たちは，必要なもの，つまり仕事道具と寝泊りに必要な用具の全てを背負いながら旅を続けたのだった。彼らは，翌年までの生計を立てるだけに充分な金銭を稼いだ後に，スロヴァキアの彼らの家に戻ったものである。[Čulen, pp. 27 – 28.]
9) Čulen, p. 39.
10) Anton Spiesz, *Ilustrované dejiny Slovenska : Na ceste k sebauvedomeniu* (Bratislava : Perfekt, 2006), p. 171.
11) Čulen, p. 40.
12) Joseph S. Roucek, *The Czechs and Slovaks in America* (Minneapolis : Lerner Publications, 1967), pp. 46 – 47.
13) Mark M. Stolarik, *The Slovak Americans* (New York : Chelsea House Publishers, 1988), p. 34.

14) F. Bielik (ed.), *Slovenské vyst'ahovalectvo. Dokumenty*, (Martin : Matica Slovenská, 1978), vol. 3, p. 14 ; Tajtak, *Slovak*, pp. 55 – 63 ; Barton, *Peasants*, pp. 32 – 33, 57.
15) Roucek, p. 48.
16) *Fourteenth Census of the United States Taken in the Year 1920*, Vol. II, *Population : General Report and Analytical Tables* (Washington, 1922), p. 984.
17) Victor R. Green, *The Slavic Community on Strike : Immigrant Labor in Pennsylvania Anthracite* (Notre Dame : University of Notre Dame Press, 1968), pp. 34 – 37.
18) Roucek, p. 50.
19) *Reports of the Immigration Commission* (hereafter cited as *RIC*), vol. 26, *Immigrants in Cities*, vol. 26, Part VI, *Cleveland. Statistics* (Washington, 1911), pp. 513–520 ; Susan Megles, Mark M. Stolarik, and Martina Tybor, *Slovak Americans and their Communities of Cleveland* (Cleveland : Cleveland State University, 1979), p. 110.
20) "History of the Slovak Parish of St. Ladislaus," typescript, 3 – 5, LPP ; Historical Data of St. Ladislaus, 1888, 1889. LPP *75 th Anniversary St. Ladislaus Church* (Cleveland, 1961) ; *Pamätný Program Oslavy 50. Ročného Jubilea Zlate Jubileim Osady Sv. Ladislava* (Cleveland, 1939) ; *1889 – 1914. Pamatnik Dvatsat pät rokov v osade sv. Ladislava* (Cleveland, 1914) ; *Cleveland News*, 18 January 1941 ; Julius Badzik, "Predmluva k dejinám slovenských osád v Cleveland, Ohio," *Furdek*, 15 July 1926, p. 17.
21) Michael Kopanic, "The Slovaks," in *Identity, Conflict, and Cooperation : Central Europeans in Cleveland, 1850 – 1930* (Cleveland : Western Reserve Historical Society, 2003), pp. 249 – 306. Also see a map at, Joseph Hornack, "Cleveland, Ohio and Cuyahoga County 1880 to the Present and its Slovak Identification," http://www.iarelative.com/krakovany/cleveland.htm
22) Speech by Ellison DuRant Smith, April 9, 1924, *Congressional Record, 68th Congress, 1st Session* (Washington DC : Government Printing Office, 1924), vol. 65, pp. 5961 – 5962. "An act to limit the migration of aliens into the United States..." (approved May 26, 1924). *The Statutes at Large of the United States of America, from December, 1923 to March, 1925*. Vol. XLII, Part 1, pp. 153 – 169 (Washington, D.C. : Government Printing Office, 1925).
23) Čulen, pp. 47 – 48.
24) 戦間期のスロヴァキア人移民の正確な人数を得ることはできないが、市民権の申請者数にもとづいて概数を得ることは可能である。〔Jozef Stasko, "Distinctive

Characteristics of Slovak Immigration to America," *Czechoslovak and Central European Journal* 9 (1990, nos. 1−2), p. 93.〕しかしながら，スロヴァキア人女性は，彼女らの夫が市民権を申請したばあいにも，彼女自身は市民権を申請しなかったこともあるので，以上のようにして算出された人数は，おそらくはスロヴァキア人移民の実数を下回っているであろうことも付言しなければならない。

25)　Jozef Stasko, *Slovaks in the United States of America* (Cambridge, Ontario : Dobrá Kniha, 1974).

26)　Joseph S. Roucek, "Problems of Assimilation : A Study of Czechoslovaks in the United States," Sociology and Social Research 17 (September / October 1931), pp. 62−71.

27)　Jozef Stasko, "Distinctive Characteristics of Slovak Immigration to America," *Czechoslovak and Central European Journal* 9 (1990, nos. 1−2), pp. 92−93.

第 9 章
フランスにおけるスロヴァキア人とスロヴァキア文化

パトリス・ブーダール
中村 祐子 訳

1. 小　　史

　歴史的にみて，スロヴァキアとフランスは，ともにカトリック教会の影響下にあって，宗教のみならず，それにともなう価値観と文化，そしてラテン語のアルファベットを共有したが，両者間に直接的な接触はほとんどなかった。
　経済的な交流もなかった。フランスはスロヴァキアとは無縁な外界に眼を向けていたし，スロヴァキアはフランスにとって未知の，人を寄せつけない内陸に自らを閉じ込めていた。
　中世から近世にかけて，フランスがブルボン王朝の栄華を享受していたあいだ，スロヴァキアはハンガリー王国，さらにはオーストリア帝国のハプスブルク王朝に統治され，両国は異なる国家体制のもとにあって政治的に背を向け合っていた。19世紀初頭のナポレオンの遠征はフランスとスロヴァキアのあいだにつかの間の交流をもたらしたが，その短い一時期を除くと，世紀の転換期まではこれといった接触はみられなかった。
　1900年からパヴォル・ペトルフがスロヴァキアの新聞雑誌を通してスロヴァキア人にフランス事情を伝えるようになったが，その反対方向の報道，つまりスロヴァキア事情をフランスに伝えることはなかった。しかしちょうどその頃，フランスとスロヴァキア，というよりむしろチェコスロヴァキアとのあい

だに，重要な関係を築く人物があらわれた。ミラン・ラティスラウ・シュテファーニクである。

彼は牧師の息子としてスロヴァキアのコサリスカにうまれ，プラハで教育を受け，天文学を学びながら同時にヂェトヴァン運動（スロヴァキア人の解放を目指すスロヴァキア学生結社）のリーダーとしても認められ，スロヴァキア人とチェコ人の運命に大きな影響を与えた。1904年にパリにいった彼は，フラマリオンとムードンの天文台長ジャンセンの信頼を得た。そして1912年にモンブランでの任務を終えたあと，タヒチやアフリカの海外仏領殖民地や，トルキスタンや南米などで多くの学術調査研究に携わった。また，12の学術書を刊行したのち，フランスに帰化し，レジオンドヌール勲章を叙勲した。やがて第一次世界大戦が勃発すると，彼は一兵卒として召集され，1915年に空軍に入隊し，そこでスロヴァキア人とチェコ人の志願兵の飛行小隊を編成した。その後の彼の軍隊における昇進はじつに早かった。セルビアにおける困難な情報活動と戦闘のあと，彼はパリに戻ってこの国にかんする自分の見解を戦争省で開示した。彼はまた，しばしば政界にも出入りし，フランス移住のチェコスロヴァキア人のなかで，彼ただ1人がパリの社交界に招きいれられた。マサリク，ベネシュ，シュロバル，オススキーらの国民評議会メンバーがフランスの有力者と接触できたのは，まさに彼のお陰であった。

2. フランスへのスロヴァキア人の移住

フランスに移住した少数のスロヴァキア人と，オーストリア・ハンガリー帝国下で一定の地域に入殖したスロヴァキア人では状況が大きく異なり，いちがいには比較できない。また，アメリカには約300万人のスロヴァキア人がグラン・ラック（Grands Lacs）に集中しているが，彼らとフランス移住のスロヴァキア人とも比較することはできない。

フランス在住のスロヴァキア移民にかんしては乏しい資料しかないが，そこから得られるいくつかの情報を頼りに移住の経緯を探ると，つぎのような段階

を区別できる。

① 鉄道建設の時代から第一次世界大戦まで
　当時スロヴァキアはハンガリー王国の北部山岳地帯に位置し，そこの貧しい民が大勢，中央ヨーロッパやアメリカに向けて出稼ぎにいき，そして定住した。そのうち1万人ほどがフランスに来て，鉱山や農場で就労した。また，パリにはすでに芸術家や職人達で作る「チェコスロヴァキア・コロニー」ができていた。そして彼らのうちの数百人が1914年に外人部隊に志願した。

② 大戦間
　大戦間のフランスでは男子労働力不足を補うため，北東部の鉱山，パリの工場，南東部の農場（葡萄栽培など）に中欧から労働者を招きいれた。彼らは政府間の協定で家族を連れてくることが許され，妻達は繊維工場の労働者や家庭の使用人として働いた。
　マティツァ・スロヴェンスカによると，当時，学生，庭師，料理人などの間でチェコスロヴァキア協会ができ，スポーツ協会ソコルも設立されていた。スロヴァキア人の団体としては，1932年にキリルス・メトディウス協会，聖ヴォイチェフ協会，スロヴァキア・シュテファーニク連盟，1934年にはフランス・マティツァ・スロヴェンスカが設立された。また，劇団，相互扶助団体，地域団体（ストラスブール，ベルフォール，リオン，ニース）もできた。
　この時代に活躍した人物として，詩人のテオ・ア・フロラン（Theo A. Florin）の名をあげなければならない。彼はスロヴァキアの新聞の特派員で，チェコスロヴァキア・コロニーの事務局長でもあった。しかし1953年，帰国後に投獄されてしまった。彼がうまれた町では今でも，「フヴェズドスラフ・クビーン」という，彼のイニシアティヴで始まった詩と散文のフェスティヴァルがおこなわれている。
　第一世代のスロヴァキア移民は，当初，同国人の家族のなかで独自の伝統，言語，食べ物，歌や踊りを保持していたが，しだいに分散し，混血が増え，同

化の道を辿った。そのため現在ではスロヴァキア人の正確な数がつかめなくなっている。一説では3万5,000人くらいだろうといわれるが，この数字については慎重に考えなくてはなるまい。ジゴ教授は1969年当時1万人くらいしかいなかった定住スロヴァキア移民は，現在では3万5,000人から4万人いるだろうと推計している。また，マティツァ・スロヴァンスカによると，1920年から1939年の間に8万人がチェコスロヴァキアから移住し，そのうちの約7割がポフロニエ，ポニトリエ，キスッツァというスロヴァキア内陸部各地からと西スロヴァキア地方からの移民であり，その数は1939年には5万人に減少したという。

なお1945年以前の移民はチェコスロヴァキア国籍をもっていたが，今日残っている人々はたいてい同化し，あるいは同化しつつある。彼らの大多数は完璧なフランス語を話す。その子ども達は，後述する協会の努力にもかかわらず，ほとんど，あるいはまったくスロヴァキア語を解さない。そのため，日常生活において，誰がスロヴァキア人なのかがわからない。しかもフランスの法律では市民の出身地をリストに書くのを禁じており，結局，在住スロヴァキア人の多くはフランス人となっている。

③ 第二次世界大戦後

大戦後の1948年，チェコスロヴァキアが共産化して，カトリックに対する厳しい弾圧が行われた。そのためスロヴァキアからも政治移民がフランスに流れ込んだ。

戦後移民の一人に芸術家のヴィリアム・シッフェルがいる。彼はトルナヴァの近くスヴォンチーネにうまれ，トルナヴァでオペラ歌手の第一歩を踏み出し，1945年から比較的最近までパリにいた。帰国後はトルナヴァにあるキリルス・メトディウス大学民族学部の名誉教授となった。彼は画家，彫刻家，版画家，メダル製作家と，多才な人物であり，スロヴァキア人の誇りである。彼はフランスで造幣局や郵便局からたくさんの注文を受け，500以上の人物描写とメダル製作をおこない，パリ16区にシュテファーニク旅団に捧げる石碑を建て

た。2000年には，クレムニッツァのコイン製造所創立672周年記念と，彼の80歳誕生日祝賀のための，通貨とメダルの展示会が開かれた。そして彼は自叙伝 "Tak sa to stalo, nič som nepridal" を書いた。

外交官で文学者だったフェドル・バロもその頃パリで暮らしていた。

④ 現　　　在

1989年にベルリンの壁が崩壊して鉄のカーテンが開き，チェコスロヴァキアでは「ビロード革命」が遂行されて観光ビザが不要になると，スロヴァキアからも食事付住込み手伝いをしながら少しの小遣いを稼ぎ，フランス語を習おうという若者達，とくに娘達がやってきた。そのうちの多くがフランス人と結婚し，定住した。スロヴァキアがEUに加盟した2004年，フランス政府は彼らが自由に滞在できるまでに7年間の猶予期間を設けた。これはとくに1年または2年滞在する留学生や研修生を考慮してのことである。

3. スロヴァキア文化の架け橋

スロヴァキアからの新来者や以前からフランスに定住しているスロヴァキア出身者を組織する団体がいくつかある。これらはスロヴァキア人の伝統を保存していくこと，フランスでスロヴァキアの文化活動を促進する機会を作っていくことを目的にしている。スロヴァキア領事館やその他のWebページにはこのような14の団体が載っている。

スロヴァキア人にとって宗教はそれなりの重みをもっている。スロヴァキア・カトリック・ミッションのミサがマドレーヌ教会で月2回，日曜日におこなわれている。ミサのあと，2回に1回は会食があり，それがスロヴァキア人と他のスラヴ系の人達との交流，住込み家事育児手伝いの娘達や研修生達や留学生達の親睦の場となっている。マドレーヌ教会で2005年に結婚式をあげた8組のうち，2組がフランス人とスロヴァキア人のカップルだった。しかしイムリッヒ・トート神父や布教団の主任司祭によれば，年配者の集まりはいいが，

それとくらべると若者達の集まりはかなり少ないという。なおフランス人はスロヴァキア人とくらべると，宗教への参加意欲はかなり衰退してしまっている。

スロヴァキア・カトリック・ミッションはチェコスロヴァキア・ミッションから分離独立したが，それは国家ではなく直接国民に話しかける教皇の訓戒に従ったものであった。スロヴァキア・カトリック・ミッションは1962年から1966年まで司祭を務めたフルソルスキーを迎えて，創立50周年記念の祝典を催した。この記念式典のためにミッションは二つの展示会を開いた。一つは信者と大使館関係者のため，もう一つは貧者のためで，後者の展示会は彼らの食堂で開かれた。この展示会で人々はキリルスとメトディウスに捧げられた近代画や古典画，彫刻，写本，版画，メダルなどをみることができた。また，2001年にはマドレーヌ教会で，スロヴァキアのキリスト生誕の場の模型を展示した「スロヴァキア・クリスマス」が開かれ，２万6,000人の観客を集めた。ミッションはスロヴァキア語の季刊紙「ジヴォト」（「生活」の意）を発行してきたが，そのなかのいくつかの記事はフランス語で書かれ，フランス人へのスロヴァキア紹介に役立っている。たとえば，ブラティスラヴァからバルヂェヨウへの教会巡礼，名所旧跡巡り，さまざまな音楽，文化などの記事がそこに掲載されている。

このミッションのほかにも宗教共同体がある。1930年代に貧困を逃れてプレショウやスピシュ地方からプロヴァンス地方の宗教信心会に来た，60人の娘達の数奇な運命の物語がある。その後世界大戦が起こり，戦後祖国は共産化して，彼女達は帰国を許されなかった。彼女達のうち35人は教育と保健福祉に未来を捧げるため，ノートルダム修道会に入った。そのうちの２人はまだ活動を続けているが，84歳－94歳の他の13人は引退して，いまは日当たりのいいプロヴァンス地方で余生を送っている。

1958年にチェコスロヴァキア・コロニーを母体としてうまれたパリのチェコスロヴァキア出身者協会（A.O.T.S.）が催す会食，ダンスパーティー，クリスマス市に約1,000家族が集まってくる。この協会は，月に２回，主としてフラ

ンス語で書かれた会報を発行し，各新聞情報の要約紹介を Web サイトに載せている。またそのほかにも，語学講座，翻訳，協同組合による本，工芸品，物産，旅行用品の販売，他の協会との連携などをおこなっている。

　民族舞踊団「ナヂェイェ」(「希望」の意) は，1952年から，スロヴァキア女性と結婚したフランス人，ダニエル・コンパニオンが指導している。彼は民族楽器フヤラもはじめた。踊り手は20人で，そのうちの半数はスロヴァキア人であり，週1回練習し，年40回公演しており，ボヘミア，モラヴィア，スロヴァキアの踊りを民族衣装で踊る。弦楽器の小オーケストラが伴奏し，フヤラやコンツォウカやピシュタルカや，アコーデオンなども使われる。この舞踊団はフランス各地やスロヴァキアでのいろいろな催しに出演し，フランスのテレビ「フランス3」にも登場した。またこの舞踊団はムードンの「スロヴェンスコ」の協力を得て，ブレズノの大人と子供の劇団「シュチャストネー・ヂェットヴォ」とも交流し，一緒にフランスやスロヴァキアの巡回公演をしている。

　フランス・スロヴァキア友好協会 (A.A.F.S.) はマナーク夫妻によって，パリの北60kmにある小さな町ノアイュに設立され，祖国のスロヴァキアと言語的・文化的繋がりを保つための運動を進めてきた。この協会は会員向けに2カ国語の会報「スプラヴォダイ」を発行し，チェコ人，スロヴァキア人，フランス人を会員にしている。この協会はフランス各地に散らばっている人々にフランスとスロヴァキアの集まりを紹介している。その活動の一環として，この協会はスロヴァキア映画を上映したり，メンバーから集めた衣服やフランス語の本を，貧しい子供達やお年寄りに配っている。またさらに，毎年，3回の巡業を通して，スロヴァキアとフランスの民族舞踊の踊り手やアーティストの交換もおこなっている。

　子供のための聖ニコラス (サンタクロース) 祭は，スロヴァキアのテレビでよく知られているピエロ役のカシュペルジクが盛り立てている。パリでの特別な会食では，人々が皆で長いテーブルを囲んでスロヴァキア郷土料理を楽しみ，あたかも母国にいるかのような雰囲気のなかで親睦を深めている。

　2005年には，ハンガリー国境近くにあるドルナー・ストレホヴァーの民俗文

化保存会による，ゲメル地方風の民俗舞踊と民俗音楽の公演がおこなわれた。ボーヴェ民族舞踊フェスティヴァルではスロヴァキアのグループが出演する。

チェコ・スロヴァキア・ノルマンディ友好会（ANTS）は地方放送フランス・チェコスロヴァキアからうまれ，そこには約30人のチェコスロヴァキア出身者が集まった。このうちの約10人は，おもに数年前に渡仏した娘達と，フランス人男性と結婚した女性達である。このほかに，個人的にスロヴァキアに関心をもつ130人のフランス人が集まった。この放送はノルマンディ地方の人々に両国民の多様性，環境，文化的・経済的・社会的特徴を知らせることを目的としている。

「ヨーロッパの日」（3月20日）の頃に，ANTSはスロヴァキアの芸術家達を招待し，また市役所や企業とも協定を結んでいる。カーン近くの専門学校エルヴィル・サン・クレールと，ドナウ川に面した地方のシャモリン専門学校は姉妹校である。

1985年に設立されたローヌ・アルプス地方の仏チェコ／仏スロヴァキア協会もフランス・チェコスロヴァキアからうまれた。その活動は主としてチェコ文化に向けられているが，2004年にはリオン7区の市役所で，スヴェトラナ・フラリチコヴァーによるスロヴァキアの催しがあった。

リムジン・ボヘミア・モラヴィア・スロヴァキア協会はメンバーの高齢化によって消滅したようだ。県の情報によるとこれは2003年11月25日に解散となったという。

フランス・スロヴァキア友好会の本部はナンシーにあり，音楽会，展覧会，講演会，会報発行会議など，その集いは年に6－7回パリで開かれている。

パリ近郊のブーローニュにあるレストラン「ドリナ」（谷間）は，1937年からモラヴィア・スロヴァーツコ出身の三世代の家族によって継承されてきた。そこでは郷土の料理やビールや地元民俗音楽を楽しめ，また聖ニコライ祭，結婚式，誕生日などの祝いもそこでおこなわれていたが，2005年に閉店となった。しかしリオンの近くのヴィルユルバンヌにあるバーレストラン「ル・ダニューブ」ではいつでもスロヴァキア料理が食べられるし，ディナーにチェコ

料理やスロヴァキア料理を注文することができる。

4. 公 的 活 動

大使館とスロヴァキア文化協会の役割

　フランスにおけるスロヴァキア文化の普及にあたっている公式機関はスロヴァキア文化協会である。これはチェコとスロヴァキアの分離後，まだ応対のための特定の場所をもたない。パリでは分離の際，スロヴァキア側は格式ある場所をチェコ側に渡し（今そこには広くて見事なチェコ大使館，領事館，チェコ文化センターがある），自らはより現実的に，質素だが住宅を備えた庭付きの邸宅を選んだ。文化担当官は1993年からすでにあたらしい大使館で職務をおこない，スロヴァキア人にさまざまな文化活動の情報提供に努めてきた。また，フランス文化省，スロヴァキア文化省，スロヴァキア外務省，パリスロヴァキア大使館の合意で，「スロヴァキア展」が設けられ，外国人向けスロヴァキア文化紹介のもっとも重要な活動を大使館で組織している。

　さらには2001年1月1日にはスロヴァキア協会（Institut slovaque）が創立され，同年4月21日にその発足式が国際外交アカデミーでおこなわれた。スロヴァキア文化相ミラン・クニャスコ，フランス文化相M.デュフール，歌手のペテル・ドヴォルスキー，トップ・モデルのアドリアナ・スクレナジコヴァー＝カレンビュがこれに列席した。そこでディノ・デュガスの写真展「スロヴァキアの木造教会—カルパチアの真珠」が開催された。

　文化担当官は少しずつ固有の活動を推し進めるとともに，個人や団体の活動を中継して，スロヴァキア文化の普及紹介に寄与している。その活動リストには多くのイベントが掲載されている。たとえば民族アンサンブル「ナジェイェ」は年間30から40の公演をフランスでおこない，多くのばあい，数多くのスロヴァキアグループの巡回がこれに随伴している。文化センターの民族舞踊や民俗音楽のイベントは12年間で7回しか記録されていないが，それにもかかわらずこのリストは印象的である。リストでは多様な文化活動が縮小して要約

表 9-1　活動リスト

	93	94	95	96	97	98	99	00	01	02	03	04	05	13年間
造形美術展（絵画・彫刻・ガラス・デッサン・漫画・宝石）	3			16	2	1	1	3	6	9	13	23	12	89
伝統芸術展				4			2	2	4	1		4	2	19
民族舞踊・音楽				2				3		2				7
演劇・人形劇上演	3	4	2	6				1		1	1			18
ミュージカル	4	8	1	11	1			4	2	2	7	18	28	86
テレビ番組					1									1
ラジオ番組		2	6											8
スロヴァキア紹介イベント				1						2	2	3	1	9
文化活動・シンポジウム		3	2							2			2	9
文学イベント	4	1	2	2	4	2		3	5	14	6	8	6	57
文学作品展示・出版		1	1	1				1	5	3	2	1	3	18
文学以外の作品の出版		1		4	3	1	1			1	3		1	15
写　真　展				3					2	2		2		9
映画展・映画祭			1						3		3	1		8
映画上映		2	4	3	2			2	1	12	9	5	9	49
文化遺産展				3	2		1	3	1	3	3	2	1	19
講演・政治集会		3	2	3	1		3			1	4	7	4	28
式典・表彰式			1			2	1	2				3		9
権威ある集まり，大臣列席	2		1				2		2		2			9
教育関連の活動			2						1			2		5
活動数合計	16	25	25	59	16	6	11	24	32	55	55	79	69	472

され，一定の解釈と単純化を加えてその内容と形式に沿って分類されているからだ。年々活動が活発になるほど，大使館のサイト http://www.mfa.sk で，フランス語とスロヴァキア語によるたくさんのより正確な情報を得ることができよう。

いちばん上の欄の「造形美術」は，多くのばあい，芸術家とギャラリーとのあいだでの商業的な取り決めでおこなわれている。このことは，少なくとも，スロヴァキアの現代アートの力強さとそれにたいする関心の強さを示している。音楽のイベントは，カルチャーセンター所長で音楽家のヴィエラ・ポラコヴィッチョヴァーの実行力に負うところが多い。コンサートだけでなく音楽は一般に多文化表現をともなう。こうした多様な文化活動は大都市のみならず，小都市や村にも広まった。ここに地域別の活動状況を示すリストがある。

表 9-2 地域別にみた12年間のスロヴァキア関連行事数（2回以上）

大都市	行事数	小都市	行事数	村落	行事数
パリ	207	デイエ	3	ピュイ・ギローム	2
ストラスブール	6	ムードン	9	タンシュブレ	2
ブレスト	2	ペリギュー	2		
ナンシー	2	クルベヴォワ	4		
ル・マン	5	シャトルー	2		
ニース	3	クラン・ジェヴリエ	6		
カーン	2	イッシ	2		
モンペリエ	7	アルジャンタン	2		
エクスアンプロヴァンス	2	マッシィ	2		
サンテチエンヌ	4	ヴェルサイユ	2		
アネシイ	2				
リオン	6				
ボルドー	3				

なお12年間の行事数が1回だけのところは，大都市ではアミアン，クレルモン・フェラン，ディジョン，リモージュ，マルセーユ，ナント，ルアン，トゥールーズ，小都市ではアングレーム，アヴィニョン，ボーヴェ，ブロニュ・シュール・メール，シャマリエール，シャンベリ，シャルヴィル・メジエール，シノン，クラマール，コンピエーニュ，クーロミェ，ドーヴィル，ドゥネン，フィルミニ，エルーヴィル，ランゴン，ル・レンシィ，リシュー，マザメ，メラン，モンモランシィ，モンレイユ，モンルージュ，ミュリューズ，ナンセイ，プルシ・ロバンソン，レテユ，サンリス，セート，村ではアキテーヌ，ブルターニュ，レジオン・サントル，クラレ，コロンベル，ダメ，ディヴ・シュール・メール，フェモロー，ムーラン・ラ・マルシュ，ポーラン，サン・オバン・ド・ブレ，サン・ジェリ・ド・フェス，サン・ピエル・オ・ノナン，タンシュブレ，トゥルジェヴィルである。

このリストに載っていない行事も，多分，たくさんあったかもしれない。この点は少なくともフランス側では確認できるが，スロヴァキア側のほうでは不明である。

リストのなかで郊外の小都市ムードンは行事数が2番目に多い。それは天文台を設置したシュテファーニク元帥と，ブレズノと結びついている団体「ナジェイェ」と「スロヴェンスコ」の指導者ダニエル・コンパニョンに負っている。また，およそ10の小都市はコロンベルに基礎を置く団体の影響を受け，バス＝ノルマンディで活動的である。

パリにつぐ大都市はマルセーユだが，ここでは1回の行事しかおこなわれていない。リールやグルノーブルのような大都市では1度もおこなわれていない。

アネシイとクラン・ジェヴリエのスロヴァキア映画祭については特記する価値がある。毎年そこでは12本の映画（多くは短編）が上映され，そのほかに展覧会，詩の朗読，演劇，音楽家との会合，会食，討論会などがおこなわれている。他の大規模な映画祭もスロヴァキアにたいする関心を駆り立てる。1996年10月23日から1997年3月7日までパリのポンピドー・センターでチェコとスロ

ヴァキアの回顧展が催された。そのプログラムには最近の映画，M. シュリク監督の「ザーフラダ」(庭) や，パロ・ビエリク，スタニスラス・バランバーシュ，シュテファン・ウヘル，ユライ・ヤクビスコ，ドウシャン・ハナークらの監督の長編映画35本，そのほかに短編映画7本があった。ポンピドー・センターではいつも「シネマ・ヂュ・レエル」の枠のなかで国際映画祭をおこなっているが，2002年の民俗誌的・社会学的映画祭にスロヴァキアは短編映画20本を上映した。そのあいだに「ジャクビスコ・パル・ジャクビスコ」とともにパリの人達は，キュジャス映画館でこの多才な芸術家の映画，日誌，イラスト付きシナリオや絵画をみることができた。

5. 二国間交流活動

姉妹都市は地域レベルの繋がりを深める適切な方法の一つである。同じプロフィールや同じ関心をもつグループ間の接触が可能だからである。たとえば地域 (地方，県，市町村) の音楽グループやホテル学校など同士で交流することは，活気をもたらす。そのような交流はとくに独仏間では日常的におこなわれている。A.O.T.S.によるとフランスとスロヴァキアの間の姉妹都市は27にのぼる。そのうち八つはリージョン・レベル，その他は市町村レベルである。高校生の交換もおこなわれている。そのほかにもたくさんの交流活動がなされているだろう。それについては少なくともフランス側は把握できるが，スロヴァキア側は不明である。

6. スロヴァキア語とその学校

スロヴァキア語の教育がフランスでどのようになされているかは，よくわかっていない。実際に成人向け教育だけでなく，ボルドーを除くと正規の学校があるかどうかもわからない。かりにバカロレアの試験をスロヴァキア語で受ける可能性があるとしても，その試験を準備する予備校はない。

大使館は Web サイトでいくつかの私的なスロヴァキア語教育の場を紹介しているが，その情報は慎重に受け止める必要がある。2000年におこなわれたフランス語圏諸国におけるスロヴァキア語教育にかんするアンケート調査によれば，学校の設立よりもサービス提供機関のほうが緊要とされていた。先にあげた諸団体はスロヴァキア語コースも開いている。

7. 文学講演会

アミカルのチェコスロヴァキア部門は教員と学生の出会いの場として，スロヴァキア文学と時事問題にかんしていくつかの催しを実施した。2003年には通年巡回でスロヴァキア人作家の会合がもたれた。アルベール・マレンチン，ブラチスラヴァのシュールリアリスト・グループのヨゼフ・ミハロヴィッチ，ペテル・シュレイらの作家である。2004年にはイナルコのサロンで作家のラヨシュ・グレンデル（ハンガリー語）とダニエル・パトリチャク，スロヴァキア文学情報センター代表のミロスラヴァ・ヴァルロヴァー，翻訳者サビヌ・ボラクとペテル・ブラベネッツの討論会があった。2005年にはパリのブックサロン25周年の機会にパヴェル・ヴィリコウスキー "Vert et Florissant..."（ペテル・ブラベネッツ訳）やヴァレル・ミクラ「20世紀のスロヴァキア文学」など，新刊書が展示され，翻訳者，出版社，ブラチスラヴァ文学情報センターが出席した。

フランスでは反体制作家ドミニク・タタルカの小説「パリのある季節」が高い評価を得ている。彼自身もフランス人作家の作品を翻訳している。彼の死後15周年を記念して，ペテル・ブラベネッツはパリ第4大学で「タタルカとフランス」という講演をした。

こうした小説家の文学活動をフランスで広げねばならないと，スロヴァキアの要人達は感じているようだ。フランス人読者にスロヴァキアの詩の題材を理解させることはむずかしい。確かにスロヴァキアには豊かで質の高い詩がある。彼らはフランスの詩のすばらしさをみて，フランスの大衆は詩に心を動か

第9章　フランスにおけるスロヴァキア人とスロヴァキア文化　257

されると考えた。しかし今日では詩に取り組むのは学校でしかない。そして学校を出た後は本をふたたび閉じてしまう。そのうえ，フランス語とスロヴァキア語とでは作詩法が等しくないから，スロヴァキアの詩をフランス語に訳すのは，はなはだむずかしい。それでもスロヴァキアの詩の翻訳者達は努力を惜しまず，パリや地方を回っている。上記の大学のほかに詩に好都合な場所がある。マリ・トゥーシェ会館ではよく詩の朗読会がおこなわれている。2002年にはスロヴァキアの詩の夕べで「メランコリー」がモリエール劇場の支配人のミシェル・ド・モールヌとステファン・ポウハニッチによって訳されて上演された。また，2002年10月にはミシェル・ド・モールヌはミラン・ルーフスの詩を朗読した。

　彼はまた，モリエール劇場でもスロヴァキアの詩を講演している。1998年に1週間，スロヴァキアの喜劇役者達が，ミラン・ルーフス，ヴィリィアム・トゥルチャーニ，ヤーン・シュヴァントネル，ヤーン・ブザーシ，ヨゼフ・ミハルコヴィッチ，シュテファーン・ストラージャイ，ヂョナ・ポドラツカー，ミラ・ハウゴヴァー，ヤーン・ザムボル，アルベルト・マレンチンら，スロヴァキアの詩人達の詩を朗読した。これと並行して，大使，大臣，スロヴァキア当局者（「マティツァ」）ら多数の出席のもとに興味深い展示会「スロヴァキア詩の宝」が開かれた。モリエール劇場でのその他の催しとしては，2000年5月には，ミラン・クニャシュコとアントーニア・ミクリーコヴァーの参加を得て，アルベルト・マレンチンによる夕べの会で「ミロスラウ・ヴァーレクへの敬意」が語られた。

　スロヴァキア大使館では内輪のサロンが開かれる。文化の夕べなどでは，たいてい，豊富なスロヴァキア料理が出され，楽しい雰囲気に包まれる。スザンヌ・フォースリューとマグダレナ・ルコヴィッチによる「新スロヴァキア人のアンソロジー：仕切りの後」という発表があった。これは19人の作家の作品を集めたもので，同時にそれは「スロヴァキア文学雑誌」にフランス語で掲載された。ところがフランス語版の第2号でこの「アンソロジー」に対して訴訟事件が起こった。私見では「選集」のタイトルをもっと慎重につければこれを避

けることができたとおもわれる。なおこの作品はスロヴァキア文学情報センターから助成されていた。なにかそこには共産主義時代からの残滓があるように感じられる。

8. 文学翻訳

　スロヴァキア文学の普及浸透にあたって、これにかかわる人々、出版社、作家達によって繰り返し問われてきた困難な面にふれなければならない。それは翻訳の問題である。フランスで読まれるためには、当然、その文学は翻訳されねばならない。翻訳を読むのは快適かもしれないが、少なくともそれは誰かによって翻訳されたものであり、その翻訳者はかりにフランス語が母国語でないにしても、幼少の頃からフランス文化に浸ってきた人である。ところがスロヴァキア語を不自由なく十分に理解する人はきわめて少ない。そのうえ、この二国間の報酬の差は状況の解決にはならない。だが他方、スロヴァキア人のフランス語能力は驚くほど高い。彼らは鉄のカーテンの向こう側で、独力で翻訳することに慣れていた。しかも報酬の額が少なくても気持ちを挫かれることはなかった。彼らのなかには、翻訳作業に避けられない本質的な不備の意識があまりない。それは解決不可能だからである。

　スロヴァキア文学の翻訳市場は非常に狭く、ほんの一握りの人達しかこれに従事していないが、これが急速に展開することは当面ありえないだろう。したがって翻訳作業は助成金の助けが必要になる。スロヴァキアの学生達が教師の助けを借りて、いくつかの作品を手の届く範囲で翻訳するという、ささやかな貢献をしている。ボルドー大学のスロヴァキア人講師オルガ・オルゴニョヴァーの翻訳教室では、「悪魔のような物語」を刊行した。INALCO（コルベールによって設立された東洋文化学院）では、最初の選集として、グスターウ・ムリーンの旅行記「世界は小さい」が2005年に出版された。これはイナルコのスロヴァキア部門長ディアナ・ルメの監修でバイリンガル形式で出された。新しい翻訳としてはエリク・ジャクブ・グロッホの子供のための本「トゥラーチク

とクラーラ」が進行中である。

　翻訳されたスロヴァキア語作品のリストと翻訳者の名前が「スロヴァキアは自らの遺産に正面から取り組む」(La Slovaquie face à ses héritages) に詳細な資料として（小さい文字で18ページ）として載っている。また，ミハエラ・ユロウスカー「フランスにおけるスロヴァキア文学：結果と展望」のなかにもそれをみつけることができる。

　パリとブラチスラヴァを往来している現代アーテイストとして，ハーブ奏者のラヂスゥラウ・パッド，ピアニストで作曲家のミキ・シュクタ，フランス生まれのオペラ歌手サハ・ハタラらの名前があがる。女優アントーニア・ミクリーコヴァーもパリで暮らした。

9. フランス人のスロヴァキア知名度

　フランスでのスロヴァキア文化を考える際，交流の機会は欠かせない。それに関心をもつ人達に広い選択の場を与えることができるからである。しかし大部分のフランス人はスロヴァキアについて何も知らないか，ほとんどなにも理解していない。EU拡大は25カ国のメンバーにメディアでその国の情報に接することを可能にした。そして今ではフランス人の一部はスロヴァキアという国がヨーロッパに存在することを知るようになった。多くのフランス人はまだスロヴァキアとスロヴェニアを混同しているが，ともかくスロヴァキアが地図上のどの辺にあるかは知られてきている。しかし教養ある人々のあいだでも，たとえばスロヴァキアにかんする映画，書物，人物などについて，正確な知識をもつ者はきわめて少ない。

　もちろんフランスでも，サッカーファン（ほとんど男性）の中で美人のアドリアナ・カランブーを知らない者はいない。彼女はモデルで，人道主義的なたくさんのフランス映画に出演している女優だからである。ある人達は彼女の夫が国際的な選手なので，彼女がスロヴァキア人であることを知っている。彼女は最近，スロヴァキア民間大使にも任命された。しかし誰がアドリアナ・スク

レナリコヴァーの名前を知っていようか。確かにテノール歌手ペテル・ドヴォルスキーはオペラ界で国際的な評価をえているが，オペラに興味をもつフランス人はそう多くはない。

　誕生したばかりの国が，つねに他国に影響を与えてきた国にたいして，自らの文化を受入れさせるのは容易なことではない。そのうえ言語的障害がある。チェコ人とくらべて，スロヴァキア人には自らの国の文化を知らせるに必要な評判をもつ作家や画家や音楽家や映画監督など，大衆と接する分野の人物がほとんどいない。

　「フランス文化の特異性」を重視しているわれわれは，グローバリゼーションの時代にこの分野の競争がいかに激しいかを知っている。羨まれるような輝かしい文化と言語をもっていても，それを維持するのがいかにむずかしいかがよくわかっている。われわれも晒されている画一化の脅威に直面しながら，彼らの文化の多様性を保持していこうという者同士が連帯して，それぞれの文化の維持と継承に取り組むことが望まれる。

　チェコスロヴァキアが分離して以来，スロヴァキア人たちは「小さな一歩から」という，協調しうるリズムで自分達の文化を共有しようとしている。この動きは関心をともにする小さな集まり，すなわちスロヴァキア出身者とその仲間達，姉妹都市，文化団体やその他の集団によって支えられている。このいき方が成果をもたらすのを，長い目で見守っていきたい。

第 10 章
流転するザカルパチア地方と民族
―― チェコスロヴァキア編入時代の政治史 ――

香 坂 直 樹

　本章では，両大戦間期のチェコスロヴァキア共和国の最東部に位置しポトカルパツカー・ルスと呼称された地域，現在のウクライナのザカルパッチャ州（ザカルパチア）となっている地域を取り扱う。この地域はカルパチア山脈の稜線の南側に広がる地域であり，地理的には，東部スロヴァキアとの間に自然な境界もなく連続する地域である。
　以下では，チェコスロヴァキア第一共和国時代（1918-38年）におけるこの地域の地位にかんして，同じくハンガリー王国からチェコスロヴァキア共和国に組み込まれたという地域として共通点を有しているスロヴァキアと対比しつつ論じていきたい。

1. ザカルパチアの領域とハンガリー王国時代

　この地域，すなわち現在のザカルパッチャ州に相応する地域を取り扱った多くの論者が指摘していることであるが[1]，この地域には数多くの呼称が付与されてきた。公式的な呼称のみに注目したばあいだけでも，1918年以降に少なくとも4回の名称変更を数えることができる。この地域に付与された最初の公式な地域呼称は，1918年12月にハンガリーがこの地域の自治州化を試みた際に採用された「ロシア州」（ルスカー・クライナ）[2]という名称である。これに続くのが，チェコスロヴァキア第一共和国時代に用いられた「ポトカルパツカー・ル

ス」[3]という地域呼称だった。1938年10月に自治権を獲得した際，自治政府は「カルパト・ウクライナ」[4]という名称を選択し，これは翌1939年3月14日から15日までのわずか2日限りの独立期に採用された国名ともなった。第二次世界大戦後には，この地域はソヴィエト連邦のウクライナソヴィエト社会主義共和国に併合され，「ザカルパッチャ州」となった。そして，冒頭にも述べたように，1991年のウクライナの独立後も州の地位を維持している。

以上で指摘した公式な地域呼称以外にも"Carpathian Ruthenia"("Karpatská Rus"), "Transcarpathian Ruthenia"("Zakarpatská Rus"), "Transcarpathia"("Zakarpatsko"), "Subcarpathia"などのさまざまな名称が，この地域を指す呼称として用いられてきた。これらの多様な名称は，この地域にたいする視点の違いを含意している。"Trans−(Za−)"という接頭辞は「（カルパチアの）向こうの」という意味を付加しており，観察者の視点が，カルパチア山脈の北側に位置することを意味する。他方，"Sub−(Pod−)"という接頭辞は，これと反対に，「（カルパチアの）麓の」という意味を付加するものであり，山脈の南側から，すなわち中央ヨーロッパ側からの視線を含意していた。どちらのばあいでも，これらの接頭辞は，これらの呼称は当該地域内部からの視点にもとづくものではなく，外部からの視線にもとづいてこの地域の呼称が付与されたことを示しており，ウィーンやブダペスト，キエフなどといったそれぞれの国家の中心地から離れた領域であるザカルパチア地域の辺境性を示すものといえよう。本章では，チェコスロヴァキア第一共和国時代の記述にかんしては，この時代の正式名称である「ポトカルパッカー・ルス」を使用し，その他の場所では「ザカルパチア」という呼称を使用したい。

まずはじめに，統計資料を手掛かりに用いつつ，この地域の概要を把握したい。チェコスロヴァキア共和国への併合後の1921年2月15日に実施された国勢調査にもとづいたばあい，ポトカルパッカー・ルスは，面積1万2,656km^{2}であり，人口は60万6,568名（内チェコスロヴァキアの市民権保持者は59万9,808名）という狭隘な地域である。1km^{2}辺りの人口密度は48名であり，共和国内でもっとも人口過疎な地域であった[5]。

さらに，この国勢調査にもとづく民族別の住民構成をみたばあい，約60万人のチェコスロヴァキア市民権保持者のうち，「チェコスロヴァキア人」は1万9,737名（約3.3%）を占めるにすぎなかった。ポトカルパツカー・ルス地域で多数派を構成したのは，37万2,884名（約62.2%）を数えた「ロシア人」であり，それに続くのはマジャール人（10万2,144名，約17.0%）であり，ユダヤ人（8万59名，約13.4%）である[6]。

　経済的には，この地域は山岳地帯であり，岩塩や木材を産出するものの[7]，農業には不向きであった。そのため，20世紀初頭の段階では，住民の多くは南部のハンガリー大平原での季節労働や地域外への移民によって生計を立てていた。19世紀後半には，アメリカ合衆国がこの地域から大量に流出した移民の主要な受入先となり，第一次世界大戦勃発の時点では約15万人のルシン人が居住していたとみられている[8]。彼ら在米のルシン人移民もまた，後述するように，この地域の将来，すなわち「ポトカルパツカー・ルス」のチェコスロヴァキア共和国への編入過程に深く関与することになった。

　ここまで20世紀初頭のザカルパチアないしポトカルパツカー・ルス地域の状況について紹介してきたが，ここで，ハンガリー王国内部においては，スロヴァキアと同様に，ザカルパチア地域もまた行政単位としては独立していなかったことを再度確認しておきたい。ハンガリー王国の行政制度のもとでは，現在のザカルパッチャ州に相当する地域は，西から順に，ウフ県（ハンガリー語ではウング県），ベレグ県，ウゴチャ県，マルマロシュ県（マーラマロシュ県）へと区分されており，それらを束ねるような行政組織は存在していなかった。また，1919年に設定され，基本的には，現在のウクライナ－スロヴァキア国境へと継承されることになった両大戦間期のスロヴァキアとポトカルパツカー・ルスとの境界線は，旧ウフ県を分断するように設定され，旧ウフ県の地域的なまとまりは無視されることとなったことも付言しておきたい。

　このように，ハンガリー王国時代のザカルパチアは，政治的には独立した行政単位を構成していなかった点や，経済的には後進地域だったという点で，スロヴァキア地域との共通点を有していたことが確認できるだろう。しかし，当

然ながら，両地域間の相違点，ないしはスロヴァキア人とルシン人の状況の相違点も存在していた。

　最大の相違点は，両者の民族運動の強弱の程度にみられる。19世紀のスロヴァキア地域では，18世紀末のA.ベルノラークによるスロヴァキア語文法制定運動を発端として，19世紀に半ばには，L'.シトゥールを中心とする知識人サークルを中核として，スロヴァキア民族の理念が確立した。民族意識の成立に引続き，1848年革命時の「スロヴァキア民族の請願書」や，1860年代初めにハプスブルク君主国の憲法制定を巡る議論が高揚した際に提出された「スロヴァキア民族の覚書」などに代表されるようなスロヴァキア民族の名での要求が提示され，自治地域の設立が要求されるにいたった。これらの要求が受け入れられることはなかったものの，1861年の覚書を機に文化団体であるマティツァ・スロヴェンスカーが，皇帝の裁可を得て，スロヴァキア中部のトゥリエツ県（ハンガリー語ではトゥーロツ県）の県都であるトゥルチャンスキ・スヴェティー・マルティンに設立された。アウスグライヒ後の1875年に，ハンガリー王国内のマジャール化の高揚を受けて，マティツァが閉鎖された後も，スロヴァキア民族運動家の包括団体であるスロヴァキア国民党の本拠地であるマルティンを核として，スロヴァキア民族運動は一定の勢力を維持することとなった。

　これにたいして，ハンガリー王国内のルシン人勢力は，A.ドブリャンスキーらを中心として，1849年に，オーストリア領のガリツィアとの合同要求などを提示し，この要求は1861年にも繰り返された[9]。しかしながら，この要求もまた，スロヴァキアからの要求と同じく，実現されることはなかった。

　この後，ハンガリー王国内のルシン人の民族運動は低調となった。その理由として指摘しうるのは，第一に教育のマジャール化の結果を受けた知識人のマジャール化であり，第二にギリシア・カトリック教会の聖職者の多くが親ハンガリー王国の立場を採用していたことであり，第三に住民のアイデンティティが，ルシン，ロシア，ウクライナの間で未分化な状態に留まっていたことである。結果として，第一次世界大戦の勃発の時点でも，ザカルパチアすなわちハ

ンガリー北東部に居住する東スラヴ系の住民は，君主国の中でもっとも非政治的な人々とみなされるような状態にあったのである[10]。

しかしながら，シュヴォルツが述べるように，19世紀から20世紀初頭にかけて，スロヴァキア人とルシン人との境界線を追求しようとする試みも存在していた。数々の研究者が，民族学や言語学のアプローチを用いつつ，この問題に取り組んでいたのだった[11]。彼らが示したルシン人居住地の西側の境界線，すなわち「スロヴァキア」との境界線はさまざまなものであり，プレショウ近郊を含めた現在の東部スロヴァキア北東部をもルシン人の領域とみなす地図も公表された。このような認識はスロヴァキア人側からの「スロヴァキア」の領域認識と抵触するものであったが，ハンガリー王国時代の行政単位は，民族の領域を考慮したものではなく，先述のように，スロヴァキア民族とルシン民族の存在と権利にもとづく領域の再編が実施されることもなかった。このため，互いに重複するスロヴァキア人とルシン人の領域にかんする主張が現実の政治の場で競合することはなく，科学的な議論の場に留まっていた。この境界線ないし領域にかんする議論が政治的な意味をもちはじめるのは，逆説的ながら，両者が自らの民族の領域とみなしうる領域を獲得しうることが確実とおもわれるようになった時期，すなわち第一次世界大戦末期からチェコスロヴァキア建国にかけての時期である[12]。

2. チェコスロヴァキア共和国への編入過程

つぎに，ザカルパチア地域のチェコスロヴァキア共和国への併合過程にかんして検討したい。この時期にかんしても，スロヴァキアとザカルパチアないしポトカルパッカー・ルスとの共通点と相違点を指摘しつつ叙述していきたい。

両地域の最大の共通点は，改めて指摘することでもないが，ハプスブルク君主国のハンガリー王国側から分離して，継承国であるチェコスロヴァキア共和国に併合されたことにある。またチェコスロヴァキア共和国への支持表明にあたって，アメリカ合衆国に存在していた両民族の移民コミュニティが重要な役

割を果たしたことや，現地の民族運動家や政治家が大戦直後の時期に示した実効支配の意志を貫徹できるだけの軍事力を有していなかったために，実効支配の確立にはチェコスロヴァキア軍による占領が不可欠だったことも編入過程の共通点として指摘しうるだろう。

相違点としては，少なくとも第一次世界大戦末期には，スロヴァキア人は一致して，スロヴァキア地域のハンガリー王国からの離脱とチェコスロヴァキア共和国への合同を支持したのにたいして，ルシン人民族運動家は，民族的アイデンティティにかんする問題を解決できなかった19世紀以降の民族運動の展開の帰結として，第一次世界大戦後の自民族の地位ないしザカルパチア地域の地位にかんして一致した構想を提出できず，この狭隘な地域内部でもさまざまな構想を有する中心が成立したことを指摘できるだろう。

以下，ザカルパチアのチェコスロヴァキア共和国への編入へといたる過程を，国外での動きと域内での動きのそれぞれに分け，スロヴァキア側の編入過程と比較しながら論じたい。

(1) 国外での独立運動

チェコスロヴァキア共和国の建国に向けた直接的な原動力となったのは，周知のように，第一次世界大戦勃発後に開始されたマサリクらを中心とする亡命政治家の活動だった。その過程にかんしてここでは詳細しないが，1918年夏には，協商国側の支持も獲得し，彼らは事実上の臨時政府として承認されていたことは確認しておきたい。

その際，ハンガリー王国内に居住するスロヴァキア人の意志を直接問うことができないために，アメリカ合衆国内のスロヴァキア人移民コミュニティからの支持表明が，スロヴァキア人によるチェコスロヴァキア国家の独立構想にたいする支持表明として代用されることになった。その代表例となるのが，1915年10月25日に，アメリカ合衆国内のチェコ人移民団体とスロヴァキア人移民団体の間で締結された「クリーヴランド協定」であり，3年後の1918年5月30日に同じく両民族の移民団体間で締結され，マサリクも署名したいわゆる「ピッ

ツバーグ協定」である。両協定は，チェコ人とスロヴァキア人とが対等の地位を確保する共通国家を大戦後に建国することを謳っていた。さらにピッツバーグ協定はスロヴァキア地域への自治権付与を明確に規定していた。そのため，両大戦間期にはスロヴァキア自治派による自治要求の根拠として利用される文書となったが，大戦中には，スロヴァキア人のチェコスロヴァキア国家への参加表明として用いられたのである。

　他方，ザカルパチアにかんしては，マサリクも含めたチェコ人政治家は，当初，将来のチェコスロヴァキア国家の領域にはこの地域を含めていなかったこともあり[13]，在米ルシン人移民の果たした役割は，チェコスロヴァキア国家への支持表明以上に，より積極的なものであった。そして，ピッツバーグ在住の在米ルシン人弁護士であるフリホリー（グリゴリー）・ジャトコヴィチ（Hryhorij Žatkovič，1886-967年）の活動に注目しなくてはならない。

　1918年7月23日に，ジャトコヴィチの指導下でペンシルバニア州のホームステッド市に「在米ハンガリー系ルシン人国民会議」(the American National Council of Uhro-Rusyns) が設立された。国民会議は，ハンガリー王国内のルシン人地域の戦後の帰属にかんし，第一の選択肢としてハンガリー国内での自治を，第二にはガリツィアやブコヴィナのルシン人との合同を，第三には完全な自治を――どの国家の中では明示せずに――要求した[14]。ジャトコヴィチは，この後にウィルソン大統領やマサリクとの会談を経て，将来のチェコスロヴァキア国家との合同を指向するようになった。10月25日には，この地域のチェコスロヴァキアへの帰属と，国内の中での自治の保障を明記した協定（「フィラデルフィア協定」）をマサリクと締結した[15]。第一次世界大戦休戦直後の11月12日には，第2回目の国民会議が召集された。この会議の決議は，連邦主義にもとづくチェコスロヴァキア国家との合同を改めて支持した。また，本章の関心からは，スピシュ県（ハンガリー語ではセペシュ県）やシャリシュ県（サーロシュ県）などマサリクの構想においてはスロヴァキアに含まれていた地域のルシン人居住地域をも，ルシン人の自治地域に含めるという要求が存在したことも興味深い[16]。この決議（「スクラントン決議」）は，続いてルシン人教会の各教区におけ

る投票でも支持され，チェコスロヴァキアへの編入にたいする支持をより強く印象付けることになった[17]。この後，ジャトコヴィチは，パリを経由してポトカルパッカー・ルスに渡り，知事（guvernér）としてこの地域の行政の長に就任することとなる。

このように，在米スロヴァキア人と同様，在米ルシン人もまた，それぞれの故国のチェコスロヴァキア共和国への編入にあたって大きな役割を果たしたことが確認できよう。しかし，それと同時に，すでにこの時点で両地域の地位の相違もみてとることもできる。すなわち，スロヴァキアのチェコスロヴァキア国家への参加のばあいは，まだこの時点ではチェコ人とスロヴァキア人を一つの民族とみなす「チェコスロヴァキア主義」との関係は明確に解決されていないものの，両民族が新国家の中核を担うことが確認されている。つまり，スロヴァキア人の民族自決権行使と彼らの民族的な領域の設定という行為の直接的な延長線上に，スロヴァキア地域のチェコスロヴァキア国家への帰属が位置づけられているのだ。これにたいして，フィラデルフィア協定やスクラントン決議にみられるように，ザカルパチアないしハンガリー王国のルシン人地域のチェコスロヴァキアへの帰属は，同じくルシン人による民族自決権表明の具体的な形式ではあるが，チェコスロヴァキア国家は，独立したルシン人地域の保護者としてみなされているのである。ザカルパチアの帰属は民族的な紐帯や親近感にもとづく統合ではなく，第一次世界大戦末期の中欧の情勢を考慮した結果として選択されたにすぎないことを示していると言えよう。

また，先述のスクラントン決議やジャトコヴィチが1918年10月に「ハンガリー・ルテニア」としてウィルソン大統領に提示した構想においては，現在のザカルパッチャ州に相当する領域のみならず，プレショウ近郊を含む地域もまた，ルシン人の自治地域として提示されていた[18]。このように，民族自決権の行使を通じた自治ないし独立の要求が中欧を巻きこみ始めると同時に，スロヴァキア人とのルシン人の領域の境界線を巡る問題が，純粋に科学的な問題から政治問題の次元に移行しはじめたことも伺えるのである。

(2) ザカルパチア現地の情勢

つぎに，第一次世界大戦末期から休戦直後の時期のザカルパチア現地の動きを辿ってみたい。

第一次世界大戦直後には，崩壊しつつある君主国内の他の地域と同様に，ザカルパチアにおいてもルシン人の国民会議などの組織が設立されていた。しかし，スロヴァキア現地で活動していた政治家の間では，スロヴァキア地域が新生チェコスロヴァキア国家に帰属することで一定の合意が取れていたのにたいして，ザカルパチアにおいては，さまざまな組織が乱立し，各自の将来構想を互いに競い合う錯綜した状況が発生した。それらの主張は，a)完全な独立，b)ロシアへの併合，c)ウクライナへの併合，d)チェコスロヴァキアへの併合，そして e)ハンガリーへの残留への5種類に大別できる。

これら五つの選択肢のうち，ザカルパチア地域の完全な独立は現実的な選択肢ではなかった。また，ロシアの併合も，1918年11月8日に現在のスロヴァキア北東部にあるスタラー・リュボヴナに召集された国民会議が一時主張したが[19]，1917年10月のロシア革命後の情勢推移を鑑みたばあい，独立案と同様に現実性を欠いていたのである。

ウクライナ国家への併合案は，上記の二つの案に比べて，当初は実現する可能性が見込まれるものだった。この選択肢が実現味を喪失していく過程を理解するためには，同時期のウクライナとガリツィアの情勢に視線を向けなくてはならない。

1918年10月には，当時オーストリア領であった東ガリツィアにおいても，中欧列強とオーストリア＝ハンガリー二重君主国の敗色は濃厚に感じられ，ポーランド人やウクライナ人らはそれぞれ，独立と東ガリツィアの支配権を継承する用意を進めていた。そしてウクライナ人勢力は，1918年10月31日にガリツィアの中心都市リヴィウ（リヴォフ）を占領し，11月13日には西ウクライナ国民共和国の成立を正式に宣言した。しかしながら，人口で多数を占めるポーランド人勢力の反攻に遭い，11月22日にはリヴィウを放棄し，東ガリツィアのウク

ライナ人居住地域のみを確保することとなった[20]。

　11月7日にザカルパチア地域の南東部のフストに, また11月17日に最東部のヤシナに, それぞれ召集された国民会議が, ザカルパチアのウクライナへの併合を要求した背景には, このようなガリツィアのウクライナ人の運動が存在していたのである[21]。

　しかしながら, 西ウクライナ国民共和国は, ポーランド人勢力との, 後にはポーランド国軍との戦闘において劣勢に立たされ, 協商国側からの理解を取り付けることもできなかった。また, 西ウクライナ国民共和国は, ウクライナ本土に当時成立していたウクライナ国民共和国との合同と同国からの支援をも求めており, 両国の合同は1919年1月22日にキエフで宣言された[22]。だが, ウクライナ本土も, ウクライナ軍とボルシェヴィキ勢力, 白軍（白衛軍）, 連合国軍, 無政府主義勢力が相戦う内戦状態に突入していた[23]。合同宣言の数日後にはボルシェヴィキ勢力によってキエフを占領される状態であり, 両国の合同は象徴的な意味合いしか有さなかった。当然ながら, ウクライナ国民共和国が西ウクライナ国民共和国への支援を実施できる状態でもなかったのである。最終的には, ボルシェヴィキ勢力が漸進的にウクライナの支配権を確立し, 1920年のリガ講和条約にもとづくソヴィエトとポーランドとの国境線の画定, すなわちポーランドによる東ガリツィア領有の確定を経て, 1922年に白軍が壊滅するまで, ウクライナでの戦闘は続くこととなった。

　このような情勢の推移のために, 1918年秋の段階では実現の可能性もあるかのように思われたザカルパチア地域のウクライナへの併合もまた, 1919年前半にはすでに, 選択肢としての魅力は薄れていたのだった。

　このような情勢を鑑みたばあい, 結果としてザカルパチア地域の将来構想の中で有力な選択肢として残り得たのは, ウフ県の県都だったウジホロト (Užhorod)[24]に設立された国民会議が要求したハンガリーへの残留とそのなかでの自治権獲得の主張と, 東スロヴァキアの都市であり, 当時のシャリシュ県の県都だったプレショウに設立された国民会議が求めたチェコスロヴァキア国家への併合の主張である。以下, この二つの国民会議を中心に, さまざまな派

閥の動きの活動を叙述したい。

　1918年10月30日にマルティンでスロヴァキア国民会議が設立され，スロヴァキア地域のチェコスロヴァキア国家への併合を宣言した。それから約1週間後の11月8日にプレショウ国民会議の母体となる会議がスタラー・リュボヴナに召集され，11月19日にプレショウに移転した[25]。スタラー・リュボヴナの国民会議では，上述のように，当初は親ロシア派が優位に立っていたものの，広範な支持を獲得することはできなかった[26]。プレショウ国民会議はつぎに親ウクライナ路線を採用したが，最終的に1919年1月には，ルシン人の自決権の確認を強調しつつも，親チェコスロヴァキア路線を採用することとなった[27]。

　一方，11月9日にウジホロトに召集された国民会議は分離主義を非難し，ハンガリー国家内での自治を要求した。ウジホロト国民会議は旧ハンガリー王国の領域の解体を阻止しようと試みていたカーロイ政権との交渉を開始した。交渉の結果，1918年12月21日に第10号法が制定され，ハンガリー共和国内にロシア州（Ruszka Krajna）が設立された。ロシア州はウフ県，ベレグ県，ウゴチャ県，マルマロシュ県という旧ハンガリー王国東端部の4県のルシン人居住地域のみから構成されており，スピシュ県，シャリシュ県，ゼムプリーン県（ハンガリー語ではゼムプレーン県）など西部諸県の居住地域は除外されていた。このことはウジホロト国民会議に参加した親ハンガリー派の政治家の不満の種となった。自治州内では，教育や文化，行政，司法にかんして完全な自治権が保障され，国民議会の設立も予定されていた[28]。このロシア州こそが，ルシン人の領域を初めて承認した行政単位となった。しかしながら，ハンガリー政府の主目的は，決してルシン人の民族自決権の尊重ではなかったことを指摘しなければならない。ハンガリーのカーロイ政権は，少数民族大臣であるオスカル・ヤーシの構想にもとづき，この時期には，スロヴァキアにたいしても自治権の提示をおこなっていた。ロシア州の設置もまた，ヤーシによる旧ハンガリー王国の領域の一体性を維持する試みの一環だったのである。

　このようなウジホロト国民会議とハンガリー政府の着実な成果にたいして，チェコスロヴァキアは東スロヴァキアを占領することで対応した。チェコスロ

ヴァキア軍は着実に東進を進め，1918年12月28日にプレショウを，翌1919年1月13日にはウジホロトを占領した[29]。ここにパリにおける協商国との交渉を通じて指定されたハンガリーとの暫定境界線以西の占領を完了し，チェコスロヴァキア軍の東進は一旦休止する。1月7日には，プレショウ国民会議はチェコスロヴァキアとの合同を支持する声明を発表し，プラハ政府やジャトコヴィチとの協力を開始した[30]。また，この時期に在米ルシン人の活動の結果である「フィラデルフィア協定」と「スクラントン決議」がウジホロト国民会議に紹介されたが，ウジホロト国民会議は改めてハンガリーへの残留を決議した[31]。

このように1919年1月から3月にかけての時期には，現実には，ウジホロト周辺地域ではチェコスロヴァキア国家による統治が開始されつつあったが，ルシン人知識人の意志は一致していなかった。情勢が再び変化する契機となったのが，1919年3月21日にブダペストで発生した政変，つまりハンガリー・タナーチ共和国の樹立である。この政変はロシア州の人事や行政にはさほど影響を与えなかった。しかし，4月下旬から，ルーマニア王国軍と共同でチェコスロヴァキア軍がハンガリーにたいする軍事介入を開始した結果，自治州全土が両軍によって占領された[32]。自治州は消滅し，ハンガリー政府の影響力もこの時点で消失することとなる。

1919年5月8日にジャトコヴィチは，プレショウやウジホロトなど各地の国民会議の代表者をウジホロトに召集し，中央ロシア国民会議（Centrálna ruská národná rada）を設立した。この会議ではチェコスロヴァキアへの併合が受諾され，自治の保障が決議された[33]。この決議は，スロヴァキアとの暫定境界線の変更などのその他の要求とともに14項目に整理され，5月23日にマサリク大統領に手渡された[34]。ここにポトカルパツカー・ルスにたいするチェコスロヴァキアの実効支配が確立されたと言える。パリ講和会議に提示すべき実効支配の既成事実が構築されたのだった。

国際的には，ポトカルパツカー・ルスのチェコスロヴァキア共和国への帰属は，1919年9月10日のサン・ジェルマン条約によって確定した。しかし，後述

するように，同日に調印した少数民族保護条約にもとづき，チェコスロヴァキアはポトカルパッカー・ルスをルシン人の自治地域として扱う義務を負うことになったのである[35]。

(3) スロヴァキアとの相違の成立

　以上のような過程を経て，チェコスロヴァキア国家は，ザカルパチアないしポトカルパッカー・ルス地域を獲得した。繰り返しとなるが，スロヴァキア地域との比較の観点からは，第一次世界大戦中のチェコスロヴァキア独立運動への支持表明にあたって，交戦国の市民からの独立構想にたいする支持取り付けは不可能であったために，アメリカ合衆国の移民コミュニティが重要な役割を果たしたことや，スロヴァキア国民会議やザカルパチア各地の国民会議は統治能力や軍事力を有していなかったために，両地域のチェコスロヴァキア国家への併合は，プラハの中央政府が主導していたことを，両地域の併合過程の共通点として確認できるだろう。

　併合過程の相違点は，1918年10月末から11月にかけて，オーストリア＝ハンガリー二重君主国の権威と権力が溶解していく時期に，現地の民族活動家が構成したさまざまな組織の活動にみることができる。10月30日に召集されたスロヴァキア国民会議は，チェコスロヴァキア国家への参加を表明した。「スロヴァキア民族宣言」と，あるいは会議の開催地から「マルティン宣言」と呼ばれたこの決議においては，スロヴァキア民族と「チェコスロヴァキア民族」との関係，すなわち，あらたに建国されるチェコスロヴァキア国家がどの民族の国民国家となるべきかの定義にかんして曖昧な点がみられたものの，新国家がスロヴァキア人とチェコ人とが共同で形作る国民国家であること，そして両者が共に多数派の地位を保持することには疑問は抱かれなかった。つまり，第一次大戦末期には，戦前からのチェコ人との関係に立脚しつつ，スロヴァキア地域がチェコスロヴァキア国家に参加することは当然のこととしてスロヴァキア人政治家の間で受容されていたといえよう。

　他方，ザカルパチア現地の民族活動家の間には，スロヴァキア人の活動家の

間でみられたような合意は存在していなかった。1918年秋には，上述のように，さまざまな将来構想が競合していたのであり，情勢は混沌としていた。現地の政治家の協議のみが1919年5月のウジホロトにおける中央ロシア国民会議の設立と，チェコスロヴァキア共和国への併合決議を導いたのではない。情勢の変化，すなわち協商国の承認を得たチェコスロヴァキア軍とルーマニア軍によるハンガリー・タナーチ共和国への軍事干渉と，ポトカルパッカー・ルス地域の占領という現実もこの意見の転換の背景として考慮しなければならない。また，チェコスロヴァキア共和国への併合の形式にかんしても，民族自決権にもとづくポトカルパッカー・ルス地域への自治権付与が同時に要求されたのであり，「チェコスロヴァキア民族」の領域であるチェコスロヴァキアのその他の地域との差異が強調されていたのである。この点は，サン・ジェルマン条約の規定にも反映されることとなる。

　ポトカルパッカー・ルスは，チェコスロヴァキア共和国内の自治地域として規定されたために，必然的にスロヴァキアとの境界線も設定されねばならなかった。そして，この地域が民族自決権に立脚する自治権を付与されたために，スロヴァキアとポトカルパッカー・ルスの境界線は，単なる行政単位の境界線以上に，両民族の領域の区画線という意味をも有することとなり，そのような境界線として双方の政治家に理解されることとなった。先述したように，第一次世界大戦以前には，スロヴァキアもザカルパチアも独立した行政単位を構成しておらず，当然ながら行政上の境界線も存在していなかった。この1919年に初めて両地域間に設定された境界線は，二重の意味を持ちつつ，旧ハンガリー王国時代は一括して統治されていた両地域の行政や諸制度，さらには第二次世界大戦後の運命をも隔する線となった。

　しかし，ベネシュ外相を代表としたチェコ人政治家や外交官こそが，パリの講和会議の場で国境線画定にかんして国際的な交渉をおこなっていたのであり，スロヴァキアとポトカルパッカー・ルスとの境界線にかんしても同様だった。スクラントン決議の文言やジャトコヴィチの要求が示唆するように，戦前の学術的な調査にもとづき，現在のスロヴァキア東部までもルシン人の領域と

みなす意見がルシン人の側には存在していた。しかし，彼らの意見は実際の交渉には反映されなかった。また，民族的な境界線を析出することを目的として現地住民の民族的意識にかんする調査はおこなわれたものの，両地域間の境界を西側に移すことにたいしてスロヴァキア人政治家が反発したために，調査の結果が境界線設定に反映されることもなかったのである[36]。

このようにポトカルパツカー・ルスとスロヴァキアとの境界線について述べるならば，基本的には1919年にパリ講和会議で決定された暫定境界線が，両大戦間期を通じて維持されることになった。このことは，ポトカルパツカー・ルスの地位ないし，ポトカルパツカー・ルスの行政組織の権限の問題とともに両大戦間期のルシン人政治家の不満の種となったのである。

3. チェコスロヴァキア第一共和国内での ポトカルパツカー・ルス

(1) ポトカルパツカー・ルスの理論上の地位

上述のように，1919年9月10日に，協商国とチェコスロヴァキア共和国との間で締結されたいわゆる小サン・ジェルマン条約の第10条から第13条の文言が，チェコスロヴァキア国家へのポトカルパツカー・ルス地域の帰属の国際的な承認となった。同条約はポトカルパツカー・ルス地域の帰属のみならずその地位をも定めた文書である。やや長くなるが引用したい。

> 第10条：チェコスロヴァキア共和国は，チェコスロヴァキア国家の一体性と調和する限りでもっとも広範囲の自治を兼ね備えた，チェコスロヴァキア国家の枠内にある自治区として，同盟および連合国〔－協商国を指す。筆者注〕によって定められた境界内において南カルパチアのルシン人地域を設置する義務を負う。
> 第11条：南カルパチアのルシン人地域は自治議会を有する。この議会は，言語，教育及び宗教にかんする事項，ならびにこの地域の行政にかんする問題とチェコスロヴァキアの法令が〔自治議会にたいして〕権限を委譲したその他のすべての問題にかんして立法権を有するものとする。ルシン人地域の知事はチェコスロヴァ

キア共和国大統領によって任命され、ルシン議会にたいして責任を負う。
第12条：チェコスロヴァキアは、ルシン人地域の公務員は、可能な限り当該地域の住民より選出されることに同意する。
第13条：チェコスロヴァキアは、ルシン人地域にたいしてチェコスロヴァキア共和国の立法府における公正な数の代表者を保障し、この地域はチェコスロヴァキア共和国憲法に従って選出された議員を立法府へと送る。この議員たちは、しかしながら、チェコスロヴァキア議会においては、ルシン議会に付与された範囲内にある全ての問題の立法にかんしてのみ投票権を有するものとする[37]。

引用した条約の文言からは、ポトカルパッカー・ルス地域はルシン人が民族自決権を行使する自治地域としてチェコスロヴァキア共和国に帰属したこと、つまり、「チェコスロヴァキア民族」が民族自決権を行使しうる領域であるチェコ諸州やスロヴァキアとは一線を画する地域として併合を承認されたことが明瞭である。第11条では、より具体的に、自治体制を担う組織として、自治議会と知事職を設置することが規定された。このように、チェコスロヴァキア共和国は、ポトカルパッカー・ルス地域の獲得の条件として、同地域に自治権を付与する国際的な責務を負うこととなったのである。

さらにチェコスロヴァキア共和国は、1920年2月29日に制定されたチェコスロヴァキア共和国憲法の第3条第2項から第9項においても、ポトカルパッカー・ルス地域の自治規定を盛り込み、同地域にたいする義務を再度明確にした。しかしながら、小サン・ジェルマン条約の規定とは差異もみられる。こちらも比較のために引用したい。

チェコスロヴァキア共和国憲法第3条
第1項：チェコスロヴァキア共和国の領域は、その境界線を憲法法律によってのみ変更しうる一体化した不可分の領域を形成する。
第2項：チェコスロヴァキア共和国の統合と調和する限りで最大の自治を享受するポトカルパッカー・ルス自治地域は、1919年9月10日付の同盟および連合国とチェコスロヴァキア共和国との条約にしたがう自発的な併合に依拠しており、上記の単位の欠くことのできない部分である。
第3項：ポトカルパッカー・ルスは自ら議長を選出する固有の議会を有する。

第4項：ポトカルパツカー・ルス地方議会は言語や教育，宗教，地方行政，あるいはチェコスロヴァキア共和国の法律が彼らに移譲するその他の事項にかんする法律を制定する権限を有する。大統領が署名により賛意を表明したポトカルパツカー・ルス地方議会の法律は，独自の法令集で公布され，知事も副署をおこなう。

第5項：ポトカルパツカー・ルスは，国民議会においては，チェコスロヴァキアの選挙法にしたがって選出された適切な数の下院議員と上院議員によって代表される。

第6項：政府の提案にもとづき，チェコスロヴァキア共和国大統領によって任命される知事が，ポトカルパツカー・ルスの首長であり，彼はポトカルパツカー・ルス〔地方〕議会にたいして責任を負う。

第7項：ポトカルパツカー・ルスの公務員は，可能な限り，その住民のなかから任命される。

第8項：地方議会議員の選挙権と被選挙権にかんする詳細な規定は個々の法律で規定される。

第9項：ポトカルパツカー・ルスの領域を定める国民議会の法律は憲法法律の一部である[38]。

小サン・ジェルマン条約と比較したばあい，条項も増え，より具体的な規定となっていることがわかろう。

とくに小サン・ジェルマン条約の第11条に規定されたポトカルパツカー・ルス議会にかんしては，憲法第3条第3項と第4項で規定され，共和国大統領の署名が自治議会によって制定された法律の発効に必要となることが明記されている。また，条約第12条にある自治地域の公務員任命の条件にかんする規定と，同第13条に存在するポトカルパツカー・ルスからチェコスロヴァキア共和国議会への代議員の派遣にかんする規定はそれぞれ，憲法第3条第7項と，第5項及び第8項に反映されている。

しかしながら，チェコスロヴァキア憲法の条項では，小サン・ジェルマン条約の条項の具体化以上に，ポトカルパツカー・ルス地域の地位にかんして変更を加えていることを指摘しなければならない。

憲法第3条第1項にみられるように，チェコスロヴァキア共和国の領土の一

体性がより強調された。これに関連して，第1項と第9項においては，憲法法律を通じてのみ，ポトカルパツカー・ルスを含むチェコスロヴァキア共和国の領土の変更が可能であると規定された。憲法法律を制定する権限は，当然ながら，共和国の国民議会の専権事項であり，この条項は，自治議会の決定のみではポトカルパツカー・ルス地域の地位を変更できないことを意味している。また，上述した第4項の規定は，大統領が自治議会にたいして拒否権を行使できることをも意味していた。

要約するならば，チェコスロヴァキア憲法の規定は，小サン・ジェルマン条約と比較したばあい，ポトカルパツカー・ルスの帰属にかんして，ポトカルパツカー・ルスの住民の自治権行使の側面よりも，チェコスロヴァキアの国家統合を強調したといえよう。その統合の具体的な形式として，憲法第3条においては，自治議会や知事などのポトカルパツカー・ルス地域の組織は，共和国大統領やチェコスロヴァキア国民議会などのチェコスロヴァキア中央政府の組織の下位に置かれることがより明確にされたのである[39]。

先回りして述べておくと，この憲法に規定されたポトカルパツカー・ルスの自治体制は，1938年10月に至るまで実現されることはなかった。

それでもなお，チェコスロヴァキア第一共和国の基本的な性格を定める憲法において，ポトカルパツカー・ルス地域への自治権付与が明確化されたことは大きな意味を有した。チェコスロヴァキア共和国のその他の地域は「チェコスロヴァキア民族」が主権を行使する地域として，理論的には均一にみなされたのであり，諸法律もまた，チェコ諸州とスロヴァキアとの差異を解消していく方向性を帯びていた。そのなかで，唯一ポトカルパツカー・ルスのみが，自治地域として明確に規定されたのである。その反映が，憲法と同じ日に制定された県制度法である。県制度法は，新たな21個の県の設置を通じて，旧オーストリア側から継承されたチェコ諸州の州制度と旧ハンガリー王国から継承したスロヴァキアの県制度を統一することを企図していた。つまり，行政制度の改正を通じて，理論上はすでに存在していた均一な「チェコスロヴァキア」の空間を現実に移すことを企図したのである。しかしながら，憲法で自治地域と規定

されたポトカルパツカー・ルスは県制度法の適用範囲から除外され，チェコ諸州やスロヴァキアとの行政制度上の地位の違いが再度確認されたのだった。

このように，1918年秋から1919年初夏にかけてのチェコスロヴァキアへの編入過程を通じてはじめて登場したスロヴァキアとポトカルパツカー・ルスとの相違は，小サン・ジェルマン条約とチェコスロヴァキア憲法の規定を通じてチェコスロヴァキア国内の制度にも反映されはじめたと言えよう。

そして，憲法に自治規定が存在するがために，ポトカルパツカー・ルスからの自治要求は，スロヴァキアの自治要求とは異なり，憲法に規定された正当な権利の履行を求める形で展開することとなったのである。

(2) ポトカルパツカー・ルスの現実の地位

上述したように，憲法にも規定されたポトカルパツカー・ルスの自治体制は施行されることはなかった。1938年秋のミュンヘン協定を発端とするチェコスロヴァキア共和国の行政制度の再編とスロヴァキアとポトカルパツカー・ルスへの自治権付与にいたるまでの間，ポトカルパツカー・ルスでは「暫定的」な行政制度が施行され続けていたのである。

そのポトカルパツカー・ルスの暫定的な行政制度を規定した第一の文書は，1919年11月18日に公布された「総合法令」（Generálny štatút）である[40]。この文書の特徴は，チェコスロヴァキア革命国民議会で制定された法律ではなく，政府政令でもなく，当時のチェコスロヴァキア軍に派遣されていたフランス軍のエノック将軍（Edmond C. A. Hennocque）の告示という形式を取っていたことにある。

この背景には，当時のチェコスロヴァキア共和国とハンガリーとの交戦があった。先述のように，1919年3月のハンガリー・タナーチ共和国成立後の1919年4月末に，ポトカルパツカー・ルスは，協商国の承認を得たチェコスロヴァキア軍によって占領された。この作戦を遂行したのが，エノック将軍の指揮下にある東部軍集団である[41]。彼の指揮下にある部隊はスロヴァキア東部とポトカルパツカー・ルスの防衛を担うことになる。1919年5月末には，ハン

ガリー赤軍が反攻を開始し、スロヴァキア東部に侵入した。この事態を受け、エノック将軍は、6月6日に東部軍集団の支配地域に軍事独裁を布告し、11月18日にはポトカルパッカー・ルス全土に軍事独裁を布告し、軍政下に置いたのだった[42]。こうして将軍は当時のポトカルパッカー・ルスの軍政の責任者となり、「総合法令」もまた彼の名で公布されることとなったのである。なお、エノック将軍は1920年にフランスに帰国したが、ポトカルパッカー・ルスにおける軍政は、地域情勢が安定する1922年まで維持された。

さて、総合法令にもとづき、エノック将軍のもとにディレクトリア[43]と執政官（Administrátor）職が設置され、民政を担当した。ジャトコヴィチも参加したディレクトリアは執政官の諮問組織であり、議決権を有していなかった[44]。そのため、司法や行政官の任免権、ディレクトリアへの決定権付与など、権限強化を要求したジャトコヴィチらを中心とするルシン人政治家の間で不満が高まることとなった[45]。

そのため、スロヴァキアとポトカルパッカー・ルスとの境界線の改定要求も併せて、ジャトコヴィチは、協商国との誓約をチェコスロヴァキア共和国が遵守するように要求した。辞任の示唆という圧力も行使したジャトコヴィチと中央政府との交渉の結果として、また前述したチェコスロヴァキア共和国憲法制定にともなう法制度整備の一環として、1920年4月に総合法令は改定され、1920年法令集政府政令第356号として公布された。

改訂された総合法令にもとづくあらたなポトカルパッカー・ルスの行政では、執政官に代わり「臨時知事」（dočasný guvernér）職が設置された。知事は政府の意見にもとづき共和国大統領によって任命されることとなり、初代の知事にはジャトコヴィチが就任した。もっとも重要な知事の職務は政府との交渉をおこなうことであり、ポトカルパッカー・ルスの民政府の政令に署名することだった。他方、副知事（viceguvernér）職も設置され、高級公務員がこの職にあてられることとなった。彼はポトカルパッカー・ルスの公務員の代表であり、すべての文書に副署しなければならなかった。つまり、事実上の拒否権を掌中に収めており、知事以上に行政の実権を握る存在となった[46]。また、こ

の改訂によっても自治議会が設置されることはなかった。ディレクトリアに代わり，同じく知事の諮問組織である「知事会議」(guberniálna rada) が設置されたのである。知事会議の構成員のうち10人が間接選挙を通じて選出され，4人が政府によって任命された。また知事が知事会議の議長を務め，副知事も参加した[47]。このように，憲法の制定後も，ポトカルパッカー・ルスに自治体制は導入されず，「暫定的」な制度として，むしろ中央の統制がより強化された体制が導入されたのである。

しかしながら，スロヴァキアとの境界線の問題は解決されず，自治体制の導入も延期されたために，総合法令の改訂後も，ルシン人政治家の不満が解消されることはなかった。その結果，これらの問題にたいする抗議の意を表明するために，ポトカルパッカー・ルス知事のジャトコヴィチは1921年3月に辞表を提出した。アメリカに帰国した彼は，チェコスロヴァキア共和国にたいする批判を明言するようになる。しかしながら，このポトカルパッカー・ルスの統治体制の危機に際しても，根本的な体制の見直しはおこなわれることはなかった。また，境界線問題にかんしても1921年以降に真剣な議論がおこなわれることはなく，暫定境界線が固定化することとなる。

この後1928年に，県制度に代わる地方行政制度である州制度がポトカルパッカー・ルスを含むチェコスロヴァキア共和国全土に導入された。ポトカルパッカー・ルスでは民政府が解体され，その業務は州庁が継承することとなった。この時点で，自治地域という憲法の規定にもかかわらず，ポトカルパッカー・ルスは，他のボヘミア州，モラヴィア＝シレジア州，スロヴァキア州と同列の地位に置かれること，そして，スロヴァキアとポトカルパッカー・ルスとの境界線は変更されないことが明確に示された。当然ながら，ポトカルパッカー・ルスへの自治導入を求めるルシン人政治家は州制度のポトカルパッカー・ルスへの導入に反対したが，彼らの意見は影響を与えることはできなかったのである[48]。

彼らの反対にもかかわらず，州制度は，1938年秋のチェコスロヴァキア共和国の再編，つまりミュンヘン協定後の1938年10月のスロヴァキアとポトカルパ

ツカー・ルスにおける自治制度の導入まで維持されることとなった。

4. 結びにかえて

　以上，ポトカルパッカー・ルス地域のチェコスロヴァキア共和国への併合過程と，チェコスロヴァキア共和国内での同地域の地位の変遷について，第一次世界大戦以前は同じくハンガリー王国に所属していたスロヴァキアとの比較をおこないつつ叙述してきた。

　この過程は，換言するならば，1918年以前のハンガリー王国内では，互いに区別されることなく王国北部から北東部を構成していた地域が，1918年のオーストリア＝ハンガリー二重君主国の崩壊とチェコスロヴァキア共和国を含む継承国家の成立という中欧地域の大変動とにともない，それぞれスロヴァキアとポトカルパッカー・ルスという名称を持つ二つの地域へと分化していく過程だったと評価できるだろう。

　国外での独立運動と現地の活動を通じて両地域の相違は自覚されていた。そして1919年の小サン・ジェルマン条約と1920年のチェコスロヴァキア共和国憲法でポトカルパッカー・ルスが自治地域として位置づけられたことにより，スロヴァキアとの地位の違いは法的にも確定することとなった。

　また，両地域は単なる行政単位ではなかった。諸民族の自決権行使にもとづくある地域への主権と領有権の主張が正当化された時代にあって，さらに，チェコスロヴァキア共和国がチェコ人とスロヴァキア人の国民国家として建国された背景を反映して，両地域はスロヴァキア人（「チェコスロヴァキア人」）とルシン人それぞれの民族的な領域として定義されることとなったのである。そのために両地域間の境界線は，チェコスロヴァキア共和国内部の行政単位の境界線だったにもかかわらず，ルシン人と東スロヴァキアのスロヴァキア人政治家双方からの関心を惹きつけたのだった。その際には，戦前からの学術的な調査の結果が援用されるとともに，現地の住民にたいする調査も実施された。第一次世界大戦前は純粋的に学術的な意味しか有していなかった両民族の境界線

を確定する行為は，大戦後には政治問題と化し，翻ってこれまではスロヴァキア人ないしルシン人への民族的な帰属意識が曖昧だった現地の住民にたいして民族意識の選択を迫ることとなった。これもまた両地域が「民族的な領域」という含意を込めて定義されたことの帰結だったといえよう。

　上述のように，サン・ジェルマン条約とチェコスロヴァキア共和国憲法で明記されたポトカルパツカー・ルスへの自治権付与は実現しなかった。しかし，この規定はスロヴァキアとポトカルパツカー・ルスの内政に大きな影響を与えることとなった。第一には，ポトカルパツカー・ルスの自治を要求する諸政党がこの条項を利用した。そして，第二には，スロヴァキア自治のモデルとして，スロヴァキア自治派にも利用されたのである。憲法第3条の規定は，それ以外の地域では「チェコスロヴァキア主義」に立脚する中央集権的な行政制度の導入を想定していたチェコスロヴァキア第一共和国における唯一の例外規定だった。スロヴァキア民族の存在とその自決権にもとづくスロヴァキアの自治権を要求したスロヴァキア人民党とスロヴァキア国民党にとって，憲法第3条は自らの主張を貫徹するための有効な武器となったのである。事実，1922年と1930年に，スロヴァキア人民党がチェコスロヴァキア共和国の国民議会に提出した二つのスロヴァキア自治法案は，憲法第3条の条項を増補改正し，ポトカルパツカー・ルスでの自治権と同様に，スロヴァキアにも民族自決権に依拠する自治を施行するという形式を採用したのだった。

　繰り返し述べてきたように，ポトカルパツカー・ルスにたいする自治権付与の約束は，履行されなかった。しかし，チェコスロヴァキア政府がポトカルパツカー・ルスにたいして無関心であり，同地域を冷遇していたとはいえない。チェコスロヴァキア政府は，ポトカルパツカー・ルス地域の領有はパリ講和会議の決定の産物であり，国際的な責務を負っていることを自覚していた。そのため，現地情勢，とりわけハンガリーの脅威を理由に自治導入の延期を正当化しつつも，ポトカルパツカー・ルスの状態の改善にたいしては積極的な態度をみせたのだった。建国から1930年代半ばにいたるまでのチェコスロヴァキア共和国の外交を担ったベネシュ外相も自認していたように，ポトカルパツカー・

ルスの領有はチェコスロヴァキア共和国が協商国側に属していることの証左となった。そして，ポトカルパツカー・ルス地域の経済的や文化的な発展を支える政策を採用することは，小協商の同盟国であるルーマニアへの連絡路を維持するためである以上に，チェコスロヴァキア共和国の国際的な威信にも関係する問題だったのである[49]。

このため，建国直後から多くのチェコ人官僚や専門職従事者がこの地域に流入し，戦争被害からの復興と近代化を担った。また，チェコスロヴァキア共和国では少数派の権利は尊重されていたのであり，皮肉なことに，自治を否定されたにもかかわらず，周辺国に居住するウクライナ人に比べて，ポトカルパツカー・ルスのルシン人ないしウクライナ人は広範な文化的な権利を享受していた。

同時代の観察者も認めるように，そのなかでももっとも劇的な改善がみられたのは教育分野だった。戦前のマジャール化政策のもとで抑圧されていた母語による学校教育が再開され，成人教育の分野でも多大な進展がみられた[50]。しかし，学校教育の拡充は，皮肉にも，ルシン人の間での言語問題とアイデンティティ問題の再燃をも導いた。チェコスロヴァキア政府は，ロシア，ウクライナ，ルシンの三つの方向性のどれにも，公式には肩入れすることはなかった。しかし，最終的には，ウクライナ派が優勢を占めることなり，彼らは1938年秋以降の自治体制を担うこととなった。冒頭にも述べたように，自治導入にともないこの地域の公式呼称が「カルパト・ウクライナ」へと改称されたことは，このウクライナ派の成長を反映していた。この過程は，建国後のスロヴァキアの教育機関の拡充が，1930年代にスロヴァキア民族主義に傾斜する青年層を輩出する結果を導いたことに符合するものである。

以上のような考察からは，チェコスロヴァキア共和国による統治期間は20年弱という短期間であったにもかかわらず，ポトカルパツカー・ルスないしザカルパチアの地域的なまとまりを成立させるとともに，住民の民族意識に大きな変革を与えた重要な時代だったと結論づけることができよう。

1) たとえば，Jászi, Oscar (1949), "The Problem of Sub-Carpathian Ruthenia." in Kerner, Robert J. (ed.), *Czechoslovakia*. Berkeley-Los Angels, p. 193；Duleba, Alexander (et al.) (1995), *Zakarpatsko*. Bratislava, p. 9. などを参照せよ。
2) Ruská Krajina〔チェコ語・スロヴァキア語〕，Ruszka Krajna〔ハンガリー語〕．
3) Podkarpatská Rus〔チェコ語・スロヴァキア語〕，Sub-Carpathian Rus, Sub-Carpathian Ruthenia〔英語〕．
4) Karpatská Ukrajina〔スロヴァキア語〕，Carpatho-Ukraine〔英語〕．
5) *Statistická příručka Republiky československé. III*. Praha 1928, p. 275.
6) *Ibid*. なお，1921年と1930年に実施されたチェコスロヴァキア第一共和国の国勢調査では，当時のチェコ人とスロヴァキア人とを同じ民族と見做す国家理念にもとづき，チェコ人とスロヴァキア人は，統計上「チェコスロヴァキア人」と分類されており，両者の区別はされていなかった。また，「ロシア人」カテゴリーもまた，ロシア人，ウクライナ人やルシン人も含む総合的な分類だったことも指摘しなければならない。
7) Macartney, C. A. (1937), *Hungary and Her Successors, The Treaty of Trianon and its Consequences 1919 – 1937*. London-New York-Toronto, p. 201.
8) Magocsi, P. R. (1993), *The Rusyns of Slovakia : on Historical Survey*, New York, p. 59.
9) Švorc, Peter (2003), *Krajinská hranica medzi Slovenskom a Podkarpatskou Rusou(1919 – 1939)*, Prešov, pp. 73 – 75, 79.
10) Jászi, *op. cit*, p. 201.
11) Švorc, *op. cit*, pp. 81 – 91.
12) *Ibid*, pp. 90 – 91.
13) マサリクらが主導した亡命政治家によるチェコスロヴァキア独立運動に，ザカルパチアが関係するようになったのは，1918年以降のことだった。1917年まではマサリクやベネシュらは，同地域の帝政ロシアへの併合を予想しており，この地域を将来のチェコスロヴァキア国家の領域とは認識していなかった。その転機となったのは，1917年10月のロシア革命や1918年3月のブレスト・リトフスク条約の締結だった。これらの事件により，ロシアが拡大する可能性が消滅した時に初めて，ザカルパチア地域のチェコスロヴァキア国家への併合が語られるようになった〔Perman, D. (1962), *The shaping of the Czechoslovak State : Diplomatic History of the Boundaries of Czechoslovakia 1914 – 1920*, Leiden, pp. 17, 25 – 26.〕。
14) Pop, Ivan (2005), *Dějiny Podkarpatské Rusi v datech*, Praha, pp. 274 – 275.

15) Macartney, *op. cit*, p. 215 ; Duleba, *op. cit*, p. 126.
16) Macartney, *op. cit*, p. 215 ; Švorc, *op. cit*, p. 114.
17) Macartney, *op. cit*, p. 215 ; Duleba, *op. cit*, p. 126.
18) Švorc, *op. cit*, pp. 106-107.
19) Duleba, *op. cit*, p. 123.
20) Subtelny, Orest (2000), *Ukraine : A History*, 3rd edition, Toronto - Buffalo - London, pp. 367-368.
21) Duleba, *op. cit*, p. 123.
22) Subtelny, *op. cit*, pp. 362, 369.
23) *Ibid*, p. 359.
24) 当時のハンガリー語での都市名はウングヴァール [Ungvár]、現在のウクライナのザカルパッチャ州の州都ウジュホロド [Uzhhorod] である。
25) Macartney, *op. cit*, p. 215 ; Magocsi (1993), p. 61; Pop, *op. cit*, pp. 278, 280.
26) Duleba, *op. cit*, p. 123.
27) Duleba, *op. cit*, pp. 123, 126 ; Švorc, *op. cit*, p. 120.
28) Macartney, *op. cit*, pp. 213-214 ; Jászi, *op. cit*, p. 202 ; Pop, *op. cit*, p. 281.
29) Macartney, *op. cit*, p. 216.
30) *Ibid*, p. 217.
31) *Ibid*.
32) Macartney, *op. cit*, p. 218 ; Magocsi (1993), p. 365.
33) Macartney, *op. cit*, pp. 218-219 ; Magocsi (1993), pp. 65-67 ; Švorc, *op. cit*, pp. 145-146.
34) Macartney, *op. cit*, p. 219 ; Pop. *op. cit*, pp. 297-298 ; Švorc, *op. cit*, p. 147.
35) Lipscher, L. (1990), "Karpatenrussland und die Südkarpatischen Ruthenen 1919-1933." in *Bohemia*, Band 31, Heft 1, 1990, S. 59-60.
36) Švorc, *op. cit*, pp. 173-175.
37) Čl. 10. Československo sa zaväzuje, že zriadi územie juhokarpatských Rusínov v hraniciach, určených Čelnými mocnosťami spojenými a pridruženými, ako samosprávnu jednotku v rámci československého štátu, vybavenú samosprávou najširšou, zľúčiteľnou s jednotnosťou štátu Československého.

Čl. 11. Územie juhokarpatských Rusínov bude mať samosprávny snem. Tento snem bude mať zákonodarnú moc vo veciach jazykových, vyučovacích a náboženských, ako i v otázke miestnej správy a vo všetkých ostatných otázkach, ktoré mu pridelia československé zákony. Guvernér rusínskeho územia bude menovaný prezidentom Republiky československej a bude zodpovedný rusínskeho snemu.

Čl. 12. Československo súhlasí, aby úradníci na rusínskom území vyberaní boli, pokial' možno, z obyvatel'ov onoho územia.

Čl. 13. Československo zaručuje územiu Rusínov spravodlivé zastúpenie v zákonodarnom zbore Československej republiky, do ktorého toto územie vyšle poslancov, zvolených podl'a ústavy Republiky československej. Títo poslanci budú mat' však práva hlasovat' v československom sneme vo všetkých tých zákonodarných otázkach, ktoré sú prikázané rusínskemu snemu.

[Švorc, *op. cit*, p. 160.]

38) Zákon ze dne 29. února 1920, kterým se uvozuje ústavní listina Československé republiky.
39) Mosný, Peter (2001), *Podkarpatská Rus : Nerealizovaná autonómia*, Bratislava, pp. 79 – 84.
40) 正式名称は「ポトカルパツカー・ルスの組織と行政にかんする総合法令」[Generálny štatút pre organizáciu a administráciu Podkarpatskej Rusi] である。
41) Hronský, Marián (1998), *Boj o Slovensko a Trianon 1918 – 1920*, Bratislava, pp. 168–170.
42) Duleba, *op. cit*, p. 129.
43) 正式名称は「自治ポトカルパツカー・ルス暫定ディレクトリア」[Dočasné Direktórium autonómnej Podkarpatskej Rusi] である。
44) Švorc, *op. cit*, pp. 164 – 165 ; Duleba, *op. cit*, p. 130.
45) Švorc, *op. cit*, p. 165.
46) Švorc, *op. cit*, pp. 181 – 182 ; Duleba, *op. cit*, p. 130.
47) Mosný, *op. cit*, p. 91.
48) Švorc, *op. cit*, pp. 214 – 217.
49) Beneš, Edvard (1996), *Podkarpatsko a jeho vztah k Československu*, Praha, p. 22.
50) Jászi, *op. cit*, pp. 207 – 208 ; Macartney, *op. cit*, pp. 227 – 228 ; Volosin, Augustin (1935), "Carpathian Ruthenia" in *Slavonic and East European Review*, Vol. 13, No. 2, 1934／1935, pp. 376 – 378.

付表：ローカル，エスニック・アイデンティティ調査
スロヴァキア全国調査（2001）単純集計票（サンプル総数1265）

1　現在住んでいる市町村（obec）での居住期間
　　　　5年以下　　　3.7%
　　　　5 – 9年　　　3.9%
　　　10 – 14年　　　6.5%
　　　15 – 19年　　　9.9%
　　　20 – 24年　　15.2%
　　　25 – 29年　　12.3%
　　　30年以上　　48.5%

2　現在住んでいる市町村（obec）での生活歴
　　　生まれてからずっと（他に移ることなく）　　　52.7%
　　　生まれてからずっとだが，短い間他地区に居住歴がある　6.4%
　　　ここに他地区から移住してきた　　　40.9%

3　出生と移住元
　　　ここで（obec）生誕　　　59.1%
　　　隣の市町村　　　5.5%
　　　隣ではないが，近くの市町村（obec）　　　5.9%
　　　この郡（okres）のなかの市町村（現在）　　　7.8%
　　　隣の郡の市町村（現在）　　　8.6%
　　　近隣ではない郡の市町村から　　　11.3%
　　　外国　　　1.7%

4　この市町村に家族，親族，近しい友人がいるかどうか
　　　近い（直近）親族（家族，兄弟，子供）　　　81.9%
　　　より遠い親族　　　65.0%
　　　近しい，信頼できる友人　　　89.2%
　　　ふつうの知人以外はいない　　　2.2%
　　　誰もいない　　　1.8%

5　Q4の近しい人々との付き合いの深さ

A　直近の親族
　　そのような人はいない　　　　　18.1%
　　深い付き合い　　　　　　　　　75.1%
　　接触はあるがごくふつう　　　　 6.3%
　　接触はない　　　　　　　　　　 0.5%
B　遠い親族
　　いない　　　　　　　　　　　　34.8%
　　深い付き合い　　　　　　　　　16.4%
　　ふつうの付き合い　　　　　　　44.2%
　　付き合いはない　　　　　　　　 4.6%
C　近しい，信頼できる友人
　　いない　　　　　　　　　　　　10.5%
　　深い付き合い　　　　　　　　　39.4%
　　ふつうの付き合い　　　　　　　49.4%
　　付き合いはない　　　　　　　　 0.6%

6　現在，自分の住んでいるところや職場で，他国や他民族の人と出会う機会がどんどん増えていますが，貴方は，以下のような国や民族の人が家族の一員になるとき仲良くすることができますか。つぎの1－5から選んでください。
（回答の選択肢）　① 何ら問題なし　② まあ大丈夫　③ むずかしいかもしれない
　　　　　　　　④ 絶対に無理　　⑤ DK, NA
　A　スロヴァキア人：① 95.3%　② 4.3%　③ 1.5%　④ 0.3%　⑤ 0.5%
　B　チェコ人　　　：① 84.7%　② 13.0%　③ 1.5%　④ 0.3%　⑤ 0.5%
　C　ハンガリー人　：① 38.7%　② 25.4%　③ 21.7%　④ 11.6%　⑤ 2.5%
　D　ウクライナ人　：① 22.8%　② 30.3%　③ 30.6%　④ 10.9%　⑤ 5.5%
　E　ルシン人　　　：① 23.6%　② 30.4%　③ 27.6%　④ 12.0%　⑤ 6.4%
　F　ロマ　　　　　：① 5.6%　② 6.1%　③ 26.6%　④ 58.6%　⑤ 3.2%
　G　旧ユーゴスラビア（どの地域からの人々でもよい）の人たち：
　　　　　　　　　　　① 16.7%　② 35.5%　③ 26.6%　④ 14.0%　⑤ 7.2%
　H　西ヨーロッパの人たち：
　　　　　　　　　　　① 25.9%　② 46.7%　③ 13.5%　④ 6.7%　⑤ 7.1%
　I　アラブ諸国の人々：
　　　　　　　　　　　① 6.6%　② 12.2%　③ 35.2%　④ 37.5%　⑤ 8.5%
　J　アジアの国々の人たち：
　　　　　　　　　　　① 7.9%　② 14.5%　③ 32.3%　④ 35.4%　⑤ 9.9%

付表：ローカル，エスニック・アイデンティティ調査　291

7　では，AからOまでの民族の人と職場で一緒になったら，仲良くできますか。
　　（回答の選択肢）　①　何ら問題なし　②　まあ大丈夫　③　むずかしいかもしれない
　　　　　　　　　　④　絶対に無理　⑤　DK, NA
　　A　スロヴァキア人：①　95.1%　②　3.7%　③　0.2%　④　0.2%　⑤　0.8%
　　B　チェコ人　　　：①　92.5%　②　5.9%　③　0.2%　④　0.3%　⑤　1.0%
　　C　ハンガリー人　：①　52.7%　②　22.0%　③　17.0%　④　5.8%　⑤　2.5%
　　D　ウクライナ人　：①　36.3%　②　30.4%　③　21.7%　④　7.7%　⑤　3.9%
　　E　ルシン人　　　：①　36.7%　②　31.5%　③　18.7%　④　8.2%　⑤　4.8%
　　F　ロマ　　　　　：①　16.2%　②　15.7%　③　26.4%　④　37.1%　⑤　4.6%
　　G　ドイツ人　　　：①　42.8%　②　38.4%　③　10.9%　④　3.6%　⑤　4.3%
　　H　ポーランド人　：①　42.8%　②　39.4%　③　10.5%　④　3.6%　⑤　3.7%
　　I　オーストリア人：①　45.5%　②　38.2%　③　8.7%　④　3.2%　⑤　4.04%
　　J　ユダヤ人　　　：①　36.0%　②　31.2%　③　15.8%　④　9.3%　⑤　7.7%
　　K　かつてソ連邦に属していた国からの人々：
　　　　　　　　　　　①　9.3%　②　31.5%　③　21.0%　④　10.6%　⑤　7.5%
　　L　かつてユーゴスラビアに属していた国からの人々：
　　　　　　　　　　　①　31.1%　②　32.8%　③　19.3%　④　9.7%　⑤　7.1%
　　M　西ヨーロッパからの人々：
　　　　　　　　　　　①　40.7%　②　37.1%　③　11.2%　④　4.7%　⑤　6.2%
　　N　アラブの国からの人々：
　　　　　　　　　　　①　21.2%　②　20.1%　③　25.9%　④　22.7%　⑤　10.1%
　　O　アジアの国からの人々：
　　　　　　　　　　　①　22.6%　②　20.6%　③　24.2%　④　21.5%　⑤　11.1%

8　では，つぎの国の人々やエスニック・グループが貴方の隣人になるとき，仲良くなれますか。
　　（回答の選択肢）　①　何ら問題なし　②　まあ大丈夫　③　むずかしいかもしれない
　　　　　　　　　　④　絶対に無理　⑤　DK, NA
　　A　スロヴァキア人：①　96.4%　②　3.5%　③　0.2%　④　0.0%
　　B　チェコ人　　　：①　93.8%　②　5.6%　③　0.6%　④　0.1%
　　C　ハンガリー人　：①　54.5%　②　21.7%　③　16.0%　④　5.9%　⑤　1.9%
　　D　ウクライナ人　：①　35.0%　②　30.1%　③　23.3%　④　7.9%　⑤　3.6%
　　E　ルシン人　　　：①　36.9%　②　31.5%　③　19.7%　④　7.3%　⑤　4.6%
　　F　ロマ　　　　　：①　8.7%　②　9.2%　③　28.2%　④　51.4%　⑤　2.0%
　　G　ドイツ人　　　：①　45.2%　②　38.2%　③　9.6%　④　3.2%　⑤　3.9%
　　H　ポーランド人　：①　45.5%　②　40.2%　③　8.4%　④　2.5%　⑤　3.3%

    I　オーストリア人：① 47.7%　② 38.0%　③ 7.7%　④ 2.1%　⑤ 4.3%
    J　ユダヤ人　　　：① 37.9%　② 29.7%　③ 15.6%　④ 9.2%　⑤ 7.6%
    K　かつてソ連邦に属していた国の人々：
                    ① 26.9%　② 32.5%　③ 23.9%　④ 10.1%　⑤ 6.6%
    L　かつてユーゴスラビアに属していた国の人々：
                    ① 27.7%　② 34.5%　③ 22.8%　④ 8.9%　⑤ 6.1%
    M　西ヨーロッパの国の人々：
                    ① 41.9%　② 28.7%　③ 8.8%　④ 4.3%　⑤ 6.2%
    N　アラブの国の人々：
                    ① 17.0%　② 18.5%　③ 30.7%　④ 25.7%　⑤ 8.1%
    O　アジアの国の人々：
                    ① 17.7%　② 20.7%　③ 28.8%　④ 23.4%　⑤ 9.4%

9　つぎのエスニックグループの人にたいする差別を個人的に体験したり，目撃したりしたことがありますか。
    A　結婚での差別：
        スロヴァキア人　5.1%　　ハンガリー人　6.0%　　ウクライナ人　2.8%
        ルシン人　　　　1.7%　　ロマ　　　　12.7%　　ユダヤ人　　　3.9%
        その他　　　　　0.6%
    B　就職での差別：
        スロヴァキア人　5.0%　　ハンガリー人　4.9%　　ウクライナ人　4.9%
        ルシン人　　　　2.2%　　ロマ　　　　21.3%　　ユダヤ人　　　1.7%
        その他　　　　　0.6%
    C　昇進での差別：
        スロヴァキア人　5.8%　　ハンガリー人　4.6%　　ウクライナ人　3.0%
        ルシン人　　　　1.5%　　ロマ　　　　10.8%　　ユダヤ人　　　1.3%
        その他　　　　　1.2%
    D　教育機会での差別：
        スロヴァキア人　4.1%　　ハンガリー人　4.3%　　ウクライナ人　2.0%
        ルシン人　　　　1.5%　　ロマ　　　　 6.1%　　ユダヤ人　　　0.9%
        その他　　　　　0.6%
    E　職場の人間関係での差別：
        スロヴァキア人　6.3%　　ハンガリー人　6.1%　　ウクライナ人　1.7%
        ルシン人　　　　1.7%　　ロマ　　　　10.4%　　ユダヤ人　　　1.3%
        その他　　　　　0.5%
    F　文化機会での差別：

付表：ローカル，エスニック・アイデンティティ調査　293

スロヴァキア人	2.5%	ハンガリー人	3.9%	ウクライナ人	2.1%
ルシン人	1.3%	ロマ	6.6%	ユダヤ人	1.7%
その他	0.5%				

10　あなたがこの市町村で満足な生活を送るためには，つぎのAからEまでの項目はどのくらい大切ですか。
　　（選択肢）①　非常に重要　　　②　まあ重要　　　③　ふつう
　　　　　　　④　あまり重要ではない　⑤まったく重要ではない　⑥　DK, NA

		①	②	③	④	⑤	⑥
A	家族の基盤	83.9%	12.8%	2.1%	0.6%	0.3%	0.2%
B	所属する社会集団	30.0%	42.0%	17.9%	5.1%	2.7%	2.4%
C	同一の民族集団	36.8%	36.5%	18.0%	4.9%	2.3%	1.4%
D	寛容と忍耐力	42.1%	45.6%	9.2%	1.8%	0.7%	0.5%
E	家族のサークル内で生活し，他人に構わないこと						
		16.5%	29.0%	25.2%	16.1%	9.3%	3.8%

11　この市町村のなかにはさまざまな人間関係がありますが，つぎのAからJまでの関係は良好でしょうか。さらには市町村のための活動意欲はいかがでしょうか。
　　（選択肢）①　非常に良い　②　まあ良い　③　平均的　④　悪い方　⑤　最悪
　　　　　　　⑥　DK, NA

		①	②	③	④	⑤	⑥
A	家族・親族の付き合い	48.0%	37.2%	11.0%	1.4%	0.3%	2.1%
G	政治的意見の異なる集団の関係						
		3.9%	34.1%	36.4%	11.6%	2.7%	11.3%
H	市町村のために公的活動をしようという意欲や関心						
		3.2%	24.1%	41.9%	20.1%	5.7%	5.1%
I	市長や議員にたいする信頼	4.9%	23.5%	42.5%	16.6%	5.7%	6.9%
J	市民的連帯	2.1%	19.8%	40.3%	19.9%	8.9%	9.0%

12　あなたはこの市町村から移住したいと考えていますか。
　　　①　はい。すでに移住を決意　　　4.1%
　　　②　他に方法がなければ考える　　16.7%
　　　③　当面は考えない　　　　　　　29.7%
　　　④　どんなばあいにも移住しない　49.5%

13　移住を決意している，あるいは考えているとすれば，それはどのような理由からで

すか。
- ⓪ 非該当（移住の意思なし） 79.2%
- ① 責任のある仕事をみつけたい 3.5%
- ② 財政事情を解決したい 4.6%
- ③ 住宅問題を解決したい 3.4%
- ④ 家族状況を改善したい 3.0%
- ⑤ 健康上の理由 0.6%
- ⑥ ここの良くない環境と良くない人間関係 0.8%
- ⑦ 満足な生活を送る上で不適切な条件がある 2.0%
- ⑧ 将来の発展が見えない 1.5%
- ⑩ 他の理由 1.5%

14　他の市町村に移住を決心しているとすれば，他の土地で何を期待しているのですか。
- ⓪ 非該当 95.7%
- ① 同様の仕事と住まい 0.4%
- ② より良い賃金が得られれば，住まいは関係ない 1.3%
- ③ より良い仕事と自律した生活 0.5%
- ④ より良い生活と継続できる仕事 1.2%
- ⑤ 他の利点ともっとポジティブな生活 0.9%

15　移住を望まない人やまだ決心していない人は，どのようなばあいに移住することを決意したり，あるいは他で働こうと思いますか。
- ⓪ 非該当 4.3%
- ① ここと同じような仕事と住まいがあること 4.3%
- ② よりよい仕事と住まいが手に入るとき 22.0%
- ③ もっと割のいい仕事があれば住まいは関係ない 3.1%
- ④ たとえ，他で割のいい仕事があっても，ここに愛着があり，住み続けたい 7.3%
- ⑤ よりよい住まいが手に入れば仕事は関係ない 2.8%
- ⑥ 他の利点があるとき 4.0%
- ⑦ どんな環境があろうとも，出て行かない。 54.3%

16　あなたがここを去らなければならないとしたら，他のどこにいこうと考えますか。
- ① 外国 12.3%
- ② スロヴァキアの別の県（kraj）や地域 4.9%
- ③ いま住んでいる県や地域内のどこか 5.8%

④　いま住んでいる郡（okres）内のどこか　　　　　　　　4.9%
⑤　この市町村に近い周辺の地　　　　　　　　　　　　　3.6%
⑥　距離は関係なく，自分の問題を解決してくれる所　　　9.9%
⑦　よそへ行っても生活が良くなることはないので出ていかない　54.3%
⑧　NA，DK　　　　　　　　　　　　　　　　　　　　　4.3%

17　つぎのAからLまでの項目に関して，あなたはどのくらい強く自分がそうであると感じますか。以下の①から⑤の選択肢から選んでください。
　　（選択肢）　①　非常に強く　②　やや強く　③　平均的　④　やや弱く
　　　　　　　⑤　非常に弱く　⑥　DK，NA
　A　今住んでいる市町村の市民
　　　①　36.5%　②　34.2%　③　24.0%　④　3.9%　⑤　1.2%　⑥　0.2%
　B　自分の属する民族のメンバー
　　　①　43.7%　②　36.2%　③　17.3%　④　1.7%　⑤　0.8%　⑥　0.3%
　C　世界市民
　　　①　11.1%　②　22.5%　③　32.0%　④　14.3%　⑤　11.8%　⑥　8.2%
　D　働いている企業の従業員
　　　①　11.8%　②　19.4%　③　21.3%　④　6.7%　⑤　5.3%　⑥　35.4%
　E　ヨーロッパ人
　　　①　19.1%　②　31.0%　③　32.3%　④　8.9%　⑤　3.0%　⑥　5.6%
　F　家族のメンバー
　　　①　80.2%　②　15.7%　③　2.5%　④　0.6%　⑤　0.3%　⑥　0.8%
　G　スロヴァキア共和国市民
　　　①　54.1%　②　30.2%　③　11.9%　④　2.4%　⑤　0.5%　⑥　0.9%
　H　出身学校のメンバー
　　　①　24.0%　②　24.0%　③　22.9%　④　6.1%　⑤　3.9%　⑥　19.1%
　I　同世代のメンバー
　　　①　32.6%　②　34.9%　③　26.2%　④　3.2%　⑤　1.3%　⑥　1.7%
　J　教会の信者
　　　①　29.3%　②　23.2%　③　21.6%　④　8.6%　⑤　7.8%　⑥　9.5%
　K　支持政党のメンバー
　　　①　6.2%　②　10.4%　③　19.4%　④　12.1%　⑤　27.2%　⑥　24.7%
　L　広い範囲での居住地域（Region）の住人
　　　①　17.9%　②　32.6%　③　35.7%　④　8.1%　⑤　2.5%　⑥　3.2%

18　重要な生活上の問題を解決したいとき，誰に相談しますか。AからEまでの人々に

かんして，①はい　②いいえ　③DK, NA でお答えください。

A	家族：	①	95.2%	②	2.6%	③	2.2%
B	友人・良き知人：	①	80.6%	②	12.3%	③	7.1%
C	隣人：	①	29.4%	②	51.1%	③	19.4%
D	以前の学友：	①	24.3%	②	50.8%	③	24.9%
E	職場の同僚：	①	29.5%	②	34.5%	③	36.0%

19　あなた個人の生活に潤いを与えるという点で，この市町村におけるつぎのAからFまでの共同の文化施設や文化活動などをどのように評価しますか。つぎの6つの選択肢からお答えください。

（選択肢）　①　最高に意義深い　　②かなり意義深い　③ふつうである
　　　　　　④　それほどの意義はない　⑤まったくない　⑥　DK, NA

A　教会：　　　①17.2%　②27.3%　③24.7%　④17.1%　⑤12.5%　⑥1.2%
B　学校：　　　①12.1%　②38.1%　③25.7%　④9.8%　⑤9.6%　⑥4.7%
C　文化施設：　①3.6%　②27.7%　③40.6%　④18.5%　⑤6.8%　⑥2.8%
D　アソシエーション，クラブなど：
　　　　　　　　①2.1%　②17.2%　③36.8%　④24.1%　⑤15.0%　⑥4.9%
E　スポーツ組織：
　　　　　　　　①5.6%　②21.5%　③32.6%　④19.9%　⑤16.4%　⑥3.9%
F　伝統や習慣：①6.5%　②28.2%　③37.3%　④16.8%　⑤6.9%　⑥4.3%

20　つぎのAからFまでのこの町の集団活動にあなたは個人的に参加していますか。
　　①参加している，②参加していない，③そのような活動はない　の中から選んでお答えください。

A	教会の祭典や祭日の儀式：	①	57.7%	②	40.5%	③	1.8%
B	学校の公的イヴェント	①	25.0%	②	66.1%	③	8.9%
C	文化的イヴェント：	①	63.7%	②	32.3%	③	4.0%
D	アソシエーションやクラブの共同イヴェント：	①	30.8%	②	60.3%	③	8.9%
E	スポーツイヴェント：	①	43.3%	②	53.6%	③	3.1%
F	共同の伝統や慣習：	①	44.9%	②	45.0%	③	10.1%

21　あなたは，クラブやアソシエーションなどこの市町村の共同文化組織のメンバーですか。

①　はい　　　　　　　　　　　　　　　　　　　　21.7%
②　いいえ，でもメンバーになることを考えている　12.6%

③ いいえ　　　　　　　　　　　　　　　　　　　　　65.7%

22　今日この市町村には，世代間で受け継がれていくような慣習が残っていますか。
　　① はい。保持されています　　　48.1%
　　② 分かりません　　　　　　　　41.7%
　　③ 保持されていません　　　　　10.2%

23　あなた自身は，この市町村で，世代から世代に受け継がれていく慣習や伝統を保持していますか。
　　① はい。まちの他の人々と一緒に　　　　　　24.1%
　　② はい。他人は捨て去っても家族とともに　　25.3%
　　③ この市町村には伝統になるような慣習はない　50.0%

24　ではこの市町村には，今後しだいに伝統になるような新しい共同のイヴェントが規則的に開かれていますか。
　　① はい組織されており，参加します。　　　　　　　21.5%
　　② はい組織されていますが，まだ参加していません。24.5%
　　③ たぶん組織されているとおもうが，よく知らない。44.2%
　　④ ない　　　　　　　　　　　　　　　　　　　　 9.8%

25　自らをこの地域社会の本当の住民や市民であると考えますか。
　　① はい　　　　　　84.6%
　　② いいえ　　　　　11.3%
　　③ DK, NA　　　　 4.3%

26　自分を本当にこの地域社会の市民であると考えるとき，つぎのようなAからFまでの理由がありえますが，それぞれに①位から⑥位までの順番つけて下さい。⓪は「まったく理由にならない」という回答。
　　A　ここで生まれ育ち，共属感情をもち，そのための条件や関係が自然のままにある。
　　　⓪ 36.5%　① 39.4%　② 13.4%　③ 6.4%　④ 3.0%　⑤ 0.7%　⑥ 0.5%
　　B　ここに住まいや庭があり，客観的にみて自分はこの居住地の市民である。
　　　⓪ 13.1%　① 18.7%　② 30.1%　③ 17.6%　④ 11.6%　⑤ 6.9%　⑥ 2.1%
　　C　仕事や友人がここにいる。
　　　⓪ 33.2%　① 2.0%　② 9.1%　③ 17.2%　④ 14.8%　⑤ 14.6%　⑥ 9.2%
　　D　自分と同じ民族の人たちが住んでいる。
　　　⓪ 10.7%　① 1.4%　② 6.3%　③ 12.0%　④ 24.8%　⑤ 28.2%　⑥ 16.5%

E 自分自身の家族と近しい友人や知り合いがいる。
  ⓪ 1.8% ① 35.5% ② 28.0% ③ 20.5% ④ 9.8% ⑤ 3.5% ⑥ 0.8%
F この地域社会も県もその周りも好きだから。
  ⓪ 4.9% ① 2.7% ② 12.6% ③ 24.6% ④ 27.8% ⑤ 20.1% ⑥ 7.3%

27 (省略)

28 この地域社会の生活条件をどのように評価なさいますか。以下AからMまでの項目について，下記の5段階評価でお答えください。
   (評価の選択肢) ① 十分満足　② やや満足　③ どちらともいえない
                  ④ やや不満　⑤ 非常に不満　⑥ DK, NA
   A 住宅条件
     ① 25.5% ② 45.5% ③ 16.4% ④ 8.3% ⑤ 3.4% ⑥ 0.9%
   B 地域社会全体の公共空間と施設のメインテナンス
     ① 6.5% ② 48.1% ③ 28.9% ④ 12.6% ⑤ 3.3% ⑥ 0.6%
   C 居住地とその周辺での就業機会
     ① 1.8% ② 14.1% ③ 20.2% ④ 29.2% ⑤ 28.8% ⑥ 6.0%
   D 役所（国，地方を問わず）の仕事の質
     ① 2.1% ② 25.1% ③ 33.8% ④ 25.9% ⑤ 8.2% ⑥ 4.9%
   E 健康や社会的ケアの可能性
     ① 4.1% ② 30.8% ③ 31.5% ④ 24.0% ⑤ 7.7% ⑥ 1.8%
   F 交通のコネクション
     ① 7.1% ② 34.9% ③ 25.6% ④ 19.0% ⑤ 9.6% ⑥ 3.7%
   G 地域社会のインフラストラチャーにかんする技術的条件
     ① 14.9% ② 45.0% ③ 22.4% ④ 11.3% ⑤ 4.7% ⑥ 1.7%
   H 商業とサービスの施設
     ① 16.0% ② 44.0% ③ 23.3% ④ 11.5% ⑤ 4.3% ⑥ 0.8%
   I 学校と教育条件
     ① 12.0% ② 40.6% ③ 22.0% ④ 9.8% ⑤ 4.0% ⑥ 11.6%
   J 共同的な文化生活の条件
     ① 6.2% ② 34.0% ③ 31.7% ④ 14.6% ⑤ 5.1% ⑥ 8.4%
   K 市民の安全のための人的・施設的状態
     ① 1.8% ② 23.8% ③ 36.3% ④ 22.4% ⑤ 9.1% ⑥ 6.6%
   L 社会関係
     ① 2.8% ② 31.0% ③ 39.8% ④ 14.5% ⑤ 3.7% ⑥ 8.1%
   M 市民の共存と人間関係の質

① 3.1%　② 33.8%　③ 38.1%　④ 14.2%　⑤ 5.1%　⑥ 5.8%

29　あなたはこの市町村のなかに，いろいろな理由から他より好ましい自分のスペース（場所）をもっていますか。
　　① いくつかもっている　　50.1%
　　② ひとつもっている　　　22.2%
　　③ もっていない　　　　　25.0%
　　④ DK, NA　　　　　　　　2.7%

30　もしあなたが上記のようなスペース（場所）をもっているならば，そこが気に入っている理由を，選択された場所（1, 2, 3）ごとに選んでください。

	場所(1)	場所(2)	場所(3)
① 子供のときや若いときの思い出	36.3%	9.2%	8.6%
② 建築美や歴史的記念となる思い出	6.9%	6.9%	4.3%
③ いまの住まいと結びついていること	8.7%	12.2%	10.4%
④ 庭園や自然美	17.0%	19.9%	13.2%
⑤ 知人，友人との出会いの場	16.5%	25.8%	21.2%
⑥ スポーツ，リクリエーション，休息の場	6.3%	13.1%	17.8%
⑦ 知的・精神的経験の場	6.9%	8.5%	9.3%
⑧ 文化的生活の場	1.3%	4.4%	15.3%

31　この市町村（地域社会）とあなた自身の関係を手短に特徴づけるとすれば，つぎの六つのなかでどの表現が適切だと思いますか。ひとつだけ選んでください。
　　① この地域社会のすべてが好きであり，ここでの生活に満足している。　　29.6%
　　② 自分の家族がおり，住まいがあるのでここに住んでいるだけ。　　　　54.6%
　　③ とりわけ仕事上の条件から，ここに留まっている。　　　　　　　　　 3.4%
　　④ 他の可能性がないので。　　　　　　　　　　　　　　　　　　　　　 4.8%
　　⑤ ここに満足していない。チャンスがあれば，よそに移住したい。　　　 4.4%
　　⑥ ここからよそに移住するための機会を現に探している。　　　　　　　 1.7%
　　⑦ DK, NA　　　　　　　　　　　　　　　　　　　　　　　　　　　　　1.4%

32　将来的に，自分の子供やつぎの世代の人々にとって，この地域社会は魅力的な生活の場になると思いますか。
　　（選択肢）　① はい　　　　44.7%
　　　　　　　② いいえ　　　　19.3%
　　　　　　　③ DK, NA　　　　36.0%

33　あなたの市町村が属する県（kraj）の環境を特徴づける表現としてつぎのAからFまでのどれが相応しいでしょうか。

　　A　自然に囲まれた環境　　　　43.2%
　　B　文化的思い出にあふれる県　 9.9%
　　C　農業県　　　　　　　　　　25.6%
　　D　工業県　　　　　　　　　　 5.9%
　　E　大都市空間　　　　　　　　 8.9%
　　F　DK, NA　　　　　　　　　　 6.6%

34　あなたの生活にとって，以下AからABまでの価値にかんする項目はどの程度重要ですか。それぞれに下記の選択肢から選んで回答してください。

（選択肢）① 非常に重要　　　② まあ重要　　　③ 平均的
　　　　　④ あまり重要ではない　⑤ まったく重要ではない　⑥ DK, NA

		①	②	③	④	⑤	⑥
A	自立	25.5%	45.5%	16.4%	8.3%	3.4%	0.9%
B	権威をもつこと	32.5%	43.5%	15.8%	7.0%	1.3%	――
C	名声	65.9%	29.8%	3.6%	0.6%	0.2%	
D	金銭	42.8%	47.5%	8.5%	1.0%	0.2%	
E	才能への信頼	57.9%	35.2%	5.9%	0.8%	0.2%	
F	人々のあいだの平等	35.1%	42.7%	18.4%	3.4%	0.4%	
G	伝統	13.4%	35.6%	37.2%	11.9%	1.8%	
H	法の尊重	38.6%	43.2%	14.3%	3.0%	0.9%	
I	仕事	71.1%	23.6%	4.0%	0.8%	0.6%	
J	従順	21.3%	35.4%	24.8%	14.0%	0.2%	
K	集合性	17.2%	46.8%	26.5%	8.0%	1.3%	0.3%
L	社会的地位	19.7%	48.4%	24.5%	6.5%	0.7%	0.2%
M	家族	89.3%	9.2%	0.8%	0.4%	0.2%	――
N	連帯	28.2%	49.5%	18.5%	2.9%	0.6%	0.2%
O	権威の尊重	9.9%	36.4%	35.7%	12.9%	4.7%	0.4%
P	富裕	14.7%	40.6%	30.3%	11.9%	2.5%	――
Q	寛容と忍耐	37.2%	49.5%	11.5%	1.2%	0.4%	0.2%
R	愛	75.7%	19.8%	3.7%	0.4%	0.4%	――
S	道徳	63.2%	30.5%	4.8%	0.7%	0.7%	0.1%
T	民族	37.6%	41.0%	18.1%	2.5%	0.6%	0.2%
U	正直	55.8%	35.3%	7.0%	1.4%	0.5%	――
V	自由	68.6%	26.8%	3.9%	0.5%	0.2%	――

W 公平	55.6%	33.7%	8.5%	1.3%	0.7%	0.2%
X 宗教	31.4%	27.0%	24.0%	10.8%	6.6%	0.1%
Y 事業精神	17.0%	45.4%	28.9%	7.4%	1.3%	0.1%
Z 精神的資質	32.6%	38.7%	21.0%	5.9%	1.6%	0.2%
AA 権力	8.2%	27.3%	35.7%	21.7%	6.9%	0.2%
AB 教育	47.9%	38.0%	11.6%	1.9%	0.6%	—

35 この市町村に永久に住むばあい，どのような住居に住みたいですか。
   A 自分自身が所有する家かアパート　　　　54.6%
   B 協同組合のアパート　　　　　　　　　　12.8%
   C 賃貸アパート（公営住宅であれ民間所有であれ）　8.3%
   D 両親か親戚の家　　　　　　　　　　　　22.0%
   E 借用ロッジ　　　　　　　　　　　　　　 1.7%
   F インテルナート（学生宿舎），労働者宿舎など　0.2%
   G その他　　　　　　　　　　　　　　　　 0.3%

36 あなたが住んでいる場所には，どのような不動産がありますか（MA）。
   A 固有の不動産は何もない　35.7%
   B 一戸建ての家　　　　　　38.8%
   C アパート　　　　　　　　21.7%
   D ガレージ　　　　　　　　23.0%
   E 庭　　　　　　　　　　　39.4%
   F 農地　　　　　　　　　　14.6%

37 あなたの家にある家財道具はどの程度のものですか。
   A 標準的（フリーザー付き冷蔵庫，自動洗濯機
       カラーテレビ，普通乗用車）　　58.3%
   B 標準以下（上記の物がないか劣悪）　38.1%
   C 標準以上（上記の物が良質）　　　　3.6%

38 年　齢
       18—24歳　　　　15.5%
       25—34歳　　　　20.2%
       35—44歳　　　　22.2%
       45—54歳　　　　14.8%
       55—64歳　　　　12.9%

	65歳以上	14.5%

39	婚姻上の地位	
	独身	23.0%
	配偶者あり	60.0%
	離婚	6.5%
	死別	9.9%
	同居	0.6%

40	家族内の子供の年齢（MA）	
	就学前	15.1%
	学童	30.8%
	自立前の青年	13.4%
	自立している大人	20.2%
	なし	37.3%

41	学　　歴	
	未卒の義務教育	2.3%
	義務教育卒業	18.5%
	熟練資格なしの高卒	45.6%
	熟練資格ありの高卒	26.0%
	大学などの高等教育卒	7.6%

42	民　　族	
	スロヴァキア人	87.2%
	ハンガリー人	9.6%
	ウクライナ人	0.2%
	ルシン人	1.3%
	ロマ	0.7%
	その他	0.9%

43	話せる言葉（母国語を含む）	
	スロヴァキア語	99.7%
	ハンガリー語	21.4%
	ウクライナ語	4.0%
	ルシン語	3.8%

ロマ語	1.6%
ロシア語	30.9%
ドイツ語	23.4%
英語	13.4%
フランス語	1.7%
その他	5.1%

44 宗　　教

無宗教	16.7%
ローマカトリック	64.5%
ギリシャカトリック	3.9%
エバンゲリック（福音ルター派）	11.6%
正教	1.3%
その他	1.8%

45 社会経済的地位

①	給与生活者	52.3%
②	自営業・自由業・専門職	5.8%
③	年金生活者	24.9%
④	学生	2.6%
⑤	家事従事・産休	2.8%
⑥	無職	11.5%

46 従業上の地位

⓪	非該当	41.8%
①	ふつうの従業員	33.1%
②	独立の勤労者	16.8%
③	中間管理職	6.5%
④	上級管理職	1.7%

47 いまは仕事に就いていないが，前に仕事に就いていたときの従業上の地位

⓪	非該当	57.9%
①	ふつうの従業員	25.2%
②	独立の勤労者	6.4%
③	中間管理職	3.2%
④	上級管理職	0.6%

⑤　いままで雇用されたことがない　　　6.7%

48　就業および勉学の場所
　　　①　非該当　　　　　　　　　　　　　　　　　　　　39.3%
　　　②　住まいのある場所（市町村）　　　　　　　　　　36.0%
　　　③　毎日住まいのある場所以外のところに通う　　　　21.3%
　　　④　週間ごとに住まいのある場所以外のところに通う　 2.3%
　　　⑤　長期にわたり他で働く（勉学する）　　　　　　　 1.2%

49　月間所得（年金，雇用保険等を含む租収入）：単位スロヴァキアコルナ（sk）
　　　①　なし　　　　　　　　　　4.0%
　　　②　4,000sk 以下　　　　　　11.1%
　　　③　4,001 - 6,000sk　　　　 28.2%
　　　④　6,001 - 8,000sk　　　　 18.9%
　　　⑤　8,001 - 10,000sk　　　　14.5%
　　　⑥　10,001 - 12,000sk　　　　6.6%
　　　⑦　12,001 - 15,000sk　　　　6.1%
　　　⑧　15,001 - 20,000sk　　　　4.0%
　　　⑨　20,000sk 以上　　　　　　2.3%
　　　⑩　DK, NA　　　　　　　　　 4.3%

50　市町村の人口規模
　　　①　2000人以下　　　　　　　　30.2%
　　　②　2,000 - 5,000人　　　　　14.4%
　　　③　5,000 - 10,000人　　　　　6.6%
　　　④　10,000 - 20,000人　　　　 9.9%
　　　⑤　20,000 - 50,000人　　　　14.9%
　　　⑥　50,000 - 100,000人　　　 11.7%
　　　⑦　Bratislava と Košice　　 12.4%

51　所属する県(kraj)名
　　　①　Bratislavský（ブラティスラヴァ市）　　11.8%
　　　②　Trnavský（トルナヴァ県）　　　　　　　10.7%
　　　③　Trenčanský（トレンチーン県）　　　　　12.1%
　　　④　Nitriansky（ニトラ県）　　　　　　　　13.3%
　　　⑤　Žilinský（ジリナ県）　　　　　　　　　12.6%

⑥ Bansko bystrycký（バンスカー・ビストリツァ県） 11.9%
⑦ Prešhovský（プレショウ県） 13.7%
⑧ Košický（コシツェ市） 14.0%

52 性　別
　　① 男性　　　　47.2%
　　② 女性　　　　52.3%

執筆者紹介（執筆順）

川崎嘉元　　　　社会科学研究所研究員，中央大学教授（序章，付表）

リュボミール・ファルチャン〔L'ubomír Falt'an〕
　　　　　　　　スロヴァキア科学アカデミー役員，前スロヴァキア社会学研究所長（第1章）

マーリア・ストルーソヴァー〔Mária Strussová〕
　　　　　　　　スロヴァキア社会学研究所主任研究員（第1章）

石川晃弘　　　　社会科学研究所研究員，中央大学教授（第2章）

近重亜郎　　　　社会科学研究所客員研究員（第3章），スロヴァキア共和国プレショウ芸術初等学校チェロ科教師

ズデニェク・シチャストニー〔Zdenek Šťastný〕
　　　　　　　　スロヴァキア社会学研究所主任研究員（第4章）

佐藤雪野　　　　社会科学研究所客員研究員，東北大学大学院助教授（第5章）

ヴラスタ・ラズ〔Vlasta Lazu〕
　　　　　　　　ルーマニア　ティミショアラ市在住，ラジオ局勤務（第6章）

リュビツァ・ファルチャノヴァー〔L'ubica Falt'anová〕
　　　　　　　　スロヴァキア民俗学研究所主任研究員（第7章）

マイケル・J.コパニッチ Jr.〔Michael Kopanic〕
　　　　　　　　コリンシアン大学教授（第8章）

パトリス・ブーダール〔Patrice Boudard〕
　　　　　　　　スロヴァキア民俗文化研究者（第9章）

香坂直樹　　　　社会科学研究所準研究員（第10章），東京大学大学院博士後期課程在籍

訳者紹介

川崎嘉元　　　　社会科学研究所研究員，中央大学教授（第1章，第4章）

香坂直樹　　　　社会科学研究所準研究員（第6章，第8章），東京大学大学院博士後期課程在籍

近重亜郎　　　　社会科学研究所客員研究員（第7章），スロヴァキア共和国プレショウ芸術初等学校チェロ科教師

中村祐子　　　　関西チェコ・スロヴァキア協会副理事長（第9章）

中央大学社会科学研究所研究叢書

1 中央大学社会科学研究所編
自主管理の構造分析
—ユーゴスラヴィアの事例研究—
A5判328頁・定価2940円

80年代のユーゴの事例を通して，これまで解析のメスが入らなかった農業・大学・地域社会にも踏み込んだ最新の国際的な学際的事例研究である。

2 中央大学社会科学研究所編
現代国家の理論と現実
A5判464頁・定価4515円

激動のさなかにある現代国家について，理論的・思想史的フレームワークを拡大して，既存の狭い領域を超える意欲的で大胆な問題提起を含む共同研究の集大成。

3 中央大学社会科学研究所編
地域社会の構造と変容
—多摩地域の総合研究—
A5判462頁・定価5145円

経済・社会・政治・行財政・文化等の各分野の専門研究者が協力し合い，多摩地域の複合的な諸相を総合的に捉え，その特性に根差した学問を展開。

4 中央大学社会科学研究所編
革命思想の系譜学
—宗教・政治・モラリティ—
A5判380頁・定価3990円

18世紀のルソーから現代のサルトルまで，西欧とロシアの革命思想を宗教・政治・モラリティに焦点をあてて雄弁に語る。

5 高柳先男編著
ヨーロッパ統合と日欧関係
—国際共同研究Ⅰ—
A5判504頁・定価5250円

EU統合にともなう欧州諸国の政治・経済・社会面での構造変動が日欧関係へもたらす影響を，各国研究者の共同研究により学際的な視点から総合的に解明。

6 高柳先男編著
ヨーロッパ新秩序と民族問題
—国際共同研究Ⅱ—
A5判496頁・定価5250円

冷戦の終了とEU統合にともなう欧州諸国の新秩序形成の動きを，民族問題に焦点をあて各国研究者の共同研究により学際的な視点から総合的に解明。

中央大学社会科学研究所研究叢書

坂本正弘・滝田賢治編著

7 現代アメリカ外交の研究
A5判264頁・定価3045円

冷戦終結後のアメリカ外交に焦点を当て，21世紀，アメリカはパクス・アメリカーナⅡを享受できるのか，それとも「黄金の帝国」になっていくのかを多面的に検討。

鶴田満彦・渡辺俊彦編著

8 グローバル化のなかの現代国家
A5判316頁・定価3675円

情報や金融におけるグローバル化が現代国家の社会システムに矛盾や軋轢を生じさせている。諸分野の専門家が変容を遂げようとする現代国家像の核心に迫る。

林　茂樹編著

9 日本の地方CATV
A5判256頁・定価3045円
〈品切〉

自主製作番組を核として地域住民の連帯やコミュニティ意識の醸成さらには地域の活性化に結び付けている地域情報化の実態を地方のCATVシステムを通して実証的に解明。

池庄司敬信編

10 体制擁護と変革の思想
A5判520頁・定価6090円

A.スミス，E.バーク，J.S.ミル，J.J.ルソー，P.J.プルードン，Ф.N.チュッチェフ，安藤昌益，中江兆民，梯明秀，P.ゴベッティなどの思想と体制との関わりを究明。

園田茂人編著

11 現代中国の階層変動
A5判216頁・定価2625円

改革・開放後の中国社会の変貌を，中間層，階層移動，階層意識などのキーワードから読み解く試み。大規模サンプル調査をもとにした，本格的な中国階層研究の誕生。

早川善治郎編著

12 現代社会理論とメディアの諸相
A5判448頁・定価5250円

21世紀の社会学の課題を明らかにし，文化とコミュニケーション関係を解明し，さらに日本の各種メディアの現状を分析する。

中央大学社会科学研究所研究叢書

石川晃弘編著

13 体制移行期チェコの雇用と労働

A5判162頁・定価1890円

体制転換後のチェコにおける雇用と労働生活の現実を実証的に解明した日本とチェコの社会学者の共同労作。日本チェコ比較も興味深い。

内田孟男・川原　彰編著

14 グローバル・ガバナンスの理論と政策

A5判300頁・定価3675円

グローバル・ガバナンスは世界的問題の解決を目指す国家，国際機構，市民社会の共同を可能にさせる。その理論と政策の考察。

園田茂人編著

15 東アジアの階層比較

A5判264頁・定価3150円

職業評価，社会移動，中産階級を切り口に，欧米発の階層研究を現地化しようとした労作。比較の視点から東アジアの階層実態に迫る。

矢島正見編著

16 戦後日本女装・同性愛研究

A5判628頁・定価7560円

新宿アマチュア女装世界を彩った女装者・女装者愛好男性のライフヒストリー研究と，戦後日本の女装・同性愛社会史研究の大著。

林　茂樹編著

17 地域メディアの新展開
　　－CATVを中心として－

A5判376頁・定価4515円

『日本の地方CATV』（叢書9号）に続くCATV研究の第2弾。地域情報，地域メディアの状況と実態をCATVを通して実証的に展開する。

定価は消費税5％を含みます。

エスニック・アイデンティティの研究
中央大学社会科学研究所研究叢書18

2007年3月5日　発行

編　著　　川　崎　嘉　元
発行者　　中 央 大 学 出 版 部
　　　　代表者　福　田　孝　志

〒192-0393　東京都八王子市東中野742-1
発行所　中 央 大 学 出 版 部
電話 042(674)2351　FAX 042(674)2354

Ⓒ　2007　　　　　　　　　　　電算印刷㈱
ISBN978-4-8057-1318-1